BLANCHE DE BEAULIEU

ÉMILE COLIN. — IMP. DE LAGNY.

BLANCHE DE BEAULIEU

PAR

ALEXANDRE DUMAS

DESSINS PAR J.-A. BEAUGÉ, G. STAAL, ANDRIEUX, COPPIN, ETC.

PARIS

CALMANN LÉVY, ÉDITEUR

ANCIENNE MAISON MICHEL LÉVY FRÈRES

3, RUE AUBER, 3

1887

BLANCHE DE BEAULIEU

PAR

ALEXANDRE DUMAS

◆━◆━◆

I

Celui qui, dans la soirée du 15 décembre 93, serait parti de la petite ville de Clisson pour se rendre au village de Saint-Crépin, et se serait arrêté sur la crête de la montagne au pied de laquelle coule la rivière de la Moine, aurait vu, de l'autre côté de la vallée, un étrange spectacle.

D'abord, à l'endroit où sa vue aurait cherché le village perdu dans les arbres, au milieu d'un horizon déjà assombri par le crépuscule, il eût aperçu trois ou quatre colonnes de fumée qui, isolées à leur base, se joignaient en s'élargissant, se balançaient un instant comme un dôme bruni, et, cédant mollement à un vent humide d'ouest, roulaient dans cette direction, confondues avec les nuages d'un ciel bas et brumeux. Il eût vu cette base rougir lentement, puis toute fumée cesser, et, des toits des maisons, des langues de feu aiguës s'élancer à leur place en un frémissement sourd, tantôt se tordant en spirales, tantôt se courbant et se relevant comme le mât d'un vaisseau. Il lui eût semblé que bientôt toutes les fenêtres s'ouvraient pour vomir du feu. De temps en temps, quand un toit s'enfonçait, il eût entendu un bruit sourd, il eût distingué une flamme plus vive, mêlée de milliers d'étincelles, et, à la lueur sanglante de l'incendie s'agrandissant, des armes luire, un cercle de soldats s'étendre au loin. Il eût entendu des cris et des rires, il eût dit avec terreur : Dieu me pardonne, c'est une armée qui se chauffe avec un village !

Effectivement, une brigade républicaine de douze ou quinze cents hommes avait trouvé le village de Saint-Crépin abandonné et y avait mis le feu.

Ce n'était point une cruauté, mais un moyen de guerre, un plan de campagne comme un autre ; l'expérience prouva qu'il était le seul qui fût bon.

Cependant une chaumière isolée ne brûlait pas ; on semblait même avoir pris toutes les précautions nécessaires pour que le feu ne pût l'atteindre. Deux sentinelles veillaient à la porte, et, à chaque instant, des officiers d'ordonnance, des aides de camp entraient, puis bientôt sortaient pour porter des ordres. Celui qui donnait ces ordres était un jeune homme qui paraissait âgé de vingt à vingt-deux ans ; de longs cheveux blonds, séparés sur le front, tombaient en ondulant de chaque côté de ses joues blanches et maigres ; toute sa figure portait l'empreinte de cette tristesse fatale qui s'attache au front de ceux qui doivent mourir jeunes. Son manteau bleu, en l'enveloppant, ne le cachait pas si bien qu'il ne laissât apercevoir les signes de son grade, deux épaulettes de général ; seulement ces épaulettes étaient de laine, les officiers républicains ayant fait à la Convention l'offrande patriotique de tout l'or de leurs habits. Il était courbé sur une table, une carte géographique était déroulée sous ses yeux, il y traçait au crayon, à la clarté d'une lampe qui s'effaçait elle-même devant la lueur de l'incendie, la route que ses soldats allaient suivre. C'était le général Marceau, qui, trois ans plus tard, devait être tué à Altenkirchen.

— Alexandre ! dit-il en se relevant à demi... Alexandre ! éternel dormeur, rêves-tu de Saint-Domingue, que tu dors si longtemps ?

— Qu'y a-t-il ? dit en se levant tout debout et en sursaut celui auquel il s'adressait et dont la tête toucha presque le plafond de la cabane ; qu'y a-

t-il ? est-ce l'ennemi qui nous vient ?... Et ces paroles furent dites avec un léger accent créole qui leur conservait de la douceur même au milieu de la menace.

— Non, mais un ordre du général en chef Westermann qui nous arrive.

Et, pendant que son collègue lisait cet ordre, car celui qu'il avait apostrophé était son collègue, Marceau regardait avec une curiosité d'enfant les formes musculeuses de l'Hercule mulâtre qu'il avait devant les yeux.

C'était un homme de vingt-huit ans, aux cheveux crépus et courts, au teint brun, au front découvert et aux dents blanches, dont la force presque surnaturelle était connue de toute l'armée, qui lui avait vu, dans un jour de bataille, fendre un casque jusqu'à la cuirasse, et, un jour de parade, étouffer entre ses jambes un cheval fougueux qui l'emportait. Celui-là n'avait pas longtemps à vivre non plus ; mais, moins heureux que Marceau, il devait mourir loin du champ de bataille, empoisonné par l'ordre d'un roi. C'était le général Alexandre Dumas, c'était mon père.

— Qui t'a apporté cet ordre ? dit-il.

— Le représentant du peuple Delmar.

— C'est bien. Et où doivent se rassembler ces pauvres diables ?

— Dans un bois, à une lieue et demie d'ici ; vois sur la carte : c'est là.

— Oui ; mais sur la carte il n'y a pas les ravins, les montagnes, les arbres coupés, les mille chemins qui embarrassent la vraie route, où l'on a peine à se reconnaître, même dans le jour... Infernal pays !... Avec cela qu'il y fait toujours froid.

— Tiens, dit Marceau en poussant la porte du pied et en lui montrant le village en feu, sors, et tu te chaufferas... Hé ! qu'est-ce là, citoyens ?

Ces paroles étaient adressées à un groupe de soldats qui, en cherchant des vivres, avaient découvert, dans une espèce de chenil attenant à la chaumière où étaient les deux généraux, un paysan vendéen qui paraissait tellement ivre, qu'il était probable qu'il n'avait pu suivre les habitants du village lorsqu'ils l'avaient abandonné.

Que le lecteur se figure un métayer à visage stupide, au grand chapeau, aux cheveux longs, à la veste grise ; être ébauché à l'image de l'homme, espèce de degré au-dessous de la bête ; car il était évident que l'instinct manquait à cette masse. Marceau lui fit quelques questions ; le patois et le vin rendirent ses réponses inintelligibles. Il allait l'abandonner comme un jouet aux soldats, lorsque le général Dumas donna brusquement l'ordre d'évacuer la chaumière et d'y enfermer le prisonnier. Il était encore à la porte : un soldat le poussa dans l'intérieur ; il alla, en trébuchant, s'appuyer contre le mur, chancela un instant en oscillant sur ses jambes demi-ployées ; puis, tombant lourdement étendu, demeura sans mouvement. Un factionnaire resta devant la porte, et l'on ne prit pas même la peine de fermer la fenêtre.

— Dans une heure nous pourrons partir, dit le général Dumas à Marceau ; nous avons un guide.

— Lequel ?

— Cet homme.

— Oui, si nous voulons nous mettre en route demain, soit. Il y a, dans ce que ce drôle a bu, du sommeil pour vingt-quatre heures.

Dumas sourit : — Viens, lui dit-il. Et il le conduisit sous le hangar où le paysan avait été découvert ; une simple cloison le séparait de l'intérieur de la cabane, encore était-elle sillonnée de fentes qui laissaient distinguer ce qui s'y passait, et avaient dû permettre d'entendre jusqu'à la moindre parole des deux généraux, qui, un instant auparavant, s'y trouvaient : — Et maintenant, ajouta-t-il en baissant la voix, regarde.

Marceau obéit, cédant à l'ascendant qu'exerçait sur lui son ami, même dans les choses habituelles de la vie. Il eut quelque peine à distinguer le prisonnier, qui, par hasard, était tombé dans le coin le plus obscur de la chaumière : il gisait encore à la même place, immobile. Marceau se retourna pour chercher son collègue : il avait disparu.

Lorsqu'il reporta ses regards dans la cabane, il lui sembla que celui qui l'habitait avait fait un léger mouvement, sa tête était replacée dans une direction qui lui permettait d'embrasser d'un coup d'œil tout l'intérieur. Bientôt il ouvrit les yeux avec le bâillement prolongé d'un homme qui s'éveille, et il vit qu'il était seul.

Un singulier éclair de joie et d'intelligence passa sur son visage.

Dès lors il fut évident pour Marceau qu'il eût été la dupe de cet homme, si un regard plus clairvoyant n'avait tout deviné. Il l'examina donc avec une nouvelle attention : sa figure avait repris sa première expression, ses yeux s'étaient refermés, ses mouvements étaient ceux d'un homme qui se rendort ; dans l'un d'eux, il accrocha du pied la table légère qui soutenait la carte et l'ordre du général Westermann, que Marceau avait rejeté sur cette table : tout tomba pêle-mêle ; le soldat de faction entr'ouvrit la porte, avança la tête à ce bruit, vit ce qui l'avait causé, et dit en riant à son camarade : — C'est le citoyen qui rêve.

Cependant celui-ci avait entendu ces paroles, ses yeux s'étaient rouverts, un regard de menace poursuivit un instant le soldat ; puis, d'un mouvement rapide il saisit le papier sur lequel était écrit l'ordre, et le cacha dans sa poitrine.

Marceau retenait son souffle ; sa main droite semblait collée à la poignée de son sabre, sa main gauche supportait avec son front tout le poids de son corps, appuyé contre la cloison.

L'objet de son attention était alors posé sur le côté ; bientôt, en s'aidant du coude et du genou, il s'avança lentement, toujours couché, vers l'entrée de la cabane ; l'intervalle qui se trouvait entre le seuil et la porte lui permit d'apercevoir les jambes d'un groupe de soldats qui se tenaient devant. Alors, avec patience et lenteur, il se remit à ramper vers la fenêtre entr'ouverte ; puis, arrivé à trois pieds d'elle, il chercha dans sa poitrine une arme qui y était cachée, ramassa son corps sur lui-même, et, d'un seul bond, d'un bond de jaguar, s'élança hors de la cabane. Marceau jeta un cri : il n'avait eu le temps ni de prévoir, ni d'empêcher cette fuite. Un autre cri répondit au sien : celui-là était un cri de malédiction. Le Vendéen, en tombant hors de la fenêtre, s'était trouvé face à face avec le général Dumas ; il avait voulu le frapper de son couteau, mais celui-ci, lui saisissant le poignet, l'avait ployé contre sa poitrine, et il n'avait plus qu'à pousser pour que le Vendéen se poignardât lui-même.

— Je t'avais promis un guide, Marceau ; en voici un, et intelligent, je l'espère. — Je pourrais te faire fusiller, drôle, dit-il au paysan ; il m'est plus commode de te laisser vivre. Tu as entendu notre conversation, mais tu ne la reporteras pas à ceux qui t'ont envoyé. — Citoyens, — il s'adressait aux soldats que cette scène curieuse avait amenés, — que deux de vous prennent chacun une main à cet homme et se placent avec lui à la tête de la colonne : il sera notre guide ; si vous apercevez qu'il vous trompe, s'il fait un mouvement pour fuir, brûlez-lui la cervelle et jetez le par-dessus la haie.

Puis quelques ordres donnés à voix basse allèrent agiter cette ligne rompue de soldats qui s'étendait à l'entour des cendres qui avaient été un village. Ces groupes s'allongèrent, chaque peloton sembla se souder à l'autre. Une ligne noire se forma, descendit dans le long chemin creux qui sépare Saint-Crépin de Montfaucon, s'y emboîta comme une roue dans une ornière, et lorsque, quelques minutes après, la lune passa entre deux nuages et se réfléchit un instant sur ce ruban de baïonnettes qui glissaient sans bruit, on eût cru voir ramper dans l'ombre un immense serpent noir à écailles d'acier.

II

C'est une triste chose, pour une armée, qu'une marche de nuit. La guerre est belle par un beau jour, quand le ciel regarde la mêlée ; quand les peuples, se dressant à l'entour du champ de bataille comme aux gradins d'un cirque, battent des mains aux vainqueurs ; quand les sons frémissants des instruments de cuivre font tressaillir les fibres courageuses du cœur ; quand la fumée de mille canons vous couvre d'un linceul ; quand amis et ennemis sont là pour voir comme vous mourez bien : c'est sublime ! Mais la nuit !... Ignorer comment on vous attaque et comment vous vous défendez, tomber sans voir qui vous frappe ni d'où le coup part, sentir ceux qui sont debout encore vous heurter du pied sans savoir qui vous êtes, et marcher sur vous !... Oh ! alors, on ne se pose pas comme un gladiateur, on se roule, on se tord, on mord la terre, on la déchire des ongles : c'est horrible !

Voilà pourquoi cette armée marchait triste et silencieuse : c'est qu'elle savait que, de chaque côté de sa route, se prolongeaient de hautes haies, des champs entiers de genêts et d'ajoncs, et qu'au bout de ce chemin il y avait un combat, un combat de nuit.

Elle marchait depuis une demi-heure ; de temps en temps, comme je l'ai déjà dit, un rayon de la lune filtrait entre deux nuages et laissait apercevoir, à la tête de cette colonne, le paysan qui servait de guide, l'oreille attentive au moindre bruit, et toujours surveillé par les deux soldats qui marchaient à ses côtés. Parfois on entendait sur les flancs un froissement de feuilles : la tête de la colonne s'arrêtait tout à coup ; plusieurs voix criaient : *Qui vive ?*... Rien ne répondait, et le paysan disait en riant : — C'est un lièvre qui part du gîte. Quelquefois les deux soldats croyaient voir devant eux s'agiter quelque chose qu'ils ne pouvaient distinguer ; ils se disaient l'un à l'autre : — Regarde donc !... et le Vendéen répondait : — C'est votre ombre, marchons toujours. Tout à coup, au détour du chemin, ils virent se dresser devant eux deux hommes : ils voulurent crier ; l'un des soldats tomba sans avoir eu le temps de proférer une parole ; l'autre chancela une seconde, et n'eut que le temps de dire : — A moi !

Vingt coups de fusils partirent à l'instant. A la lueur de cet éclair, on put distinguer trois hommes qui fuyaient : l'un d'eux chancela, se traîna un instant le long du talus, espérant atteindre l'autre côté de la haie. On courut à lui : ce n'était pas le guide ; on l'interrogea, il ne répondit point ; un soldat lui perça le bras de sa baïonnette pour voir s'il était bien mort : il l'était.

Ce fut alors Marceau qui devint le guide. L'étude qu'il avait faite des localités lui laissait l'espoir de ne point s'égarer. Effectivement, après un quart d'heure de marche, on aperçut la masse noire de la forêt. Ce fut là que, selon l'avis qu'en avaient reçu les républicains, devaient se rassembler, pour entendre une messe, les habitants de quelques villages, les débris de plusieurs armées, dix-huit cents hommes à peu près.

Les deux généraux séparèrent leur petite troupe en plusieurs colonnes, avec ordre de cerner la forêt et de se diriger par toutes les routes qui tendraient au centre ; on calcula qu'une demi-heure suffirait pour prendre les positions respectives. Un peloton s'arrêta à la route qui se trouvait en face de lui ;

les autres s'étendirent en cercle sur les ailes ; on entendit encore un instant le bruit cadencé de leurs pas, qui allait s'affaiblissant ; il s'éteignit tout à fait, et le silence s'établit. La demi-heure qui précède un combat passe vite. A peine si le soldat a le temps de voir si son fusil est bien amorcé et de dire au camarade : — J'ai vingt ou trente francs dans le coin de mon sac ; si je meurs, tu les enverras à ma mère.

Le mot *En avant !* retentit, et chacun tressaillit comme s'il ne s'y attendait pas.

Au fur et à mesure qu'ils s'avançaient, il leur semblait que le carrefour qui forme le centre de la forêt était éclairé ; en approchant, ils distinguèrent des torches qui flamboyaient ; bientôt les objets devinrent plus distincts, et un spectacle dont aucun d'eux n'avait l'idée s'offrit à leur vue.

Sur un autel grossièrement représenté par quelques pierres amoncelées, le curé de Sainte-Marie de Rhé disait une messe ; des vieillards entouraient l'autel, une torche à la main, et, tout à l'entour, des femmes, des enfants, priaient à deux genoux. Entre les républicains et ce groupe, une muraille d'hommes était placée, et, sur un front plus rétréci, présentait le même plan de bataille pour la défense que pour l'attaque. Il eût été évident qu'ils avaient été prévenus, quand même on n'eût pas reconnu au premier rang le guide qui avait fui : maintenant c'était un soldat vendéen avec son costume complet, portant sur le côté gauche de la poitrine le cœur d'étoffe rouge qui servait de ralliement, et au chapeau le mouchoir blanc qui remplaçait le panache.

Les Vendéens n'attendirent pas qu'on les attaquât : ils avaient répandu des tirailleurs dans les bois, ils commencèrent la fusillade ; les républicains s'avancèrent l'arme au bras, sans tirer un coup de fusil, sans répondre au feu réitéré de leurs ennemis, sans proférer d'autres paroles, après chaque décharge, que celles-ci : — Serrez les rangs ! serrez les rangs !

Le prêtre n'avait pas achevé sa messe, et il continuait ; son auditoire semblait étranger à ce qui se passait et demeurait à genoux. Les soldats républicains avançaient toujours. Quand ils furent à trente pas de leurs ennemis, le premier rang se mit à genoux ; trois lignes de fusils s'abaissèrent comme des épis que le vent courbe. La fusillade éclata : on vit s'éclaircir les rangs des Vendéens, et quelques balles, passant au travers, allèrent jusqu'au pied de l'autel tuer des femmes et des enfants. Il y eut, dans cette foule, un instant de cris et de tumulte. Le prêtre leva Dieu, les têtes se courbèrent jusqu'à terre, et tout rentra dans le silence.

Les républicains firent une seconde décharge à dix pas, avec autant de calme qu'à une revue, avec autant de précision que devant une cible. Les Vendéens ripostèrent, puis ni les uns ni les autres n'eu-

Le combat.

rent le temps de recharger leurs armes : c'était le tour de la baïonnette ; et ici tout l'avantage était aux républicains, régulièrement armés. Le prêtre disait toujours la messe.

Les Vendéens reculèrent, des rangs entiers tombaient sans autre bruit que des malédictions. Le prêtre s'en aperçut ; il fit un signe : les torches s'éteignirent, le combat rentra dans l'obscurité. Ce ne fut plus alors qu'une scène de désordre et de carnage, où chacun frappa sans voir, avec rage, et mourut sans demander merci, merci qu'on n'accorde guère quand on se la demande dans la même langue.

Cependant ces mots : Grâce ! grâce ! étaient pro-noncés d'une voix déchirante aux genoux de Marceau, qui allait frapper.

C'était un jeune Vendéen, un enfant sans armes, qui cherchait à sortir de cette horrible mêlée.

— Grâce ! grâce ! disait-il, sauvez-moi ! au nom du ciel, au nom de votre mère !

Le général l'entraîna à quelques pas du champ de bataille pour le soustraire aux regards de ses soldats, mais bientôt il fut forcé de s'arrêter : le jeune homme s'était évanoui. Cet excès de terreur l'étonna de la part d'un soldat, il ne s'empressa pas moins de le secourir ; il ouvrit son habit pour lui donner de l'air : c'était une femme.

Il n'y avait pas un instant à perdre ; les ordres de la Convention étaient précis : tout Vendéen pris les armes à la main ou faisant partie d'un rassemblement, quel que fût son sexe ou son âge, devait périr sur l'échafaud. Il assit la jeune fille au pied d'un arbre, courut vers le champ de bataille. Parmi les morts, il distingua un jeune officier républicain dont la taille lui parut être à peu près celle de l'inconnue ; il lui enleva promptement son uniforme et son chapeau, et revint auprès d'elle. La fraîcheur de la nuit la tira bientôt de son évanouissement.

-- Mon père ! mon père ! furent ses premiers mots ; puis elle se leva et appuya ses mains sur son front, comme pour y fixer ses idées. Oh ! c'est affreux ; j'étais avec lui, je l'ai abandonné. Mon père, mon père ! il sera mort !

— Notre jeune maîtresse, mademoiselle Blanche, dit une tête qui parut tout à coup derrière l'arbre, le marquis de Beaulieu vit, il est sauvé. Vivent le roi et la bonne cause !

Celui qui avait dit ces mots disparut comme une ombre ; mais cependant pas si vite que Marceau n'eût le temps de reconnaître le paysan de Saint-Crépin.

— Tinguy, Tinguy ! s'écria la jeune fille étendant ses bras vers le métayer.

— Silence ! un mot vous dénonce ; je ne pourrais pas vous sauver, et je veux vous sauver, moi ! Mettez cet habit et ce chapeau, et attendez ici.

Il retourna sur le champ de bataille, donna aux soldats l'ordre de se retirer sur Chollet, laissa à son collègue le commandement de la troupe, et revint près de la jeune Vendéenne.

Il la trouva prête à le suivre. Tous deux se dirigèrent vers une espèce de grande route qui traverse la Romagne, où le domestique de Marceau l'attendait avec des chevaux de main, qui ne pouvaient pénétrer dans l'intérieur du pays, où les routes ne sont que ravins et fondrières. Là, son embarras redoubla : il craignait que sa jeune compagne ne sût pas monter à cheval et n'eût pas la force de marcher à pied ; mais elle l'eut bientôt rassuré, en manœuvrant sa monture avec moins de force, mais autant de grâce que le meilleur cavalier (1). Elle vit la surprise de Marceau et sourit.

-- Vous serez moins étonné, lui dit-elle, lorsque vous me connaîtrez. Vous verrez par quelle suite de circonstances les exercices des hommes me sont

(1) Quand même ce qui suit n'expliquerait pas cette habileté rare chez nous pour une femme, l'usage du pays la justifierait. Les dames des *châteaux* même montent à cheval, littéralement parlant, comme un fashionable de Longchamps ; seulement elles portent sous leurs robes, que la selle relève, des pantalons pareils à ceux que l'on met aux enfants. Les femmes du peuple ne prennent pas même cette précaution, quoique la couleur de leur peau m'ait longtemps fait croire le contraire.

devenus familiers ; vous avez l'air si bon, que je vous dirai tous les événements de ma vie, si jeune et déjà si tourmentée.

— Oui, oui, mais plus tard, dit Marceau ; nous aurons le temps, car vous êtes ma prisonnière, et, pour vous-même, je ne veux pas vous rendre votre liberté. Maintenant ce que nous avons à faire est de gagner Chollet au plus vite. Ainsi donc, affermissez-vous sur votre selle, et au galop, mon cavalier !

— Au galop ! reprit la Vendéenne ; et trois quarts d'heure après ils entraient à Chollet. Le général en chef était à la mairie. Marceau monta, laissant à la porte son domestique et sa prisonnière. Il rendit compte en quelques mots de sa mission, et revint, avec sa petite escorte, chercher un gîte à l'hôtel des *Sans-Culottes*, inscription qui avait remplacé sur l'enseigne les mots : *Au grand saint Nicolas.*

Marceau retint deux chambres ; il conduisit la jeune fille à l'une d'elles, l'invita à se jeter tout habillée sur son lit, pour y prendre quelques instants d'un repos dont elle devait avoir grand besoin après la nuit affreuse qu'elle venait de passer, et alla s'enfermer dans la sienne ; car maintenant il avait la responsabilité d'une existence, et il fallait qu'il songeât au moyen de la conserver.

Blanche, de son côté, avait à rêver aussi, à son père d'abord, puis à ce jeune général républicain à la figure et à la voix douces. Tout cela lui semblait un songe. Elle marchait pour s'assurer qu'elle était bien éveillée, s'arrêtant devant une glace pour se convaincre que c'était bien elle, puis elle pleurait en songeant à l'abandon dans lequel elle se trouvait ; l'idée de sa mort, de la mort de l'échafaud, ne lui vint même pas ; Marceau avait dit avec sa voix douce : — Je vous sauverai.

Puis pourquoi, elle née d'hier, l'aurait-on fait mourir ? Belle et inoffensive, pourquoi les hommes auraient-ils demandé sa tête et son sang ? A peine pouvait-elle croire elle-même qu'elle courût un danger. Son père, au contraire, chef vendéen, il tuait et pouvait être tué ; mais elle, elle, pauvre jeune fille, donnant encore la main à l'enfance... Oh ! bien loin de croire à de tristes présages, la vie était belle et joyeuse, l'avenir immense ; cette guerre finirait, le château vide verrait revenir ses hôtes. Un jour, un jeune homme fatigué y demanderait l'hospitalité ; il aurait vingt-quatre ou vingt-cinq ans, une voix douce, des cheveux blonds, un habit de général, il resterait longtemps. Rêve, rêve, pauvre Blanche !

Il y a un âge de la jeunesse où le malheur est si étranger à l'existence, qu'il semble qu'il ne pourra jamais s'y acclimater ; quelque triste que soit une idée, elle s'achève par un sourire. C'est que l'on ne voit la vie que d'un côté de l'horizon ; c'est que le passé n'a pas encore eu le temps de faire douter de l'avenir.

Marceau rêvait aussi, mais lui voyait déjà dans la vie : il connaissait les haines politiques du moment ;

il savait les exigences d'une révolution; il cherchait un moyen de sauver Blanche, qui dormait. Un seul se présentait à son esprit : c'était de la conduire lui-même à Nantes, où habitait sa famille. Depuis trois ans il n'avait vu ni sa mère ni sa sœur, et, se trouvant à quelques lieues seulement de cette ville, il paraissait tout naturel qu'il demandât une permission au général en chef. Il s'arrêta à cette idée. Le jour commença à paraître, il se rendit chez le général Westermann; ce qu'il demandait lui fut accordé sans difficulté. Il voulait qu'elle lui fût remise à l'instant même, ne croyant pas que Blanche pût partir assez tôt; mais il fallait que cette permission portât une seconde signature, celle du représentant du peuple Delmar. Il n'y avait qu'une heure qu'il était arrivé avec la troupe de l'expédition; il prenait dans la chambre voisine quelques instants de repos, et, aussitôt son réveil, le général en chef promit à Marceau de la lui envoyer.

En entrant à l'auberge, il rencontra le général Dumas, qui le cherchait. Les deux amis n'avaient pas de secrets l'un pour l'autre; bientôt il sut toute l'aventure de la nuit. Tandis qu'il faisait préparer le déjeuner, Marceau monta chez sa prisonnière, qui l'avait déjà fait demander; il lui annonça la visite de son collègue, qui ne tarda pas à se présenter : ses premiers mots rassurèrent Blanche, et, après un instant de conversation, elle n'éprouvait plus que la gêne inséparable de la position d'une jeune fille placée au milieu de deux hommes qu'elle connaît à peine.

Ils allaient se mettre à table lorsque la porte s'ouvrit. Le représentant du peuple Delmar parut sur le seuil.

A peine avons-nous eu le temps, au commencement de cette histoire, de dire un mot de ce nouveau personnage.

C'était un de ces hommes que Robespierre mettait comme un bras au bout du sien, pour atteindre en province; qui croyaient avoir compris son système de régénération, parce qu'il leur avait dit : Il faut regénérer; et entre les mains desquels la guillotine était plus active qu'intelligente.

Cette apparition sinistre fit tressaillir Blanche, avant même qu'elle ne sût qui il était.

— Ah! dit-il à Marceau, tu veux déjà nous quitter, citoyen général, mais tu t'es si bien conduit cette nuit que je n'ai rien à te refuser; cependant je t'en veux un peu d'avoir laissé échapper le marquis de Beaulieu : j'avais promis à la Convention de lui envoyer sa tête.

Blanche était debout, pâle et froide comme une statue de la terreur. Marceau, sans affectation, se plaça devant elle.

— Mais ce qui est différé n'est pas perdu, continua-t-il, les limiers républicains ont bon nez et bonnes dents, et nous suivons sa piste. Voilà la permission, ajouta-t-il, elle est en règle, tu partiras

quand tu voudras; mais, auparavant, je viens te demander à déjeuner; je n'ai pas voulu quitter un brave tel que toi sans boire au salut de la République et à l'extermination des brigands.

Dans la position où se trouvaient les deux généraux, cette marque d'estime ne leur était rien moins qu'agréable; Blanche s'était assise, et avait repris quelque courage. On se mit à table, et la jeune fille, pour ne pas se trouver en face de Delmar, fut obligée de prendre place à ses côtés. Elle s'assit assez loin de lui pour ne pas le toucher, et se rassura peu à peu en s'apercevant que le représentant du peuple s'occupait plus du repas que des convives qui le partageaient avec lui. Cependant, de temps en temps, une ou deux paroles sanglantes tombaient de ses lèvres et faisaient passer un frisson dans les veines de la jeune fille; mais, du reste, aucun danger réel ne paraissait exister pour elle; les généraux espéraient qu'il les quitterait sans même lui adresser une parole directe. Le désir de partir était pour Marceau un prétexte d'abréger le repas; il touchait à sa fin, chacun commençait à respirer plus à l'aise, lorsqu'une décharge de mousqueterie se fit entendre sur la place de la ville, située en face de l'auberge. Les généraux sautèrent sur leurs armes, qu'ils avaient déposées près d'eux; Delmar les arrêta.

— Bien, mes braves! dit-il en riant et en balançant sa chaise, bien, j'aime à voir que vous êtes sur vos gardes; mais remettez-vous à table, il n'y a rien à faire là pour vous.

— Qu'est-ce donc que ce bruit? dit Marceau.

— Rien, reprit Delmar; les prisonniers de cette nuit qu'on fusille.

Blanche jeta un cri de terreur :

— Oh! les malheureux! s'écria-t-elle.

Delmar posa son verre, qu'il allait porter à ses lèvres, se retourna lentement vers elle :

— Ah! voilà qui va bien, dit-il; si maintenant les soldats tremblent comme des femmes, il faudra habiller les femmes en soldats. Il est vrai que tu es bien jeune, ajouta-t-il en lui prenant les deux mains et en la regardant en face; mais tu t'y habitueras.

— Oh! jamais! jamais! s'écria Blanche sans songer combien il était dangereux pour elle de manifester ses sentiments devant un semblable témoin; jamais je ne m'habituerai à de telles horreurs.

— Enfant, reprit Delmar en lâchant ses mains, crois-tu que l'on puisse régénérer une nation sans lui tirer du sang, réprimer les factions sans dresser d'échafauds! As-tu jamais vu une révolution passer sur un peuple le niveau de l'égalité sans abattre quelques têtes! Malheur alors, malheur aux grands, car la baguette de Tarquin les a désignés!

Il se tut un instant, puis continua :

— D'ailleurs, qu'est-ce que la mort? Un sommeil

Le dîner.

sans songe, sans réveil. Qu'est-ce que le sang? Une liqueur rouge à peu près semblable à celle que contient cette bouteille, et qui ne produit d'effet sur notre esprit que par l'idée qu'on y attache: Sombreuil en a bu. Eh bien! tu te tais: voyons, n'as-tu pas à la bouche quelque argument philanthropique? A ta place un girondin ne resterait pas court.

Blanche était donc forcée de continuer cette conversation.

— Oh! dit-elle en tremblant, êtes-vous bien sûr que Dieu vous ait donné le droit de frapper ainsi?

— Dieu ne frappe-t-il pas, lui?

— Oui, mais il voit au delà de la vie, tandis que l'homme, quand il tue, ne sait ni ce qu'il donne ni ce qu'il ôte.

— Soit. Eh bien! l'âme est immortelle ou elle ne l'est pas; si le corps n'est que matière, est-ce un crime de rendre un peu plus tôt à la matière ce que Dieu lui avait emprunté? Si une âme l'habite, et que cette âme soit immortelle, je ne puis la tuer: le corps n'est qu'un vêtement que je lui ôte, ou plutôt une prison dont je le tire. Maintenant, écoute un conseil, car je veux bien t'en donner un: garde tes réflexions philosophiques et tes arguments de collège pour défendre ta propre vie, si jamais tu tombes entre les mains de Charette ou de Bernard

J.A.BEAUCE.   PISAN.

Le général Dumas.

de Marigny, car ils ne te feraient pas plus grâce que je ne l'ai faite à leurs soldats. Quant à moi, tu te repentirais peut-être de les répéter une seconde fois en ma présence : souviens-t'en. Il sortit.

Il y eut un moment de silence. Marceau posa ses pistolets, qu'il avait armés pendant cette conversation. — Oh! dit-il en le suivant du doigt, jamais homme, sans s'en douter, n'a touché la mort de si près que tu viens de le faire. Blanche, savez-vous que, si un geste, un mot, lui étaient échappés qui prouvassent qu'il vous reconnaissait, savez-vous que je lui brûlais la cervelle?

Elle n'écoutait pas. Une seule idée la possédait :

c'est que cet homme était chargé de poursuivre les débris de l'armée que commandait le marquis de Beaulieu.

— O mon Dieu! disait-elle en cachant sa tête dans ses mains... ô mon Dieu! quand je pense que mon père peut tomber entre les mains de ce tigre ; que, s'il eût été fait prisonnier cette nuit, il était possible que là, devant... C'est exécrable, c'est atroce; n'est-il donc plus de pitié dans ce monde! Oh! pardon, pardon, dit-elle à Marceau; qui, plus que moi, doit savoir le contraire? Mon Dieu! mon Dieu!...

Dans ce moment, le domestique entra et annonça que les chevaux étaient prêts.

— Partons, au nom du ciel, partons! il y a du sang dans l'air qu'on respire ici.

— Partons, répondit Marceau. Et tous trois descendirent à l'instant.

III

Marceau trouva à la porte un détachement de trente hommes, que le général en chef avait fait monter à cheval pour l'escorter jusqu'à Nantes. Dumas les accompagna quelque temps; mais, à une lieue de Chollet, son ami insista fortement pour qu'il retournât; de plus loin, il eût été dangereux de revenir seul. Il prit donc congé d'eux, mit son cheval au galop et disparut bientôt à l'angle d'un chemin.

Puis Marceau désirait se trouver seul avec la jeune Vendéenne. Elle avait l'histoire de sa vie à lui raconter, et il lui semblait que cette vie devait être pleine d'intérêt. Il rapprocha son cheval de celui de Blanche.

— Eh bien! lui dit-il, maintenant que nous sommes tranquilles et que nous avons une longue route à faire, causons, causons de vous; je sais qui vous êtes, mais voilà tout. Comment vous trouviez-vous dans ce rassemblement? D'où vous vient cette habitude de porter des habits d'homme? Parlez: nous autres, soldats, nous sommes habitués à entendre des paroles brèves et dures. Parlez-moi longtemps de vous, de votre enfance, je vous en prie.

Marceau, sans savoir pourquoi, ne pouvait s'habituer à employer, en parlant à Blanche, le langage républicain de l'époque.

Blanche alors lui raconta sa vie; comment, jeune, sa mère était morte et l'avait laissée tout enfant aux mains du marquis de Beaulieu; comment son éducation, donnée par un homme, l'avait familiarisée avec des exercices qui, lorsque éclata l'insurrection de la Vendée, lui étaient devenus si utiles et lui avaient permis de suivre son père. Elle lui déroula tous les événements de cette guerre, depuis l'émeute de Saint-Florent jusqu'au combat où Marceau lui sauva la vie. Elle parla longtemps, comme il lui avait demandé, car elle voyait qu'on l'écoutait avec bonheur. Au moment où elle achevait son récit, on aperçut à l'horizon Nantes, dont les lumières tremblaient dans la brume. La petite troupe traversa la Loire, et, quelques instants après, Marceau était dans les bras de sa mère.

Après les premiers embrassements, il présenta à sa famille sa jeune compagne de voyage : quelques mots suffirent pour intéresser vivement sa mère et ses sœurs. A peine Blanche eut-elle manifesté le désir de reprendre les habits de son sexe, que les deux jeunes filles l'entraînèrent à l'envi, et se disputèrent le plaisir de lui servir de femme de chambre.

Cette conduite, si simple qu'elle paraisse au premier abord, acquérait cependant un grand prix par les circonstances du moment. Nantes se débattait sous le proconsulat de Carrier.

C'est un étrange spectacle pour l'esprit et les yeux que celui d'une ville entière toute saignante des morsures d'un seul homme. On se demande d'où vient cette force que prend une volonté sur quatre-vingt mille individus qu'elle domine, et comment, quand un seul dit : « Je veux, » tous ne se lèvent point, pour dire : « C'est bien!... mais nous ne voulons pas, nous! » C'est qu'il y a habitude de servilité dans l'âme des masses, que les individus seuls ont parfois d'ardents désirs d'être libres. C'est que le peuple, comme l'a dit Shakspeare, ne connaît d'autre moyen de récompenser l'assassin de César qu'en le faisant César. Voilà pourquoi il y a des tyrans de liberté, comme il y a des tyrans de monarchie.

Donc le sang coulait à Nantes par les rues, et Carrier, qui était à Robespierre ce qu'est l'hyène au tigre et le chacal au lion, se gorgeait du plus pur de ce sang, en attendant qu'il le rendît mêlé au sien.

C'étaient des moyens tout nouveaux de massacre: la guillotine s'ébrèche si vite! Il imagina les noyades, dont le nom est devenu inséparable de son nom. Des bateaux furent confectionnés exprès dans le port, on savait dans quel but, on venait les voir sur le chantier : c'était chose curieuse et nouvelle que ces soupapes de vingt pieds qui s'ouvraient pour précipiter à fond d'eau les malheureux destinés à ce supplice; et, le jour de leur essai, il y eut presque autant de peuple sur la rive que lorsqu'on lance un vaisseau avec un bouquet à son grand mât et des pavillons à toutes ses vergues.

Oh! trois fois malheur aux hommes qui, comme Carrier, ont appliqué leur imagination à inventer des variantes à la mort, car tout moyen de détruire l'homme est facile à l'homme! Malheur à ceux qui, sans théorie, ont fait des meurtres inutiles! ils sont cause que nos mères tremblent en prononçant les mots révolution et république, inséparables, pour elles, des mots massacre et destruction. Et nos mères nous font hommes, et, à quinze ans, lequel d'entre nous, en sortant des mains de sa mère, ne frémissait pas aussi aux mots révolution et république? lequel de nous n'a pas eu toute son éducation politique à refaire avant d'oser envisager froidement ce chiffre, qu'il avait regardé longtemps comme fatal — 93? auquel de nous n'a-t-il pas fallu toute sa force d'homme de vingt-cinq ans pour envisager en face les trois colosses de notre révolution : Mirabeau, Danton, Robespierre? Mais, enfin, nous nous sommes habitués à leur vue, nous avons étudié le terrain sur lequel ils marchaient, le principe qui les faisait agir, et involontairement nous nous sommes rappelé ces terribles paroles d'une autre époque : *Chacun d'eux n'est tombé que parce qu'il a voulu enrayer la charrette du bourreau, qui avait encore besogne à faire.* Ce ne sont point eux qui ont dépassé la révolution, mais la révolution qui les a dépassés.

Ne nous plaignons pas cependant, les réhabilitations modernes se font vite, car maintenant le peuple écrit l'histoire du peuple. Il n'en était pas ainsi du temps de messieurs les historiographes de la couronne ; n'ai-je pas entendu dire, tout enfant, que Louis XI était un mauvais roi et Louis XIV un grand prince ?

Revenons à Marceau et à toute une famille que son nom protégeait contre Carrier même. C'était une réputation de républicanisme si pure que celle du jeune général, qu'un soupçon n'eût pas osé atteindre sa mère ni ses sœurs. Voilà pourquoi l'une d'elles, jeune fille de seize ans, comme étrangère à tout ce qui se passait autour d'elle, aimait et était aimée, et la mère de Marceau, craintive comme une mère, voyant un second protecteur dans un époux, pressait, autant qu'elle le pouvait, un mariage qui était sur le point de s'accomplir, lorsque Marceau et la jeune Vendéenne arrivèrent à Nantes. Ce retour, en ce moment, fut une double joie.

Blanche fut remise aux deux jeunes filles, qui devinrent ses amies en l'embrassant ; car il y a un âge où chaque jeune fille croit trouver une amie éternelle dans l'amie qu'elle connaît depuis une heure. Elles sortirent ensemble ; une chose presque aussi importante qu'un mariage les occupait : une toilette de femme ; Blanche ne devait pas conserver plus longtemps ses habits d'homme.

Bientôt elles la ramenèrent parée de leur double toilette ; il avait fallu qu'elle mît la robe de l'une et le châle de l'autre. Folles jeunes filles ! il est vrai qu'elles n'avaient, à elles trois, que l'âge de la mère de Marceau, qui était encore belle.

Lorsque Blanche rentra, le jeune général fit quelques pas au-devant d'elle, et s'arrêta étonné. Sous son premier costume, il avait à peine remarqué sa beauté céleste et ses grâces, qu'elle avait reprises avec ses habits de femme. Elle avait tout fait, il est vrai, pour paraître jolie : un instant elle avait oublié, devant une glace, guerre, Vendée et carnage : c'est que l'âme la plus naïve a sa coquetterie lorsqu'elle commence à aimer et qu'elle veut plaire à celui qu'elle aime.

Marceau voulut parler et ne put prononcer une parole ; Blanche sourit et lui tendit la main, toute joyeuse, car elle vit qu'elle lui avait paru aussi belle qu'elle désirait le paraître.

Le soir, le jeune fiancé de la sœur de Marceau vint, et, comme tout amour est égoïste, depuis l'amour-propre jusqu'à l'amour maternel, il y eut une maison dans la ville de Nantes, une seule peut-être, où tout fut bonheur et joie, quand autour d'elle tout était larmes et douleurs.

Oh ! comme Blanche et Marceau se laissaient vivre de leur nouvelle vie ! comme l'autre leur semblait loin derrière eux ! c'était presque un rêve. Seulement, de temps en temps, le cœur de Blanche se serrait, et des larmes jaillissaient de ses yeux : c'est que tout à coup elle pensait à son père. Marceau la rassurait ; puis, pour la distraire, il lui racontait ses premières campagnes ; comment le collégien était devenu soldat à quinze ans, officier à dix-sept, colonel à dix-neuf, général à vingt et un. Blanche les lui faisait répéter souvent, car, dans tout ce qu'il disait, il n'y avait pas un mot d'un autre amour.

Et cependant Marceau avait aimé, aimé de toutes les puissances de son âme, il le croyait du moins. Puis bientôt il avait été trompé, trahi : le mépris, à grande peine, s'était fait place dans un cœur si jeune qu'il n'y avait que passions. Le sang qui brûlait ses veines s'était refroidi lentement, une froideur mélancolique avait remplacé l'exaltation ; Marceau enfin, avant de connaître Blanche, n'était plus qu'un malade privé, par l'absence subite de la fièvre, de l'énergie et de la force qu'il ne devait qu'à sa seule présence.

Eh bien ! tous ces songes de bonheur, tous ces éléments d'une vie nouvelle, tous ces prestiges de la jeunesse que Marceau croyait à jamais perdus pour lui, renaissaient dans un lointain encore vague, mais que cependant il pouvait atteindre un jour : lui-même s'étonnait que le sourire revînt quelquefois et sans sujet passer sur ses lèvres ; il respirait à pleine poitrine, et ne ressentait plus rien de cette difficulté de vivre qui, la veille encore, absorbait ses forces et lui faisait désirer une mort prochaine comme la seule barrière que ne puisse dépasser la douleur.

Blanche, de son côté, entraînée d'abord vers Marceau par un sentiment naturel de reconnaissance, attribuait à ce sentiment les diverses émotions qui l'agitaient. N'était-il pas tout simple qu'elle désirât constamment la présence de l'homme qui lui avait sauvé la vie ? Les paroles qui s'échappaient de sa bouche pouvaient-elles lui être indifférentes ? Sa physionomie empreinte d'une mélancolie si profonde ne devait-elle pas éveiller la pitié ? et lorsqu'elle le voyait soupirer en la regardant, n'était-elle pas toujours prête à dire : Que puis-je faire pour vous, ami, pour vous qui avez tant fait pour moi ?

C'est agités de ces divers sentiments, qui chaque jour acquéraient une force nouvelle, que Blanche et Marceau passèrent les premiers temps de leur séjour à Nantes ; enfin l'époque fixée pour le mariage de la sœur du jeune général arriva.

Parmi les bijoux qu'il avait fait venir pour elle, Marceau choisit une parure brillante et précieuse qu'il offrit à Blanche. Blanche la regarda d'abord avec sa coquetterie de jeune fille, puis bientôt elle referma l'écrin.

— Les bijoux conviennent-ils à ma situation ? dit-elle tristement; des bijoux à moi! tandis que peut-être mon père fuit de métairies en métairies, en mendiant un morceau de pain pour sa vie, une grange pour son asile; tandis que, proscrite moi-même... Non, que ma simplicité me cache à tous les yeux; songez que je puis être reconnue.

Marceau la pressa vainement, elle ne consentit à accepter qu'une rose rouge artificielle qui se trouvait parmi les parures.

Les églises étaient fermées ; ce fut donc à l'Hôtel de Ville que se sanctionna le mariage. La cérémonie fut courte et triste, les jeunes filles regrettaient le chœur orné de cierges et de fleurs, le dais suspendu sur la tête des jeunes époux, sous lequel s'échangent les rires de ceux qui le soutiennent, et la bénédiction du prêtre qui dit : « Allez, enfants, et soyeux heureux. »

A la porte de l'Hôtel de Ville, une députation de mariniers attendait les mariés. Le grade de Marceau attirait à sa sœur cet hommage. Un de ces hommes, dont la figure ne lui paraissait pas inconnue, avait deux bouquets : il donna l'un à l'épouse ; puis, s'avançant vers Blanche, qui le regardait fixement, il lui présenta l'autre.

— Tinguy, où est mon père? dit Blanche en pâlissant.

— A Saint-Florent, répondit le marinier. Prenez ce bouquet, il y a dedans une lettre. Vivent le roi et la bonne cause! mademoiselle Blanche.

Blanche voulut l'arrêter, lui parler, l'interroger, il avait disparu. Marceau reconnut le guide, et malgré lui il admirait le dévouement, l'adresse et l'audace de ce paysan.

Blanche lut la lettre avec anxiété. Les Vendéens éprouvaient défaites sur défaites ; toute une population émigrait, reculant devant l'incendie et la famine. Le reste de la lettre était consacré à des remerciments à Marceau. Le marquis avait tout appris par la surveillance de Tinguy. Blanche était triste, cette lettre l'avait rejetée au milieu des horreurs de la guerre ; elle s'appuyait sur le bras de Marceau plus que d'habitude, elle lui parlait de plus près et d'une voix plus douce. Marceau l'aurait voulue plus triste encore ; car, plus la tristesse est profonde, plus il y a d'abandon ; et, je l'ai déjà dit, il y a bien de l'égoïsme dans l'amour

Pendant la cérémonie, un étranger, qui avait, disait-il, des choses de la dernière importance à communiquer à Marceau, avait été introduit dans le salon. En y entrant, Marceau, la tête penchée vers Blanche, qui lui donnait le bras, ne l'aperçut point d'abord; mais tout à coup il sentit ce bras tressaillir, il leva la tête : Blanche et lui étaient en face de Delmar

Le représentant du peuple s'approcha lentement, les yeux fixés sur Blanche, le rire sur les lèvres; Marceau, la sueur sur le front, le regardait s'avancer comme don Juan regarde la statue du commandeur.

— Citoyenne, tu as un frère?

Blanche balbutia et fut prête à se jeter dans les bras de Marceau. Delmar continua :

— Si ma mémoire et ta ressemblance ne me trompent point, nous avons déjeuné ensemble à Chollet. Comment se fait-il que depuis cette époque je ne l'aie pas revu dans les rangs de l'armée républicaine?

Blanche sentait ses forces prêtes à l'abandonner; l'œil perçant de Delmar suivait les progrès de son trouble, et elle allait tomber sous ce regard, lorsqu'il se détourna d'elle et se fixa sur Marceau.

Alors ce fut Delmar qui tressaillit à son tour. Le jeune général avait la main sur la garde de son épée, qu'il serrait convulsivement. La figure du représentant du peuple reprit aussitôt son expression habituelle; il parut avoir totalement oublié ce qu'il venait de dire, et, prenant Marceau par le bras, il l'entraîna dans l'embrasure de la fenêtre, l'entretint quelques instants de la situation actuelle de la Vendée et lui apprit qu'il était venu à Nantes pour se concerter avec Carrier sur les nouvelles mesures de rigueur qu'il était urgent de prendre à l'égard des révoltés. Il annonça que le général Dumas était rappelé à Paris ; et, le quittant bientôt, il passa avec un salut et un sourire devant le fauteuil où Blanche était tombée en quittant le bras de Marceau, et où elle était restée froide et pâle.

Deux heures après, Marceau reçut l'ordre de partir sans délai pour rejoindre l'armée de l'Ouest, et y reprendre le commandement de sa brigade.

Cet ordre subit et imprévu l'étonna; il crut y voir quelque rapport avec la scène qui s'était passée un instant auparavant : sa permission n'expirait que dans quinze jours. Il courut chez Delmar pour en obtenir quelques explications; il était reparti aussitôt après son entrevue avec Carrier.

Il fallait obéir; balancer, c'était se perdre. A cette époque, les généraux étaient soumis au pouvoir des représentants du peuple envoyés par la Convention, et, si quelques revers furent causés par leur impéritie, plus d'une victoire aussi fut due à l'alternative constante où se trouvaient les chefs de vaincre ou de porter leur tête sur l'échafaud.

Marceau était près de Blanche lorsqu'il reçut cet ordre. Tout étourdi d'un coup aussi inattendu, il n'avait pas le courage de lui annoncer un départ qui la laissait seule et sans défense au milieu d'une ville arrosée chaque jour du sang de ses compatriotes. Elle s'aperçut de son trouble, et, son inquiétude surmontant sa timidité, elle s'approcha de lui avec le regard inquiet d'une femme aimée, qui sait qu'elle a le droit d'interroger, et qui interroge. Marceau lui présenta l'ordre qu'il venait de recevoir. Blanche y eut à peine jeté les yeux, qu'elle comprit à quel danger le défaut d'obéissance exposait son protecteur; son cœur se brisait, et cependant elle trouva la force de l'engager à partir sans retard. Les femmes possèdent mieux que les hom-

La séparation.

mes cette espèce de courage, parce que, chez elles, il tient d'un côté à la pudeur. Marceau la regarda tristement : — Et vous aussi, Blanche, dit-il, vous ordonnez que je m'éloigne? Au fait, dit-il en se levant et comme se parlant à lui-même, qui pouvait me faire croire le contraire? Insensé que j'étais! Lorsque je songeais à ce départ, j'avais quelquefois pensé qu'il lui coûterait des regrets et des pleurs. — Il marchait à grands pas. — Insensé! des regrets, des pleurs! Comme si je ne lui étais pas indifférent! En se retournant, il se trouva en face de Blanche : deux larmes roulaient sur les joues de la jeune fille muette, dont les soupirs saccadés soulevaient la poitrine. A son tour, Marceau sentit des pleurs dans ses yeux.

— Oh! pardonnez-moi, lui dit-il, pardonnez-moi, Blanche; mais je suis bien malheureux, et le malheur rend défiant. Près de vous toujours, ma vie semblait s'être mêlée à la vôtre; comment séparer vos heures de mes heures, mes jours de vos jours? J'avais tout oublié; je croyais à l'éternité ainsi. Oh! malheur, malheur! je rêvais, et je m'éveille. Blanche, ajouta-t-il avec plus de calme, mais d'une voix plus triste, la guerre que nous faisons est cruelle et meurtrière, il est possible que nous ne nous revoyions jamais. Il prit la main de Blanche, qui sanglotait. Oh! promettez-moi, si je tombe frappé loin de vous... Blanche, j'ai toujours eu le pressentiment d'une vie courte; promettez-moi que mon souvenir se présentera quelquefois à votre pensée, mon nom à votre bouche, ne fût-ce qu'en songe; et moi, moi, je vous promets, Blanche, que, s'il y a entre ma vie et ma mort le temps de prononcer un nom, un seul, ce sera le vôtre.

Blanche était suffoquée par les larmes; mais il y avait dans ses yeux mille promesses plus tendres que celles que Marceau exigeait. D'une main, elle serrait celle de Marceau, qui était à ses pieds, et, de l'autre, elle lui montrait la rose rouge, dont sa tête était parée.

— Toujours, toujours! balbutia-t-elle et elle tomba évanouie.

Les cris de Marceau attirèrent sa mère et ses sœurs. Il croyait Blanche morte; il se roulait à ses pieds. Tout s'exagère en amour, craintes et espérances. Le soldat n'était qu'un enfant.

Blanche ouvrit les yeux, et rougit en voyant Marceau à ses pieds, et sa famille autour de lui.

— Il part, dit-elle, pour se battre contre mon père, peut-être. Oh! épargnez mon père; si mon père tombe entre vos mains, songez que sa mort me tuerait. Que voulez-vous de plus? ajouta-t-elle en baissant la voix; je n'ai pensé à mon père qu'après avoir pensé à vous. Puis, rappelant aussitôt son courage, elle supplia Marceau de partir; lui-même en comprenait la nécessité, aussi ne résista-t-il pas davantage à ses prières et à celles de sa mère. Les ordres nécessaires à son départ furent donnés, et une heure après il avait reçu les adieux de Blanche et de sa famille.

Marceau suivait, pour quitter Blanche, la route qu'il avait parcourue avec elle; il avançait sans presser ni ralentir le pas de son cheval, et chaque localité lui rappelait quelques mots du récit de la jeune Vendéenne; il repassait en quelque sorte par l'histoire qu'elle lui avait comptée; et le danger qu'elle courait, auquel il n'avait pas songé tant qu'il était près d'elle, lui paraissait bien plus grand maintenant qu'il l'avait quittée. Chaque mot de Delmar bruissait à ses oreilles: à chaque instant il était prêt à arrêter son cheval, à retourner à Nantes; et il lui fallut toute sa raison pour ne pas céder au besoin de la revoir.

Si Marceau avait pu s'occuper d'autre chose que de ce qui se passait dans sa propre pensée, il aurait aperçu, à l'extrémité du chemin, et venant vers lui, un cavalier qui, après s'être arrêté un instant pour s'assurer qu'il ne se trompait pas, avait mis son cheval au galop pour le joindre, et il eût reconnu le général Dumas aussi vite qu'il en avait été reconnu lui-même.

Les deux amis sautèrent à bas de leurs chevaux, et se jetèrent dans les bras l'un de l'autre.

Au même instant, un homme, les cheveux ruisse-

lants de sueur, la figure ensanglantée, les habits déchirés, saute par-dessus une haie, roule plutôt qu'il ne descend le long du talus, et vient tomber sans force et presque sans voix aux pieds des deux amis, en proférant cette seule parole: — Arrêtée!... C'était Tinguy.

— Arrêtée! qui? Blanche? s'écria Marceau.

Le paysan fit un geste affirmatif; le malheureux ne pouvait plus parler. Il avait fait cinq lieues, toujours courant à travers terres et haies, genêts et ajoncs; peut-être eût-il pu courir encore une lieue, deux lieues, pour rejoindre Marceau; mais, l'ayant rejoint, il était tombé.

Marceau le considérait la bouche béante. Et l'œil stupide.

— Arrêtée! Blanche arrêtée! répétait-il continuellement, tandis que son ami appliquait sa gourde pleine de vin aux dents serrées du paysan. Blanche arrêtée! Voilà donc dans quel but on m'éloignait. Alexandre, s'écria-t-il en prenant la main de son ami et en le forçant de se relever, Alexandre, je retourne à Nantes, il faut m'y suivre, car ma vie, mon avenir, mon bonheur, tout est là! Ses dents se froissaient avec violence; tout son corps était agité d'un mouvement convulsif. — Qu'il tremble celui qui a osé porter la main sur Blanche! Sais-tu que je l'aimais de toutes les forces de mon âme; qu'il n'est plus pour moi d'existence possible sans elle, que je veux mourir ou la sauver? Oh! fou! oh! insensé que je suis d'être parti!... Blanche arrêtée! et où a-t-elle été conduite?

Tinguy, à qui cette question était adressée, commençait à revenir à lui. On voyait les veines de son front gonflées, comme si elles étaient prêtes à crever; ses yeux étaient pleins de sang; et à peine, tant sa poitrine était oppressée et sifflante, put-il, à cette question faite pour la seconde fois: Où a-t-elle été conduite? répondre:

— A la prison de Bouffays.

Ces mots étaient à peine prononcés, que les deux amis reprenaient au galop le chemin de Nantes.

IV

Il n'y avait pas un instant à perdre; ce fut donc vers la maison même qu'habitait Carrier, place du Cours, que les deux amis dirigèrent leur course. Lorsqu'ils y furent arrivés, Marceau se jeta à bas de son cheval, prit machinalement ses pistolets, qui se trouvaient dans ses fontes, les cacha sous son habit, et s'élança vers l'appartement de celui qui tenait entre ses mains le destin de Blanche. Son ami le suivit plus froidement, quoique prêt cependant à le défendre s'il avait besoin de son secours, et à risquer sa vie avec autant d'insouciance que sur le champ de bataille. Mais le député de la Montagne savait trop combien il était exécré pour n'être pas défiant, et ni instances ni menaces ne purent obtenir aux généraux une entrevue.

Marceau descendit plus tranquillement que ne l'aurait pensé son ami. Depuis un instant, il paraissait avoir adopté un nouveau projet qu'il mûrissait à la hâte, et il n'y eut plus de doute qu'il s'y était arrêté lorsqu'il pria le général Dumas de se rendre à l'instant à la poste, et de revenir l'attendre à la porte du Bouffays avec des chevaux et une voiture.

Le grade et le nom de Marceau lui ouvrirent l'entrée de cette prison; il ordonna au geôlier de le conduire au cachot où Blanche était enfermée. Celui-ci hésita un instant : Marceau réitéra son ordre d'un ton plus impératif, et le concierge obéit en lui faisant signe de le suivre.

— Elle n'est pas seule, dit son conducteur en ouvrant la porte basse et cintrée d'un cachot dont l'obscurité fit tressaillir Marceau ; mais elle ne tardera pas à être débarrassée de son compagnon, on le guillotine aujourd'hui. A ces mots, il referma la porte sur Marceau, et l'engagea à abréger autant que possible une entrevue qui pouvait le compromettre.

Encore ébloui de son passage subit du jour à la nuit, Marceau étendait ses bras comme un homme qui rêve, cherchant à prononcer le mot de Blanche, qu'il ne pouvait articuler, et ne pouvant percer de ses regards les ténèbres qui l'environnaient; il entendit un cri : la jeune fille se jeta dans ses bras; elle l'avait reconnu aussitôt : sa vue, à elle, était déjà habituée à la nuit.

Elle se jeta dans ses bras, car il y eut un instant où la terreur lui fit oublier âge et sexe : il ne s'agissait plus que de la vie ou de la mort. Elle se cramponna à lui comme un naufragé à une roche, avec des sanglots inarticulés et des étreintes convulsives.

— Ah! ah! vous ne m'avez donc pas abandonnée! s'écria-t-elle enfin. Ils m'ont arrêtée, traînée ici; dans la foule qui me suivait, j'ai aperçu Tinguy; j'ai crié : Marceau! Marceau! et il a disparu. Oh! j'étais loin d'espérer de vous revoir... même ici... Mais vous voilà... vous voilà... vous ne me quitterez plus... Vous m'emmènerez, n'est-ce pas?... vous ne me laisserez point ici.

— Je voudrais, au prix de mon sang, vous en arracher à l'instant même; mais...

— Oh! voyez donc; tâtez ces murs ruisselants, cette paille infecte; vous qui êtes général, ne pouvez-vous...

— Blanche, voilà ce que je puis : frapper à cette porte, brûler la cervelle au guichetier qui l'ouvrira, vous traîner jusque dans la cour, vour faire respirer l'air, voir le ciel, et me faire tuer en vous défendant; mais, moi mort, Blanche, on vous ramènera dans ce cachot, et il n'existera plus sur la terre un seul homme qui puisse vous sauver.

— Mais le pouvez-vous, vous?

— Peut-être

— Bientôt?

— Deux jours, Blanche; je vous demande deux jours. Mais répondez, à votre tour, répondez à une question de laquelle dépendent votre vie et la mienne... Répondez comme vous répondriez à Dieu... Blanche, m'aimez-vous?

— Est-ce le moment et le lieu où une telle question doive être faite, et où l'on puisse y répondre? Croyez-vous que ces murailles soient habituées à entendre des aveux d'amour?

— Oui, c'est le moment, car nous sommes entre la vie et la tombe, entre l'existence et l'éternité. Blanche, hâte-toi de me répondre : chaque instant nous vole un jour, chaque heure une année... Blanche, m'aimes-tu?

— Oh! oui, oui... Ces mots s'échappèrent du cœur de la jeune fille, qui, oubliant qu'on ne pouvait voir sa rougeur, cacha sa tête dans les bras de Marceau.

— Eh bien! Blanche, il faut à l'instant même que tu m'acceptes pour époux.

Tout le corps de la jeune fille tressaillit

— Quel peut être votre dessein?

— Mon dessein est de t'arracher à la mort; nous verrons s'ils osent envoyer à l'échafaud la femme d'un général républicain.

Blanche comprit alors toute sa pensée; elle frémit du danger auquel il s'exposait pour la sauver. Son amour en prit une nouvelle force; mais rappelant son courage : — C'est impossible, dit-elle avec fermeté.

— Impossible! interrompit Marceau, impossible! Mais c'est folie; et quel obstacle peut s'élever entre nous et le bonheur, puisque tu viens de m'avouer que tu m'aimes? Crois-tu donc que ce soit un jeu? Mais écoute donc, écoute, c'est ta mort! vois! la mort de l'échafaud, le bourreau, la hache, la charrette!

— Oh! pitié, pitié! c'est affreux! Mais toi, toi, une fois ta femme, si ce titre ne me sauve pas, il te perd avec moi!...

— Voilà donc le motif qui te fait rejeter la seule voie de salut qui te reste! Eh bien! écoute-moi, Blanche; car, à mon tour, j'ai des aveux à te faire : en te voyant, je t'ai aimée; l'amour est devenu passion, j'en vis comme de ma vie, mon existence est la tienne, mon sort sera le tien; bonheur ou échafaud, je partagerai tout avec toi; je ne te quitte plus, nulle puissance humaine ne pourra nous séparer, ou, si je te quitte, je n'ai qu'à crier : *Vive le roi!* ce mot me rouvre ta prison, et nous n'en sortons plus qu'ensemble. Eh bien! soit : ce sera quelque chose qu'une nuit dans le même cachot, le trajet dans la même charrette, la mort sur le même échafaud.

— Oh! non, non, va-t'en; laisse-moi, au nom du ciel, laisse-moi!

— Que je m'en aille! Prends garde à ce que tu dis et à ce que tu veux, car, si je sors d'ici sans que tu

Tinguy.

sois à moi, sans que tu m'aies donné le droit de te défendre, j'irai trouver ton père, ton père auquel tu ne songes pas, et qui pleure, et je lui dirai : « Vieillard, elle pouvait se sauver, ta fille, et elle ne l'a point voulu; elle a voulu que tes derniers jours se passassent dans le deuil et que son sang rejaillît jusque sur tes cheveux blancs. Pleure, pleure, vieillard, non de ce que ta fille est morte, mais de ce qu'elle ne t'aimait pas assez pour vivre. »

Marceau avait repoussé Blanche; elle était allée tomber à genoux à quelques pas de lui, et lui se promenait les dents serrées, les bras sur la poitrine, avec le rire d'un fou ou d'un damné. Il entendit les sanglots de Blanche; les larmes lui sautèrent des yeux, ses bras retombèrent sans force, et il alla rouler à ses pieds.

— Oh! par pitié, par ce qu'il y a de plus sacré en ce monde, par la tombe de ta mère, Blanche, Blanche, consens à devenir ma femme : il le faut, tu le dois.

— « Oui, tu le dois, jeune fille, interrompit une « voix étrangère qui les fit tressaillir et relever tous « deux; tu le dois, car c'est le seul moyen de con- « server une vie qui commence à peine; la religion « te l'ordonne, et moi je suis prêt à bénir votre « union. »

La prison.

Marceau, étonné, se retourna, et il reconnut le curé de Sainte-Marie-de-Rhé, qui faisait partie du rassemblement qu'il avait attaqué la nuit où Blanche devint sa prisonnière.

— O mon père ! s'écria-t-il en lui saisissant la main et en l'entraînant, ô mon père ! obtenez d'elle qu'elle consente à vivre.

— Blanche de Beaulieu, reprit le prêtre avec un accent solennel, au nom de ton père que mon âge et l'amitié qui nous unissait me donnent le droit de représenter, je t'adjure de céder aux instances de ce jeune homme ; car ton père lui-même, s'il était ici, ferait ce que je fais.

Blanche semblait agitée de mille sentiments contraires ; enfin elle se jeta dans les bras de Marceau :

— O mon ami ! lui dit-elle, je n'ai point la force de te résister plus longtemps. Marceau, je t'aime ! je t'aime, et je suis ta femme.

Leurs lèvres se joignirent ; Marceau était au comble de la joie ; il semblait avoir tout oublié. La voix du prêtre l'arracha bientôt à son extase.

— Hâtez-vous, enfants, disait-il, car mes instants sont comptés ici-bas ; et, si vous tardez encore, je ne pourrai plus vous bénir que des cieux.

Les deux amants tressaillirent : cette voix les rappelait sur la terre !

Blanche promena autour d'elle des regards effrayés.

— O mon ami! dit-elle, quel moment pour unir nos destinées! quel temple pour un hymen! Penses-tu qu'une union consacrée sous des voûtes sombres et lugubres puisse être une union durable et fortunée?...

Marceau tressaillit, car lui-même était atteint d'une terreur superstitieuse. Il entraîna Blanche vers un endroit du cachot où le jour, glissant à travers les barreaux croisés d'un étroit soupirail, rendait les ténèbres moins épaisses; et là, tombant tous deux à genoux, ils attendirent la bénédiction du prêtre.

Celui-ci étendit les bras et prononça les paroles sacrées. Au même instant, un bruit d'armes et de soldats se fit entendre dans le corridor; Blanche, effrayée, se jeta dans les bras de Marceau.

— Serait-ce déjà moi qu'ils viennent chercher? s'écria-t-elle. O mon ami! mon ami, combien en ce moment la mort serait affreuse!

Le jeune général s'était jeté au-devant de la porte, un pistolet de chaque main. Les soldats étonnés reculèrent.

— Rassurez-vous, leur dit le prêtre en se présentant, c'est moi que l'on vient chercher, c'est moi qui vais mourir.

Les soldats l'entourèrent.

— Enfants, s'écria-t-il d'une voix forte en s'adressant aux jeunes époux; enfants, à genoux; car, un pied dans la tombe, je vous envoie ma dernière bénédiction, et la bénédiction d'un mourant est sacrée.

Les soldats étonnés gardaient le silence; le prêtre avait tiré de sa poitrine un crucifix qu'il était parvenu à dérober à toutes les recherches; il l'étendait vers eux: prêt à mourir, c'était pour eux qu'il priait. Il y eut un instant de silence et de solennité où tout le monde crut à Dieu: — Marchons, dit le prêtre.

Les soldats l'entourèrent; la porte se referma, et tout disparut comme une vision nocturne

Blanche se jeta dans les bras de Marceau·

— Oh! si tu me quittes, et qu'on vienne me chercher ainsi, si je n'ai pas là pour m'aider à passer cette porte, oh! Marceau, te figures-tu, à l'échafaud, moi! moi à l'échafaud, loin de toi, pleurant et t'appelant, sans que tu me répondes! Oh! ne t'en va pas, ne t'en va pas! Je me jetterai à leurs pieds, je leur dirai que je ne suis pas coupable, qu'ils me laissent en prison avec toi toute ma vie, et que je les bénirai. Mais si tu me quittes.. Oh! ne me quitte donc pas!

— Blanche, je suis sûr de te sauver, je réponds de ta vie; en moins de deux jours je serai ici avec ta grâce, et alors ce ne sera pas toute une vie de prison et de cachot, mais d'air et de bonheur, une vie de liberté et d'amour.

La porte s'ouvrit, le geôlier parut. Blanche serra plus fortement Marceau dans ses bras; elle ne voulait pas le quitter, et cependant chaque instant était précieux; il détacha doucement ses mains dont la chaîne le retenait, lui promit qu'il serait de retour avant la fin de la deuxième journée:

— Aime-moi toujours, lui dit-il en s'élançant hors du cachot.

— Toujours! dit Blanche en retombant et en lui montrant dans ses cheveux la rose rouge qu'il lui avait donnée; et la porte se referma comme celle de l'enfer.

V

Marceau trouva le général Dumas qui l'attendait chez le concierge; il demanda de l'encre et du papier.

— Que vas-tu faire? lui dit celui-ci, effrayé de son agitation.

— Écrire à Carrier, lui demander deux jours, lui dire que sa vie me répond de la vie de Blanche.

— Malheureux! reprit son ami en lui arrachant la lettre commencée: tu menaces, et c'est toi qui es en sa puissance; n'as-tu pas désobéi à l'ordre que tu as reçu de rejoindre l'armée? Crois-tu que, te redoutant une fois, ses craintes s'arrêteraient même à chercher un prétexte plausible? Avant une heure tu serais arrêté; et que pourrais-tu alors et pour elle et pour toi? Crois-moi, que ton silence provoque son oubli, car son oubli seul peut la sauver.

La tête de Marceau était retombée entre ses mains; il paraissait réfléchir profondément.

— Tu as raison, s'écria-t-il en se relevant tout à coup; et il entraîna son ami dans la rue.

Quelques personnes étaient rassemblées autour d'une chaise de poste. — S'il faisait du brouillard ce soir, dit une voix, je ne sais pas ce qui empêcherait une vingtaine de bons gars d'entrer dans la ville et d'enlever les prisonniers: c'est une pitié comme Nantes est gardée. Marceau tressaillit· se retourna, reconnut Tinguy, échangea avec lui un regard d'intelligence, et s'élança dans la voiture: — Paris! dit-il au postillon en lui donnant de l'or; et les chevaux partirent avec la rapidité de l'éclair. Partout même diligence, partout, à force d'or, Marceau obtint la promesse que des chevaux seraient préparés pour le lendemain, et que nul obstacle n'entraverait son retour.

Ce fut pendant ce voyage qu'il apprit que le général Dumas avait donné sa démission, demandant la seule faveur d'être employé comme soldat à une autre armée; il avait en conséquence été mis à la disposition du comité de salut public, et se rendait à Nantes au moment où Marceau le rencontra sur la route de Clisson.

A huit heures du soir la voiture qui renfermait les deux généraux entrait à Paris.

Marceau et son ami se quittèrent sur la Place du Palais-Égalité. Marceau prit à pied la rue Saint-Honoré, la descendit du côté de Saint Roch, s'arrêta au n° 366, et demanda le citoyen Robespierre.

— Il est au théâtre de la Nation, répondit une jeune fille de seize ou dix-huit ans; mais si tu veux revenir dans deux heures, citoyen général, il sera rentré.

— Robespierre au théâtre de la Nation! Ne te trompes-tu pas?...

— Non, citoyen.

— Eh bien! je vais l'y joindre, et, si je ne l'y trouve pas, je reviendrai l'attendre ici. Voici mon nom : le citoyen général Marceau.

Le Théâtre-Français venait de se séparer en deux troupes : Talma, accompagné des comédiens patriotes, avait émigré à l'Odéon. C'est donc à ce théâtre que Marceau se rendit, tout étonné qu'il était d'avoir à chercher dans une salle de spectacle l'austère membre du comité de salut public. On jouait la *Mort de César*. Il entra au balcon; un jeune homme lui offrit sur le premier banc une place auprès de lui. Marceau l'accepta, espérant apercevoir de là l'homme qu'il cherchait.

Le spectacle n'était point commencé; une étrange fermentation régnait dans le public; des rires et des signes s'échangeaient et partaient comme d'un quartier général d'un groupe placé à l'orchestre; ce groupe dominait la salle, un homme dominait ce groupe : c'était Danton.

A ses côtés parlaient quand il se taisait, et se taisaient quand il parlait, Camille Desmoulins, son séide; Philippaux, Hérault de Séchelles et Lacroix, ses apôtres.

C'était la première fois que Marceau se trouvait en face de ce Mirabeau du peuple; il l'eût reconnu à sa voix forte, à ses gestes impérieux, à son front dominateur, quand même plusieurs fois son nom n'eût pas été prononcé par ses amis.

Qu'on nous permette quelques mots sur l'état des différentes factions qui se partageaient la Convention : ils sont nécessaires à l'intelligence de la scène qui va suivre.

La Commune et la Montagne s'étaient réunies pour opérer la révolution du 31 mai. Les Girondins, après avoir vainement tenté de fédéraliser les provinces, étaient tombés presque sans défense au milieu même de ceux qui les avaient élus, et qui n'osèrent pas seulement leur donner asile aux jours de leur proscription. Avant le 31 mai, le pouvoir n'était nulle part; après le 31 mai, l'on sentit le besoin de l'unité des forces pour arriver à la promptitude de l'action; l'assemblée était l'autorité la plus étendue; une faction s'était emparée de l'assemblée; quelques hommes commandaient à cette faction; le pouvoir se trouva naturellement entre les mains de ces hommes.

Le comité de salut public, jusqu'au 31 mai, avait été composé de conventionnels neutres; l'époque de son renouvellement arriva, et les montagnards extrêmes s'y firent place. Barrère y resta comme une représentation de l'ancien comité, mais Robespierre en fut élu membre; Saint-Just, Collot d'Herbois, Billaud-Varennes, soutenus par lui, comprimèrent leurs collègues Hérault de Séchelles et Robert Lindet : Saint-Just se chargea de la surveillance, Couthon d'adoucir, dans leurs formes, les propositions trop violentes dans le fond; Billaud-Varennes et Collot d'Herbois dirigèrent le proconsulat des départements, Carnot s'occupa de la guerre, Cambon des finances, Prieur (de la Côte-d'Or) et Prieur (de la Marne) des travaux intérieurs et administratifs; et Barrère, bientôt rallié à eux, devint l'orateur journalier du parti. Quant à Robespierre, sans avoir de fonction précise, il veillait à tout, commandant à ce corps politique, comme la tête commande au corps matériel et en fait agir chaque membre à sa volonté.

C'était dans ce parti que la révolution s'était incarnée; il la voulait avec toutes ses conséquences, pour que le peuple pût un jour jouir de tous ses résultats.

Ce parti avait à lutter contre deux autres : l'un voulait le dépasser, l'autre le retenir. Ces deux partis étaient :

Celui de la Commune, représenté par Hébert.

Celui de la Montagne, représenté par Danton.

Hébert popularisait, dans le *Père Duchesne*, l'obscénité du langage, l'insulte y suivait les victimes, le rire les exécutions. En peu de temps, ses progrès furent redoutables : l'évêque de Paris et ses vicaires abjurèrent le christianisme; le culte catholique fut remplacé par celui de la Raison, les églises furent fermées; Anacharsis Cloots devint l'apôtre de la nouvelle déesse. Le comité de salut public s'effraya de la puissance de cette faction ultra révolutionnaire qu'on avait crue tombée avec Marat, et qui s'appuyait sur l'immortalité et l'athéisme; Robespierre se chargea seul de l'attaquer. Le 5 décembre 93, il l'affronta à la tribune, et la Convention, qui avait forcément applaudi aux abjurations sur la demande de la Commune, décréta, sur la demande de Robespierre, qui avait aussi sa religion à établir, que *toutes violences et mesures contraires à la liberté des cultes étaient défendues.*

Danton, au nom du parti modéré de la Montagne, demandait la cassation du gouvernement révolutionnaire; le *Vieux Cordelier*, rédigé par Camille Desmoulins, était l'organe du parti. Le comité de salut public, c'est-à-dire la dictature, n'avait été, selon lui, créé que pour comprimer au dedans et vaincre au dehors, et, comme il croyait avoir comprimé à l'intérieur et vaincu à la frontière, il demandait qu'on brisât un pouvoir, à son avis devenu inutile, afin que, plus tard, il ne devînt pas dangereux; la révolution avait abattu, et il voulait rebâtir sur un terrain qui n'était pas encore déblayé.

C'étaient ces trois factions qui, au mois de mars 94, époque à laquelle se passe notre histoire, se partageaient l'intérieur de la Convention. Robespierre accusait Hébert d'athéisme et Danton de vénalité; puis, à son tour, il était accusé par eux d'ambition, et le mot dictateur commençait à circuler.

Voilà donc quel était l'état des choses, lorsque Marceau, comme nous l'avons dit, vit pour la première fois Danton, se faisant de l'orchestre une tribune, et jetant à ceux qui l'entouraient de puissantes paroles. On jouait la *Mort de César;* une espèce de mot d'ordre avait été donné aux dantonistes; ils se trouvaient tous à cette représentation, et, sur un signal donné par leur chef en se levant, ils devaient faire à Robespierre une application des vers suivants:

> Oui, que César soit grand, mais que Rome soit libre.
> Dieu! maîtresse de l'Inde, esclave au bord du Tibre,
> Qu'importe que son nom commande à l'univers
> Et qu'on l'appelle reine, alors qu'elle est aux fers?
> Qu'importe à ma patrie, aux Romains que tu braves,
> D'apprendre que César a de nouveaux esclaves?
> Les Persans ne sont pas nos plus fiers ennemis,
> Il en est de plus grands : je n'ai pas d'autre avis.

Et voilà pourquoi Robespierre, qui avait été prévenu par Saint-Just, était ce soir au théâtre de la Nation, car il comprenait quelle arme serait entre les mains de ses ennemis, s'ils parvenaient à populariser l'accusation qu'ils portaient contre lui.

Cependant, Marceau le cherchait vainement dans cette salle ardemment éclairée, où la ligne seule des baignoires restait dans une demi-obscurité, à cause de la saillie que les galeries faisaient au-dessus d'elles, et ses yeux, fatigués de cette investigation inutile, retombaient à tout moment sur le groupe de l'orchestre, dont la conversation bruyante attirait l'attention de toute la salle.

— J'ai vu notre dictateur aujourd'hui, disait Danton. On a voulu nous réconcilier.

— Où vous êtes-vous rencontrés?

— Chez lui; il m'a fallu monter les trois étages de l'incorruptible.

— Et que vous êtes-vous dit?

— Que je savais toute la haine que me portait le comité, mais que je ne le redoutais pas. Il me répondit que j'avais tort, qu'il n'y avait pas de mauvaises intentions contre moi, mais qu'il fallait s'expliquer.

— S'expliquer! s'expliquer! c'est bien avec des gens de bonne foi.

— C'est justement ce que je lui ai répondu; alors ses lèvres se sont pincées, son front s'est plissé. J'ai continué : Certes, il faut comprimer les royalistes, mais il faut ne frapper que des coups utiles,

et ne pas confondre l'innocent avec le coupable. — Eh! qui vous a dit, a repris Robespierre avec aigreur, qu'on ait fait périr un innocent? — Qu'en dis-tu? pas un innocent n'a péri! me suis-je écrié en m'adressant à Hérault de Séchelles, qui était avec moi; et je suis sorti.

— Et Saint-Just était-il là?

— Oui.

— Que disait-il?

— Il passait sa main dans ses beaux cheveux noirs, et, de temps en temps, arrangeait le nœud de sa cravate sur celui de Robespierre.

Le voisin de Marceau, dont la tête était appuyée sur ses deux mains, tressaillit, et fit entendre cette espèce de sifflement qui passe entre les dents serrées d'un homme qui se contient; Marceau n'y prit pas autrement garde, et reporta son attention sur Danton et ses amis.

— Le muscadin! disait Camille Desmoulins en parlant de Saint-Just, il s'estime tant, qu'il porte sa tête avec respect sur ses épaules, comme un saint sacrement.

Le voisin de Marceau écarta ses mains; il reconnut la figure douce et belle de Saint-Just, pâle de colère.

— Et moi, dit celui-ci en se levant de toute sa hauteur, Desmoulins, je te ferai porter la tienne comme un saint Denis.

Il se retourna, on s'écarta pour le laisser passer, et il sortit du balcon.

— Eh! qui le savait si près? dit Danton en riant. Ma foi, le paquet est arrivé à son adresse.

— A propos, dit Philippeaux à Danton, as-tu vu le pamphlet de Laya contre toi?

— Comment! Laya fait des pamphlets! qu'il refasse l'*Ami des Lois;* je serais curieux de le lire, le pamphlet s'entend.

— Le voici. Philippeaux lui présenta une brochure.

— Eh! il a signé, pardieu! Mais il ne sait donc pas que, s'il ne se sauve dans ma cave, on lui coupera le cou. Chut! chut! voilà la toile qui se lève.

Le mot chut! se prolongea dans toute la salle; un jeune homme, qui n'était point de la conjuration, continuait cependant une conversation particulière, quoique les acteurs fussent en scène. Danton étendit le bras, lui toucha l'épaule du bout du doigt, et, avec une courtoisie où il y avait une légère teinte d'ironie.

— Citoyen Arnault, lui dit-il, laisse-moi écouter comme si on jouait *Marius à Minturnes.*

Le jeune auteur avait trop d'esprit pour ne pas écouter une prière faite en ces termes : il se tut, et le silence le plus parfait permit d'écouter une des plus mauvaises expositions qu'il y ait eu au théâtre, celle de la *Mort de César.*

Cependant, malgré ce silence, il était évident qu'aucun membre de la petite conjuration que nous

Le théâtre.

avons signalée n'avait oublié le motif pour lequel il était venu; des coups d'œil s'échangeaient, des signes se croisaient et devenaient plus fréquents au fur et à mesure que l'acteur approchait du passage qui devait provoquer l'explosion. Danton disait tout bas à Camille : — C'est à la scène trois. Et il répétait les vers en même temps que l'acteur, comme pour hâter son débit. Lorsque vinrent ceux-ci, qui les précèdent :

Cesar, nous attendions de ta clémence auguste
Un don plus précieux, une faveur plus juste,
Au-dessus des états donnés par ta bonté.

CÉSAR.

Qu'oses-tu demander, Cimber ?

CIMBER.

La liberté!

trois salves d'applaudissements les accueillirent.

— Voilà qui va bien, dit Danton; et il se leva à demi.

Talma commença :

Oui, que César soit grand, mais que Rome soit libre.

Danton se leva tout à fait, jetant autour de lui

un regard de général d'armée, qui veut s'assurer que chacun est à son poste, quand tout à coup ses yeux s'arrêtèrent sur un point de la salle : la grille d'une baignoire venait de se soulever; Robespierre y passait dans l'ombre sa tête aiguë et livide. Les yeux des deux ennemis s'étaient rencontrés, et ne pouvaient se détacher les uns des autres ; il y avait dans ceux de Robespierre toute l'ironie du triomphe, toute l'insolence de la sécurité. Pour la première fois, Danton sentit une sueur froide couler par tout son corps; il oublia le signal qu'il devait donner : les vers passèrent sans applaudissements ni murmures, il retomba vaincu : la grille de la baignoire se releva et tout fut fait. Les guillotineurs l'emportaient sur les septembriseurs : 93 fascinait 92.

Marceau, dont l'esprit préoccupé s'occupait de toute autre chose que de la tragédie, fut peut-être le seul qui vit, sans la comprendre, cette scène, qui ne dura que quelques secondes; cependant il eut le temps de reconnaître Robespierre; il se précipita hors du balcon, il arriva à temps pour le rencontrer dans le corridor.

Il était calme et froid comme si rien ne s'était passé; Marceau se présenta à lui et se nomma. Robespierre lui tendit la main : Marceau, cédant à un premier mouvement, retira la sienne. Un sourire amer passa sur les lèvres de Robespierre.

— Que voulez-vous donc de moi ? lui dit-il.

— Une entrevue de quelques minutes.

— Ici, ou chez moi?

— Chez toi.

— Viens alors.

Et ces deux hommes, agités d'émotions si différentes, marchaient à côté l'un de l'autre : Robespierre, indifférent et calme; Marceau, curieux et agité.

C'était donc là l'homme qui tenait entre ses mains le sort de Blanche, l'homme dont il avait tant entendu parler, dont l'incorruptibilité seule était évidente, mais dont la popularité devait paraître un problème. En effet, il n'avait, pour la conquérir, employé aucun des moyens qui avaient été mis en œuvre par ses prédécesseurs. Il n'avait ni l'éloquence entraînante de Mirabeau, ni la fermeté paternelle de Bailly, ni la fougue sublime de Danton, ni l'ordurière faconde d'Hébert; s'il travaillait pour le peuple, c'était sourdement et sans en rendre compte au peuple. Au milieu du nivellement général du langage et du costume, il avait conservé son langage poli et son costume élégant (1); enfin, autant les autres prenaient de peine pour se confondre

dans la foule, autant lui semblait en prendre pour se maintenir au-dessus d'elle; et l'on comprenait, à la première vue, que cet homme singulier ne pouvait être pour la multitude qu'une idole ou une victime : il fut l'une et l'autre.

Ils arrivèrent : un escalier étroit les conduisit à une chambre située au troisième; Robespierre l'ouvrit : un buste de Rousseau, une table sur laquelle étaient ouverts le *Contrat social* et l'*Émile*, une commode et quelques chaises, formaient tous les meubles de cet appartement. Seulement, la propreté la plus grande régnait partout.

Robespierre vit l'effet que produisait cette vue sur Marceau.

— Voici le palais de César, lui dit-il en souriant; qu'avez-vous à demander au dictateur?

— La grâce de ma femme, condamnée par Carrier.

— Ta femme, condamnée par Carrier! la femme de Marceau le républicain des jours antiques! le soldat de Sparte! Que fait-il donc à Nantes?

— Des atrocités.

Marceau lui traça alors le tableau que nous avons mis sous les yeux du lecteur. Robespierre, pendant ce récit, se tourmentait sur sa chaise sans l'interrompre; cependant Marceau se tut.

— Voilà donc comme je serai toujours compris! dit Robespierre d'une voix enrouée, car l'émotion intérieure qu'il venait d'éprouver avait suffi pour opérer ce changement dans sa voix, partout où mes yeux ne sont pas pour voir, et ma main pour arrêter un carnage inutile !... Il y a bien cependant assez du sang qu'il est indispensable de répandre, et nous ne sommes pas au bout.

— Eh bien donc! Robespierre, la grâce de ma femme!

Robespierre prit une feuille de papier blanc.

— Son nom de fille?

— Pourquoi?

— Il m'est nécessaire pour constater l'identité.

— Blanche de Beaulieu.

Robespierre laissa tomber la plume qu'il tenait

— La fille du marquis de Beaulieu? le chef des brigands?

— Blanche de Beaulieu, la fille du marquis de Beaulieu.

— Et comment se fait-il qu'elle soit ta femme? Marceau lui raconta tout.

— Jeune fou! jeune insensé! lui dit-il, devais tu...

Marceau l'interrompit :

— Je ne te demande ni injures ni conseils; je te demande sa grâce, veux-tu me la donner?

— Marceau, les liens de famille, l'influence de l'amour, ne t'entraîneront jamais à trahir la République?

— Jamais!

— Si tu te trouvais, les armes à la main, en face du marquis de Beaulieu?

— Je le combattrais, comme je l'ai déjà fait.

— Et s'il tombait entre tes mains?

Marceau réfléchit un instant.

— Je te l'enverrais, et toi-même serais son juge.

— Tu me jures cela?

— Sur l'honneur!

Robespierre reprit la plume.

— Marceau, lui dit-il, tu as eu le bonheur de te conserver pur à tous les yeux : depuis longtemps je te connais, depuis longtemps je désirais te voir.

S'apercevant de l'impatience de Marceau, il écrivit les trois premières lettres de son nom, puis s'arrêta.

— Ecoute : à mon tour, dit-il en le regardant fixement, je te demande cinq minutes; je te donne une existence tout entière pour cinq minutes : c'est bien payé.

Marceau fit signe qu'il écoutait. Robespierre continua :

— On m'a calomnié près de toi, Marceau; et cependant tu es un de ces hommes rares desquels je désire être connu; car que m'importe le jugement de ceux que je n'estime pas? Ecoute donc : trois assemblées ont tour à tour agité les destins de la France, se sont résumées dans un homme, et ont accompli la mission dont le siècle les avait chargées : la Constituante, représentée par Mirabeau, a ébranlé le trône; la Législative, incarnée en Danton, l'a abattu. L'œuvre de la Convention est immense, car il faut qu'elle achève d'abattre, et qu'elle commence à rebâtir. J'ai là une haute pensée : c'est de devenir le type de cette époque, comme Mirabeau et Danton ont été les types de la leur; il y aura, dans l'histoire du peuple français, trois hommes représentés par trois chiffres : 91, 92, 93. Si l'Être suprême me donne le temps d'achever mon œuvre, mon nom sera au-dessus de tous les noms : j'aurai fait plus que Lycurgue chez les Grecs, que Numa à Rome, que Washington en Amérique; car chacun d'eux n'avait qu'un peuple naissant à pacifier, et moi, j'ai une société vieillie qu'il faut que je régénère. Si je tombe, mon Dieu, épargnez-moi un blasphème contre vous à ma dernière heure... Si je tombe avant le temps voulu, mon nom, qui n'aura accompli que la moitié de ce qu'il avait à faire, conservera la tache sanglante que l'autre partie eût effacée : la Révolution tombera avec lui, et tous deux seront calomniés... Voilà ce que j'avais à te dire, Marceau, car je veux, en tous cas, qu'il y ait quelques hommes qui gardent vivant et pur mon nom dans leur cœur, comme la flamme de la lampe dans le tabernacle, et tu es un de ces hommes.

Il acheva d'écrire son nom.

— Maintenant, voici la grâce de ta femme... tu peux partir sans même me donner la main.

Marceau la lui prit et la serra avec force; il voulut parler, mais il y avait trop de larmes dans sa voix pour qu'il pût articuler une parole, et ce fut Robespierre qui lui dit le premier :

Allons, il faut partir, il n'y a pas un instant à perdre, au revoir.

Marceau s'élança sur l'escalier; le général Dumas montait comme il descendait.

— J'ai sa grâce! s'écria-t-il en se jetant dans ses bras, j'ai sa grâce : Blanche est sauvée...

— Félicite-moi à mon tour, lui répondit son ami : je viens d'être nommé général en chef de l'armée des Alpes, et je viens en remercier Robespierre.

Ils s'embrassèrent. Marceau se jeta dans la rue, courut vers la place du Palais-Égalité, où sa voiture l'attendait, prête à repartir avec la même vitesse qui l'avait amené.

De quel poids son cœur était soulagé! Que de bonheur l'attendait! Que de félicités après tant de douleurs! Son imagination plongeait dans l'avenir; il voyait le moment où, du seuil du cachot, il crierait à sa femme : — Blanche, tu es libre par moi! viens, Blanche, et que ton amour et tes baisers acquittent la dette de la vie.

De temps en temps, cependant, une inquiétude vague traverse son esprit, un tressaillement subit frappe son cœur; alors il excite les postillons, promet de l'or, le prodigue, en promet encore; les roues brûlent le pavé; les chevaux dévorent le chemin, et cependant à peine s'il trouve qu'ils avancent! Partout des relais sont préparés : point de retard; tout semble partager l'agitation qui le tourmente. En quelques heures, il a laissé derrière lui Versailles, Chartres, le Mans, la Flèche; il aperçoit Angers; tout à coup il éprouve un choc terrible, épouvantable : la voiture renversée se brise; il se relève meurtri, sanglant, sépare d'un coup de sabre les traits qui attachent l'un des chevaux, s'élance rapidement sur lui, gagne la première poste, y prend un cheval de course, et continue sa route avec plus de rapidité encore.

Enfin il a traversé Angers, il aperçoit Ingrande, atteint Varades, dépasse Ancenis; son cheval ruisselle d'écume et de sang. Il découvre Saint-Donatien, puis Nantes, Nantes! qui renferme son âme, sa vie, son avenir! Quelques instants encore, il sera dans la ville, il en atteint les portes : son cheval s'abat devant la prison du Bouffays; il est arrivé; qu'importe!

— Blanche! Blanche!

— Deux charrettes viennent de sortir de la prison, répond le guichetier; elle est sur la première...

— Malédiction! Et Marceau s'élance à pied, au milieu du peuple qui se presse, qui court vers la grande place. Il rejoint la dernière des deux charrettes; un des condamnés le reconnaît :

Général, sauvez-la... je ne l'ai pas pu, moi, et j'ai été pris... Vivent le roi et la bonne cause! C'était Tinguy.

— Oui, oui!... Et Marceau s'ouvre un chemin; la foule le heurte, le presse, mais l'entraîne; il arrive sur la grande place avec elle; il est en face de l'échafaud : il agite son papier en criant : — Grâce ! grâce !

En ce moment, le bourreau, saisissant par ses longs cheveux blonds la tête d'une jeune fille, présentait au peuple ce hideux spectacle ; la foule, épouvantée, se détournait avec effroi, car elle croyait lui voir vomir des flots de sang !... Tout à coup, au milieu de cette foule muette, un cri de rage, dans lequel semblent s'être épuisées toutes les forces humaines, se fait entendre : Marceau venait de reconnaître, entre les dents de cette tête, la rose rouge qu'il avait donnée à la jeune Vendéenne.

FIN

L'exécution

UN BAL MASQUÉ

PAR

ALEXANDRE DUMAS

uoique j'eusse dit n'y être pour personne : un de mes amis força la consigne.

Mon domestique annonça M. Antony R... J'aperçus derrière la livrée de Joseph le coin d'une redingote noire; il était probable que le porteur de la redingote avait, de son côté, vu un pan de ma robe de chambre; impossible de me céler. — Très-bien ! qu'il entre, dis-je tout haut. — Qu'il aille au diable, dis-je tout bas.

Lorsqu'on travaille, il n'y a que la femme qu'on aime qui puisse impunément vous déranger, car elle est toujours pour quelque chose au fond de ce que l'on fait.

J'allais donc à lui avec ce visage à demi maussade d'un auteur interrompu dans un de ces moments où il craint le plus de l'être, lorsque je le vis si pâle et si défait, que les premiers mots que je lui adressai furent ceux-ci :

— Qu'avez-vous? que vous est-il arrivé? — Oh ! laissez-moi respirer, dit-il, je vais vous dire cela; d'ailleurs, c'est peut-être un rêve, ou peut-être suis-je fou.

Il se jeta sur un fauteuil, et laissa tomber sa tête entre ses mains.

Je regardai avec étonnement : ses cheveux étaient mouillés par la pluie, ses bottes, ses genoux et le bas de son pantalon étaient couverts de boue. J'allai à la fenêtre; je vis à la porte son domestique et son cabriolet · je n'y comprenais rien.

Il vit ma surprise.

— J'ai été au cimetiè e du Père-Lachaise, dit-il. — A dix heures du matin? — J'y étais à sept... Maudit bal masqué !

Je ne devinais pas ce qu'un bal masqué et le Père-Lachaise avaient à faire ensemble. Je pris mon parti, et, tournant le dos à la cheminée, je me mis à rouler un cigaretto entre mes doigts avec le flegme et la patience d'un Espagnol.

Lorsqu'il fut arrivé à son point de perfection, je le tendis à Antony, que je savais très-sensible ordinairement à ce genre d'attention.

Il me fit un signe de remercîment de la tête, mais il repoussa ma main.

Je me baissai afin d'allumer le cigaretto pour mon propre compte : Antony m'arrêta.

— Alexandre, me dit-il, écoutez-moi, je vous en prie. — Mais il y a un quart d'heure que vous êtes là et que vous ne me dites rien. — Oh! c'est une aventure bien étrange !

Je me relevai, posai mon cigare sur la cheminée, et me croisai les bras comme un homme résigné; seulement je commençais à croire comme lui qu'il pouvait bien être devenu fou.

— Vous vous rappelez le bal de l'Opéra, où je vous rencontrai, me dit-il après un instant de silence. — Le dernier, où il y avait deux cents personnes au plus? — Celui-là même. Je vous quittai dans l'intention de me rendre à celui des Variétés, dont on m'avait parlé comme d'une curiosité au milieu de notre époque si curieuse : vous voulûtes me dissuader d'y aller; une fatalité m'y poussait. Oh ! pourquoi n'avez-vous pas vu cela, vous, vous qui avez des mœurs à retracer? Pourquoi Hoffmann ou Callot n'étaient-ils pas là pour peindre le tableau à la fois fantastique et burlesque qui se déroula sous mes yeux? Je venais de quitter l'Opéra, vide et triste; je trouvai une salle pleine et joyeuse : corridors, loges, parterre, tout était encombré. Je fis le tour de la salle : vingt masques m'appelèrent par mon nom et me dirent le leur. C'étaient des sommités aristocratiques ou financières sous d'ignobles déguisements de pierrots, de postillons, de paillasses ou

de poissardes. C'étaient tous jeunes gens de nom, de cœur, de mérite ; et là, oubliant famille, arts, politique, rebâtissant une soirée de la Régence au milieu de notre époque grave et sévère. On me l'avait dit, et cependant je ne l'avais pas cru!... Je remontai quelques marches, et, m'appuyant sur une colonne, à demi caché par elle, je fixai les yeux sur ce flot de créatures humaines qui se mouvait au-dessous de moi. Ces dominos de toutes les couleurs, ces costumes bigarrés, ces grotesques déguisements, formaient un spectacle qui ne ressemblait à rien d'humain. La musique se mit à jouer. Oh ! ce fut alors !... Ces étranges créatures s'agitèrent au son de cet orchestre, dont l'harmonie n'arrivait à moi qu'au milieu des cris, des rires, des huées ; elles s'accrochèrent les unes aux autres par les mains, par les bras, par le cou ; un long cercle se forma, commençant par un mouvement circulaire ; danseurs et danseuses frappant du pied, faisant jaillir avec bruit une poussière dont la lumière blafarde des lustres rendait les atomes visibles ; tournant dans leur vitesse croissante avec des postures bizarres, des gestes obscènes, des cris pleins de débauche ; tournant toujours plus vite, renversés comme des hommes ivres, hurlant comme des femmes perdues, avec plus de délire que de joie, avec plus de rage que de plaisir ; semblables à une chaîne de damnés qui accomplit, sous la verge des démons, une pénitence infernale. Cela se passait sous mes yeux, à mes pieds. Je sentais le vent de leur course ; chacun de ceux que je connaissais me jetait, en passant, un mot à me faire rougir. Tout ce bruit, tout ce bourdonnement, toute cette confusion, toute cette musique, étaient dans ma tête comme dans la salle ! J'arrivais promptement à ne plus savoir si ce que j'avais devant les yeux était songe ou réalité ; j'arrivais à me demander si ce n'était pas moi qui étais insensé et eux qui étaient raisonnables ; il me prenait d'étranges tentations de me jeter au milieu de ce pandæmonium, comme Faust à travers le sabbat, et je sentais qu'alors j'aurais des cris, des gestes, des postures, des rires, comme les leurs. Oh ! de là à la folie il n'y a qu'un pas. Je fus épouvanté ; je me jetai hors de la salle, poursuivi jusqu'à la porte de la rue par des hurlements qui ressemblaient à ces rugissements d'amour qui sortent de la caverne des bêtes fauves.

Je m'étais arrêté un instant sous le portique pour me remettre ; je ne voulais pas me hasarder dans la rue avec tant de confusion encore dans l'esprit ; peut-être n'aurais-je pas retrouvé mon chemin , peut-être me serais-je jeté sous les roues d'une voiture que je n'aurais pas vue venir. J'étais comme doit être un homme ivre qui commence à retrouver assez de raison dans son cerveau obscurci pour s'apercevoir de son état, et qui, sentant revenir la volonté, mais non pas encore le pouvoir, s'appuie immobile, les yeux fixes et atones, contre une borne de la rue ou contre un arbre d'une promenade publique.

En ce moment une voiture s'arrêta devant la porte, une femme descendit de la portière ou plutôt s'en précipita. Elle entra sous le péristyle tournant la tête à droite et à gauche comme une personne égarée : elle était vêtue d'un domino noir, avait la figure couverte d'un masque de velours. Elle se présenta à la porte.

— Votre billet? lui dit le contrôleur. — Mon billet? répondit-elle; je n'en ai pas. — Alors prenez en un au bureau.

Le domino revint sous le péristyle, fouillant vivement dans toutes ses poches.

— Pas d'argent! s'écria-t-elle... Ah! cette bague.. Un billet d'entrée pour cette bague, dit-elle. — Impossible, répondit la femme qui distribuait les cartes; nous ne faisons pas de ces marchés-là. Et elle repoussa le brillant, qui tomba à terre et roula de mon côté.

Le domino était resté sans mouvement, oubliant l'anneau, abîmé dans une pensée.

Je ramassai la bague et la lui présentai.

Je vis à travers son masque ses yeux se fixer sur les miens; elle me regarda un instant avec hésitation; puis, tout à coup, passant son bras sous le mien :

— Il faut que vous me fassiez entrer, me dit-elle; par pitié, il le faut. — Je sortais, madame, lui dis-je. — Alors, donnez-moi six francs de cette bague, et vous m'aurez rendu un service pour lequel je vous bénirai toute ma vie.

Je lui remis l'anneau au doigt; j'allai au bureau, je pris deux billets. Nous rentrâmes ensemble.

Arrivés dans le corridor, je sentis qu'elle chancelait. Elle forma alors, avec sa seconde main, une espèce d'anneau autour de mon bras.

— Souffrez-vous? lui dis-je. — Non, non, ce n'est rien, reprit-elle; un éblouissement, voilà tout...

Elle m'entraîna dans la salle.

Nous rentrâmes dans ce joyeux Charenton.

Trois fois nous en fîmes le tour, fendant à grand'-peine ces flots de masques qui se ruaient les uns sur les autres; elle , tressaillait à chaque parole obscène qu'elle entendait; moi, rougissant d'être vu donnant le bras à une femme qui osait entendre de telles paroles; puis nous revînmes à l'extrémité de la salle. Elle tomba sur un banc. Je restai debout devant elle, la main appuyée sur le dossier de son siège. — Oh! cela doit vous paraître bien bizarre, dit-elle, mais pas plus qu'à moi, je vous le jure. Je n'avais aucune idée de cela (elle regardait le bal), car je n'avais pas même pu voir de telles choses dans mes rêves. Mais on m'a écrit, voyez-vous, qu'il serait ici avec une femme; et quelle femme doit-ce être que celle qui peut venir dans un pareil lieu?

Je fis un geste d'étonnement, elle le comprit. —

J'y suis bien, n'est-ce pas, voulez-vous dire? Oh! mais moi c'est autre chose : moi je le cherche, moi je suis sa femme. Ces gens, c'est la folie et la débauche qui les poussent ici. Oh! moi, moi, c'est la jalousie infernale! J'aurais été partout le chercher; j'aurais été la nuit dans un cimetière, j'aurais été en Grève le jour d'une exécution; et cependant, je vous le jure, jeune fille, je ne suis jamais sortie une fois dans la rue sans ma mère; femme, je n'ai pas fait un pas dehors sans être suivie d'un laquais; et cependant me voilà ici, comme toutes ces femmes qui en savent le chemin; me voilà donnant le bras à un homme que je ne connais pas, rougissant sous mon masque de l'opinion que je dois lui inspirer! Je sais tout cela!... Avez-vous été jaloux, monsieur? — Affreusement, lui répondis-je. — Alors, vous me pardonnez, vous savez tout. Vous connaissez cette voix qui vous crie : Va! comme à l'oreille d'un insensé; vous avez senti ce bras qui vous pousse à la honte et au crime, comme celui de la fatalité. Vous savez qu'en un pareil moment on est capable de tout, pourvu que l'on se venge.

J'allais lui répondre; elle se leva tout à coup, les yeux fixés sur deux dominos qui passaient en ce moment devant nous. — Taisez-vous! dit-elle; et elle m'entraîna sur leurs traces. J'étais jeté au milieu d'une intrigue à laquelle je ne comprenais rien; j'en sentais vibrer tous les fils, et aucun ne pouvait me mener au but; mais cette pauvre femme paraissait si agitée, qu'elle était intéressante. J'obéis comme un enfant, tant une passion vraie est impérieuse, et nous nous mîmes à la suite des deux masques, dont l'un était évidemment un homme et l'autre une femme. Ils parlaient à demi-voix; les sons parvenaient à peine à nos oreilles. — C'est lui! murmurait-elle, c'est sa voix; oui, oui, c'est sa taille...

Le plus grand des deux dominos se mit à rire. — C'est son rire, dit-elle; c'est lui, monsieur, c'est lui! la lettre disait vrai. O mon Dieu! mon Dieu!

Cependant les masques avançaient, et nous les suivions toujours; ils sortirent de la salle, et nous en sortîmes après eux; ils prirent l'escalier des loges, et nous le montâmes à leur suite; ils ne s'arrêtèrent qu'à celles du cintre : nous semblions leurs deux ombres. Une petite loge grillée s'ouvrit : ils y entrèrent; la porte se referma sur eux.

La pauvre créature que je tenais sous le bras m'effrayait par son agitation; je ne pouvais voir sa figure; mais, pressée contre moi comme elle l'était, je sentais battre son cœur, frissonner son corps, tressaillir ses membres. Il y avait quelque chose d'étrange dans la manière dont arrivaient à moi les souffrances inouïes dont j'avais le spectacle sous les yeux, dont je ne connaissais nullement la victime, et dont j'ignorais complètement la cause. Cependant, pour rien au monde, je n'aurais abandonné cette femme dans un pareil moment.

— Monsieur, je suis belle, je vous le jure. — Page 5.

Lorsqu'elle avait vu les deux masques entrer dans la loge et la loge se refermer sur eux, elle était restée un moment immobile et comme foudroyée; puis elle s'était élancée contre la porte pour écouter. Placée comme elle l'était, le moindre mouvement dénonçait sa présence et la perdait; je la tirai violemment par le bras, j'ouvris, en poussant, le ressort de la loge contiguë, je l'y entraînai avec moi, j'abaissai la grille et tirai la porte.

— Si vous voulez écouter, lui dis-je, du moins écoutez d'ici.

Elle tomba sur un genou et colla son oreille contre la cloison, et moi je me tins debout de l'autre côté, les bras croisés, la tête inclinée et pensive.

Tout ce que j'avais pu voir de cette femme m'avait paru type de beauté. Le bas de son visage, que ne cachait pas son masque, était jeune, velouté, arrondi; ses lèvres étaient vermeilles et fines; ses dents, que faisait paraître plus blanches encore le velours qui descendait jusqu'à elles, étaient petites, séparées et brillantes; sa main était à mouler, sa taille à prendre entre les doigts; ses cheveux noirs, fins, soyeux, s'échappaient en profusion de la coiffe de son domino, et le pied d'enfant qui dépassait sa

— Et je suis resté deux heures à genoux, priant et pleurant. — PAGE 0.

robe semblait avoir peine à soutenir ce corps, tout léger, tout gracieux, tout aérien qu'il était. Oh! ce devait être une merveilleuse créature! Oh! celui qui l'aurait tenue dans ses bras, qui aurait vu toutes les facultés de cette âme employées à l'aimer, qui aurait senti sur son cœur ces palpitations, ces tressaillements, ces spasmes névralgiques, et qui aurait pu dire : Tout cela, tout cela c'est de l'amour, de l'amour pour moi, pour moi seul au milieu des hommes, pour moi, ange prédestiné, oh! cet homme! cet homme!...

Voilà quelles étaient mes pensées, quand tout à

coup je vis cette femme se relever, se tourner vers moi et me dire d'une voix entrecoupée et furieuse.

— Monsieur, je suis belle, je vous le jure; je suis jeune, j'ai dix-neuf ans. Jusqu'à présent j'ai été pure comme l'ange de la création... eh bien!... — elle jeta ses deux bras à mon cou — eh bien! je suis à vous... prenez-moi!...

Au même instant, je sentis ses lèvres se coller aux miennes, et l'impression d'une morsure, plutôt que celle d'un baiser, courut par tout son corps frissonnant et éperdu; un nuage de flamme passa sur mes yeux.

Dix minutes après, je la tenais entre mes bras, renversée, demi-morte et sanglotante.

Elle revint lentement à elle; je distinguai à travers son masque ses yeux hagards; je vis le bas de sa figure pâle, j'entendis ses dents se heurter l'une contre l'autre comme dans le frisson de la fièvre. Je vois encore tout cela.

Elle se rappela ce qui venait de se passer, tomba à mes pieds. — Si vous avez quelque compassion, me dit-elle en sanglotant, quelque pitié, détournez la vue de moi, ne cherchez jamais à me connaître; laissez-moi partir et oubliez tout : je m'en souviendrai pour deux !...

A ces mots, elle se releva rapide comme une pensée qui nous fuit, s'élança contre la porte, l'ouvrit, et se retournant encore une fois : — Ne me suivez pas, au nom du ciel, monsieur, ne me suivez pas! dit-elle.

La porte, repoussée violemment, se referma entre elle et moi, me la dérobant comme une apparition. Je ne l'ai pas revue !

Je ne l'ai pas revue ! et depuis, depuis les dix mois qui se sont écoulés, je l'ai cherchée partout, aux bals, aux spectacles, aux promenades. Toutes les fois que je voyais de loin une femme à la taille fine, au pied d'enfant, aux cheveux noirs, je la suivais, je m'approchais d'elle, je la regardais en face, espérant que sa rougeur allait la trahir. En aucun lieu je ne la retrouvai, nulle part je ne la revis... que dans mes nuits, que dans mes rêves! Oh ! là, là, elle revenait, là je la sentais, je sentais ses étreintes, ses morsures, ses caresses si ardentes, qu'elles avaient quelque chose d'infernal; puis le masque tombait et le visage le plus étrange m'apparaissait, tantôt confus, comme couvert d'un nuage; tantôt brillant, comme entouré d'une auréole; tantôt pâle, avec un crâne blanc et nu, avec des yeux aux orbites vides, avec des dents vacillantes et rares. Enfin, depuis cette nuit, je n'ai pas vécu; brûlé d'un amour insensé pour une femme que je ne connais pas, espérant toujours et toujours déçu dans mes espérances, jaloux sans avoir le droit, sans savoir de qui je devais l'être, n'osant avouer pareille folie,

et cependant, poursuivi, miné, consumé, dévoré par elle.

En achevant ces mots, il tira une lettre de sa poitrine. — Maintenant que je t'ai tout raconté, me dit-il, prends cette lettre et lis-la.

Je la pris et je lus ·

« Peut-être avez-vous oublié une pauvre femme « qui n'a rien oublié et qui meurt de ne pouvoir « oublier ? Quand vous recevrez cette lettre, je ne « serai plus. Alors, allez au cimetière du Père-La- « chaise, dites au concierge de vous faire voir parmi « les dernières tombes celle qui portera sur sa « pierre funéraire le simple nom de Marie, et, quand « vous serez en face d'elle, agenouillez-vous et « priez. »

— Eh bien ! continua Antony, j'ai reçu cette lettre hier, et j'y ai été ce matin. Le concierge m'a conduit à la tombe, et je suis resté deux heures à genoux, priant et pleurant. Comprends-tu? Elle était là, cette femme !... L'âme brûlante s'était envolée; le corps, rongé par elle, avait ployé jusqu'à rompre sous le poids de la jalousie et du remords : elle était là sous mes pieds, et elle avait vécu et elle était morte inconnue pour moi; inconnue !... et prenant dans ma vie une place, comme elle en prend une dans la tombe; inconnue !... et m'enfermant dans le cœur un cadavre froid et inanimé, comme elle en avait déposé un dans le sépulcre. Oh! connais-tu quelque chose de pareil? Sais-tu quelque événement aussi étrange? Ainsi, maintenant plus d'espoir; je ne la reverrai jamais. Je creuserais sa fosse que je ne retrouverais pas des traits avec lesquels je pusse recomposer son visage; et je l'aime toujours! Comprends-tu, Alexandre? je l'aime comme un insensé; et je me tuerais à l'instant pour la rejoindre, si elle ne devait pas me rester inconnue dans l'éternité, comme elle me l'a été dans ce monde.

A ces mots, il m'arracha la lettre des mains, la baisa à plusieurs reprises et se mit à pleurer comme un enfant. Je le pris dans mes bras, et, ne sachant que lui répondre, je pleurai avec lui.

LE COCHER DE CABRIOLET

❖

P armi les personnes qui liront ces quelques lignes, je ne sais s'il en est qui se soient jamais avisées de remarquer la différence qui existe entre le cocher de cabriolet et le cocher de fiacre. Ce dernier, grave, immobile et froid, supportant les intempéries de l'air avec l'impassibilité d'un stoïcien ; isolé sur son siège ; au milieu de la société, sans contact avec elle ; se permettant pour toute distraction un coup de fouet à son camarade qui passe ; sans amour pour les deux maigres rosses qu'il conduit ; sans aménité pour les infortunés qu'il brouette, et ne daignant échanger avec eux un sourire grimaçant qu'à ces mots classiques : « *Au pas, et toujours tout droit.* » Du reste, être assez égoïste, fort maussade, portant des cheveux plats et jurant Dieu.

Tout autre chose est du cocher de cabriolet. Il faut être de bien mauvaise humeur pour ne pas se dérider aux avances qu'il vous fait, à la paille qu'il vous pousse sous les pieds, à la couverture dont il se prive, soit qu'il pleuve, soit qu'il grêle, pour vous garantir de la pluie ou du froid ; il faut être frappé d'un mutisme bien obstiné pour garder le silence aux mille questions qu'il vous fait, aux exclamations qui lui échappent, aux citations historiques dont il vous pourchasse. C'est que le cocher de cabriolet a vu le monde, il a vécu dans la société ; il a conduit, à l'heure, un candidat académicien faisant ses trente-neuf visites, et le candidat a déteint sur lui : voilà pour la littérature. Il a mené, à la course, un député à la Chambre, et le député l'a frotté de politique. Deux étudiants sont montés près de lui ; ils ont parlé opérations, et il a pris une teinture de médecine. Bref, superficiel en tout, mais étranger à peu de choses de ce monde, il est caustique, spirituel, causeur, porte une casquette et a toujours un parent ou un ami qui le fait entrer pour rien au spectacle. Nous sommes forcé d'ajouter à regret que la place qu'il occupe est marquée au centre du parterre.

Le cocher de fiacre est l'homme des temps primitifs, n'ayant de rapports avec les individus que ceux strictement nécessaires à l'exercice de ses fonctions, assommant, mais honnête homme

Le cocher de cabriolet est l'homme des sociétés vieillies : la civilisation est venue à lui, il s'est laissé faire par elle. Sa moralité est à peu près celle de Bartholo.

En général, les cabaretiers prennent pour enseigne un cocher de fiacre, son chapeau ciré sur la tête, son manteau bleu sur le dos, son fouet d'une main et une bourse de l'autre, avec cet exergue : « *Au cocher fidèle.* »

Je n'ai jamais vu d'enseigne représentant un cocher de cabriolet dans la même situation morale.

N'importe, j'ai une prédilection toute particulière pour les cochers de cabriolet. Cela tient peut-être à ce que j'ai rarement une bourse à laisser dans leur voiture.

Quand je ne pense pas à un drame qui me préoccupe, quand je ne vais pas à une répétition qui m'ennuie, quand je ne reviens pas d'un spectacle qui m'a endormi, je cause avec eux, et quelquefois je m'amuse autant, en dix minutes que dure la course, que je me suis ennuyé dans les quatre heures qu'à duré la soirée de laquelle ils me ramènent.

J'ai donc un tiroir de mon cerveau consacré uniquement à ces souvenirs à vingt-cinq sous.

Parmi ces souvenirs, il y en a un qui a laissé une trace profonde. Il y a cependant déjà près d'un an que Cantillon m'a raconté l'histoire que je vais vous dire.

Cantillon conduit le numéro 221. C'est un homme de quarante à quarante-cinq ans, brun, aux traits fortement accentués, portant, à l'époque dont je vous parle, 1er janvier 1831, un chapeau de feutre avec un reste de galon, une redingote de drap lie de vin avec un reste de livrée, des bottes avec un reste de revers. Depuis onze mois, tous ces restes-là doivent êtres disparus. On comprendra tout à l'heure d'où vient, ou plutôt, car je ne l'ai pas revu depuis l'époque que j'ai dite, d'où venait cette notable différence entre son costume et celui de ses collègues.

C'était, comme je l'ai dit, le 1er janvier 1831. Il était six heures du matin. J'avais réglé dans ma tête cette série de courses qu'il est indispensable de faire soi-même ; j'avais établi par rue cette liste d'amis auxquels il est toujours bon d'embrasser les deux joues et de serrer les deux mains, même un jour de l'an ; bref, de ces hommes sympathiques qu'on est quelquefois six mois sans voir, vers lesquels on s'avance les deux bras ouverts, et chez lesquels on ne met jamais de carte.

Mon domestique avait été me chercher un cabriolet ; il avait choisi Cantillon, et Cantillon avait dû la préférence de ce choix à son reste de galon, à son reste de livrée et à son reste de retroussis : Joseph avait flairé un ex-confrère. Son cabriolet, en outre, était couleur chocolat, au lieu d'être barbouillé de jaune ou de vert, et, chose étrange, des ressorts argentés permettaient d'abaisser au premier degré sa coiffe de cuir. Un sourire de satisfaction témoigna à Joseph que j'étais content de son intelligence : je lui donnai congé pour la journée. Je m'établis carrément sur d'excellents coussins ; Cantillon tira sur mes genoux un carrick café au lait, fit entendre un claquement de langue, et le cheval partit sans l'aide du fouet, qui, pendant toutes nos courses, resta accroché, plutôt comme un ornement obligé que comme un moyen coercitif.

— Où allez-vous, notre maître ?

— Chez Charles Nodier, à l'Arsenal.

Cantillon répondit par un signe qui voulait dire « Non-seulement je sais où cela est, mais encore je connais ce nom-là. » Pour moi, comme j'étais, dans ce moment, en train de faire *Antony*, que le cabriolet était très-doux, je me mis à réfléchir à la fin du troisième acte, qui ne laissait pas que de m'inquiéter considérablement.

Je ne connais pas pour un poëte d'instant de béatitude plus grand que celui où il voit son œuvre venir à bien. Il y a, pour arriver là, tant de jours de travail, tant d'heures de découragement, tant de moments de doute, que, lorsqu'il voit, dans cette lutte de l'homme et de l'esprit, l'idée qu'il a pressée par tous ses points, attaquée sur toutes ses faces, plier sous la persévérance, comme sous le genou un ennemi vaincu qui demande grâce, il a un instant de bonheur proportionné, dans sa faible organisation, à celui que dut éprouver Dieu quand il dit à la terre : « *Sois* » et que la terre fut ; comme Dieu, il peut dire dans son orgueil : « J'ai fait quelque chose de rien ; j'ai arraché un monde au néant. »

Il est vrai que le monde du poëte n'est peuplé que d'une douzaine d'habitants, ne tient d'espace dans le système planétaire que les trente-quatre pieds carrés d'un théâtre. et souvent naît et meurt dans la même soirée.

C'est égal, ma comparaison n'en subsiste pas moins, j'aime mieux l'égalité qui élève que l'égalité qui abaisse.

Je me disais ces choses ou à peu près ; je voyais, comme derrière une gaze, mon monde prenant sa place parmi les planètes littéraires ; ses habitants parlaient à mon goût, marchaient à ma guise ; j'étais content d'eux, j'entendais venir d'une sphère voisine un bruit non équivoque d'applaudissements qui prouvaient que ceux qui passaient devant mon

monde le trouvaient à leur gré, et j'étais content de moi.

Ce qui ne m'empêchait pas, sans que cela me tirât de ce demi-sommeil d'orgueil, opium des poëtes, de voir mon voisin mécontent de mon silence, inquiet de mes yeux fixes, choqué de ma distraction et faisant tous ses efforts pour m'en tirer, tantôt en me disant : — Notre maître, le carrick tombe ; je le tirais sur mes genoux sans répondre ; tantôt en soufflant dans ses doigts : je mettais silencieusement mes mains dans mes poches ; tantôt en sifflant la *Parisienne*, et je battais machinalement la mesure. Je lui avais dit en montant que nous avions quatre ou cinq heures à rester ensemble, et il était véritablement tourmenté de l'idée que, pendant tout ce temps, je garderais un silence très-préjudiciable à sa bonne volonté de causer. À la fin, cependant, ses symptômes de malaise redoublèrent à un point qui me fit peine ; j'ouvris la bouche pour lui adresser la parole ; sa figure se dérida. Malheureusement pour lui, l'idée qui me manquait pour finir mon troisième acte me vint en ce moment, et, comme je m'étais tourné à demi de son côté, que j'avais la bouche entr'ouverte pour parler, je repris tranquillement ma place, et je me dis à moi-même : « C'est bon, *c'est bon.* »

Cantillon crut que j'avais perdu la tête.

Puis il fit un soupir.

Puis, après un instant, il arrêta son cheval en me disant : C'est ici. J'étais à la porte de Nodier.

Je voudrais bien vous parler de Nodier, pour moi d'abord qui le connais et qui l'aime, puis pour vous qui l'aimez, mais peut-être ne le connaissez pas. Plus tard.

Cette fois, c'est de mon cocher qu'il s'agit. Revenons à lui.

Au bout d'une demi-heure, je redescendis ; il m'abaissa gracieusement le chasse-crotte. Je repris ma place auprès de lui, et, après un *brrr* préalable et quelques mouvements du torse, je me retrouvai dans l'espèce de fauteuil à bras qui m'avait si bien disposé à la vie contemplative, et je dis, les paupières à demi fermées : — Taylor, rue de Bondy.

Cantillon profita de mon instant d'épanchement pour me dire rapidement : — M. Charles Nodier, n'est-ce pas un monsieur qui fait des livres ? — Précisément ; comment diable sais-tu cela, toi ?... — J'ai lu un roman de lui, dans le temps que j'étais chez M. Eugène (il poussa un soupir) une jeune fille dont on guillotine l'amant. — *Thérèse Aubert ?* — C'est ça même... Ah ! si je le connaissais, ce monsieur-là, je lui donnerais un fameux sujet d'histoire pour roman. — Ah ! — Il n'y a pas de : Ah ! si je maniais la plume aussi bien que le fouet, je ne le donnerais pas à d'autres ; je le ferais moi-même. — Eh bien ! raconte-moi cela.

Il me regarda en clignant les yeux. — Oh ! vous, ce n'est pas la même chose. — Pourquoi ? — Vous

— Enfin j'étendis le bras, je le pris par le poignet. — Page 11.

ne faites pas des livres, vous? — Non, mais je fais des pièces; et peut-être ton histoire me servirait-elle pour un drame

Il me regarda une seconde fois. — Est-ce que c'est vous qui avez fait les *Deux forçats*, par hasard? — Non, mon ami. — Ou l'*Auberge des Adrets?* — Pas davantage. — Pour où faites-vous des pièces, donc? — Jusqu'à présent, je n'en ai fait que pour le Théâtre-Français et l'Odéon.

Il fit un mouvement de lèvres figurant une moue qui me donna clairement à entendre que j'avais considérablement perdu dans son esprit; puis il réfléchit un instant, et, comme prenant son parti : —

C'est égal, dit-il, j'ai été dans le temps aux Français avec M. Eugène. J'ai vu M. Talma dans *Sylla :* c'était tout le portrait de l'empereur; une belle pièce tout de même! et puis dans une petite bamboche après, un intrigant qui avait un habit de valet et qui faisait des grimaces : ce matin-là était-il drôle !... C'est égal, j'aime mieux l'*Auberge des Adrets.*

Il n'y avait rien à répondre. D'ailleurs, à cette époque, j'avais des discussions littéraires par-dessus la tête.

— Vous faites donc des tragédies, vous? dit-il en me regardant de côté. —Non, mon ami. — Qu'est-ce que vous faites donc? — Des drames. — Ah! vous êtes romantique, vous. J'ai conduit, l'autre jour, un académicien à l'Académie qui les arrangeait joliment, les romantiques; il fait des tragédies, lui; il m'a dit un morceau de sa dernière. Je ne sais pas son nom : un grand sec qui a la croix d'honneur et le bout du nez rouge. Vous devez connaître ça, vous?

Je fis un signe de tête correspondant à *oui*. — Et ton histoire? — Ah! voyez-vous, c'est qu'elle est triste: il y a mort d'homme! Le ton d'émotion profonde avec laquelle il dit ces quelques mots augmenta ma curiosité.

— *Allez toujours!* c'est bien aisé à dire; et, si je pleure, je ne pourrai plus aller, moi...

Je le regardai à mon tour.

— Voyez-vous, me dit-il, je n'ai pas toujours été cocher de cabriolet, comme vous pouvez le voir à ma livrée (et il me montrait complaisamment ses parements où il restait quelques fragments d'un liséré rouge). Il y a dix ans que j'entrai au service de M. Eugène. Vous n'avez pas connu M. Eugène? — Eugène qui? — Ah! dame, *Eugène qui?*... Je ne l'ai jamais entendu appeler autrement, et je n'ai jamais vu ni son père ni sa mère: c'était un grand jeune homme comme vous, de votre âge. Quel âge avez-vous? — Vingt-sept ans. — C'est bien ça; pas si brun tout à fait, et puis vous avez les cheveux nègres, et il les avait tout plats, lui. Du reste, joli garçon, si ce n'est qu'il était triste, voyez-vous, comme un bonnet de nuit; il avait dix mille livres de rente, ça n'y faisait rien, si bien que j'ai cru longtemps qu'il était malade du pylore. Pour lors, j'entrai donc à son service: c'est bien. Jamais un mot plus haut que l'autre. — Cantillon, mon chapeau... Cantillon, mets le cheval au cabriolet... Cantillon, si M. Alfred de Linar vient, dis que je n'y suis pas. Faut vous dire qu'il n'aimait pas ce M. de Linar. Le fait est que c'était un roué, celui-là; oh! mais! un roué... suffit. Comme il logeait dans le même hôtel que nous, il était toujours sur notre dos, que c'en était fastidieux. Il vient le même jour demander M. Eugène; je lui dis: — Il n'y est pas... Paf! voilà l'autre qui tousse; il l'entend, bon! Alors il s'en va en disant: — Ton maître est un impertinent. Je garde ça pour moi; prenons qu'il n'ait rien dit.

— A propos, notre bourgeois, à quel numéro allez-vous, rue de Bondy? — Numéro 64. — Ah! oh!... c'est ici.

Taylor n'y était pas: je ne fis qu'entrer et sortir.

— Après? — Après? ah! l'histoire... Où allons-nous, d'abord? — Rue Saint-Lazare, numéro 58. — Ah! chez mademoiselle Mars: c'est encore une fameuse actrice, celle-là! Je disais donc que le même jour nous allions en soirée dans la rue de la Paix : je me mets à la queue, houp! A minuit sonnant, mon maître sort d'une humeur massacrante: il s'était rencontré avec M. Alfred, ils avaient échangé des mots. Il revenait en disant: — C'est un fat qu'il faudra que je corrige. J'oubliais de vous dire que

mon maître tirait le pistolet, oh! mais! et l'épée comme un Saint-George. Nous arrivons sur le pont où il y a des statues, vous savez? il n'y en avait pas encore à cette époque-là. Voilà que nous croisons une femme qui sanglotait si fort, que nous l'entendions malgré le bruit du cabriolet. Mon maître me dit: — Arrête! J'arrête. Le temps de tourner la tête, il était à terre : c'est bien...

Il faisait une nuit à ne pas voir ni ciel ni terre. La femme allait devant, mon maître derrière. Tout à coup elle s'arrête au milieu du pont, monte dessus, et puis j'entends paouf! Mon maître ne fit ni une ni deux : vlan, il donne une tête. Il faut vous dire qu'il nageait comme un éperlan.

Moi, je me dis, si je reste dans le cabriolet, ça ne l'aidera pas beaucoup: d'un autre côté, comme je ne sais pas nager, si je me jette à l'eau, ça sera deux au lieu d'une. Je dis au cheval, à celui-là, tenez, qui avait quatre ans de moins sur le corps et deux picotins d'avoine de plus dans le ventre : — Reste là, Coco. On aurait dit qu'il m'entendait. Il reste : c'est bon.

Je prends mon élan, j'arrive au bord de la rivière. Il y avait une petite barque, je saute dedans : elle tenait par une corde; je la tire. Je cherche mon couteau, je l'avais oublié; n'en parlons plus. Pendant ce temps-là, l'autre plongeait comme un cormoran.

Je tire si fort une secousse, que, crac! la corde casse; encore un peu, je tombais les quatre fers en l'air dans la rivière. Je me trouve sur le dos dans la barque; heureusement que j'étais tombé les reins sur un banc. Je me dis : — C'est pas le moment de compter les étoiles : je me relève.

Dn coup, la barque était lancée. Je cherche les deux avirons; dans ma cabriole j'en avais jeté un à l'eau. Je rame avec l'autre, je tourne comme un tonton; je dis : — C'est comme si je chantais; attendons.

Je me rappellerai ce moment-là toute ma vie, monsieur : c'était effrayant, on aurait cru que la rivière roulait de l'encre, tant elle était noire. De temps en temps seulement, une petite vague s'élevait et jetait son écume; puis, au milieu, on voyait paraître un instant la robe blanche de la jeune fille ou la tête de mon maître qui revenait pour souffler. Une seule fois ils reparurent tous deux en même temps. J'entendis M. Eugène dire : — Bon! je la vois. En deux brassées, il fut à l'endroit où la robe flottait l'instant d'auparavant. Tout à coup, je ne vis plus sortir de l'eau que ses jambes écartées. Il les rapprocha vivement, et il disparut... J'étais à dix pas d'eux, à peu près, descendant la rivière ni plus ni moins vite que le courant, serrant mon aviron entre mes mains comme si je voulais le broyer, en disant : — Dieu de Dieu! faut-il que je ne sache pas nager!

Un instant après, il reparut. Cette fois-là, il la tenait par les cheveux; elle était sans connaissance :

il était temps pour mon maître aussi. Sa poitrine râlait, et il lui restait tout juste assez de force pour se soutenir sur l'eau, vu que, comme elle ne remuait ni bras ni jambes, elle était lourde comme un plomb. Il tourna la tête pour voir de quel côté du bord il était le plus près, et il m'aperçut. — Cantillon, dit-il, à moi! J'étais sur le bord de la barque, lui tendant l'aviron, mais, ouiche! il s'en fallait plus de trois pieds.. — A moi! répéta-t-il... Je faisais un mauvais sang! — Cantillon! Une vague lui passa sur la tête; je restai la bouche ouverte, les yeux fixés sur l'endroit; il reparut, ça m'enleva une montagne de dessus l'estomac; j'étendis encore l'aviron; il s'était un brin rapproché de moi... — Du courage, mon maître, du courage! que je lui criais. Il ne pouvait plus répondre. —Lâchez-la, que je lui dis, et sauvez-vous. — Non, non, dit-il, je... l'eau lui entra dans la bouche. Ah! monsieur, je n'avais pas un cheveu sur la tête qui n'eût sa goutte d'eau. J'étais hors de la barque, tendant l'aviron; je voyais tout tourner autour de moi. Le pont, l'hôtel des Gardes, les Tuileries, tout ça dansait, et pourtant j'avais les regards fixés seulement sur cette tête qui s'enfonçait petit à petit, sur ces yeux à fleur d'eau qui me regardaient encore et me paraissaient plus grands du double; puis je ne vis plus que ses cheveux; les cheveux s'enfoncèrent comme le reste: son bras seul sortait encore de l'eau, avec ses doigts crispés. Je fis un dernier effort, je tendis la rame; allons donc, han!... Je lui mis l'aviron dans la main. Ah!...

Cantillon s'essuya le front. Je respirai; il reprit:

— On a bien raison de dire que, quand on se noie, on s'accrocherait à une barre de fer rouge: il se cramponna à la rame que ses ongles étaient marqués dans le bois. Je l'appuyai sur le bord du bateau; ça fit bascule, et M. Eugène reparut au-dessus de l'eau. Je tremblais si fort, que j'avais peur de lâcher mon diable de bâton. J'étais couché dessus, la tête au bord du bateau; je tirai l'aviron en l'assujettissant avec mon corps. M. Eugène avait la tête renversée en arrière comme quelqu'un qui est évanoui; je tirais toujours la machine, ça le faisait approcher. Enfin j'étendis le bras, je le pris par le poignet; bon! j'étais sûr de mon affaire, je le serrais comme dans un étau. Huit jours après, il en avait encore les marques bleues autour du bras.

Il n'avait pas lâché la petite; je le tirai dans le bateau; elle le suivit. Ils restèrent au fond tous les deux, pas beaucoup plus fringants l'un que l'autre. J'appelai mon maître, votre serviteur! J'essayai de lui frapper dans le creux des mains, il les tenait fermées comme s'il voulait casser des noix: c'était à se manger la rate.

Je repris ma rame et je voulus gagner le bord. Quand j'ai deux avirons, je ne suis pas déjà un fameux marinier; avec un seul, c'est toujours la même chanson; je voulais aller d'un côté, je tournais de l'autre, le courant m'entraînait. Quand je vis définitivement que je m'en allais au Havre, je me dis: — Ma foi! pas de fausse route, appelons au secours: là-dessus, je me mis à crier comme un paon.

Les farceurs qui sont dans la petite baraque où l'on fait revenir les noyés m'entendirent. Ils mirent leur embarcation au diable à l'eau. En deux tours de main, ils m'avaient rejoint; ils accrochèrent mon bateau au leur. Cinq minutes après, mon maître et la jeune fille étaient dans du sel, comme des harengs

On demanda si j'étais noyé aussi, je répondis que non, mais que c'était égal, que, si l'on voulait me donner un verre d'eau-de-vie, ça me remettrait le cœur. J'avais les jambes qui pliaient comme des écheveaux de fil.

Mon maître rouvrit les yeux le premier; il se jeta à mon cou... Je sanglotais, je riais, je pleurais... Mon Dieu, qu'un homme est bête!...

M. Eugène se retourna; il aperçut la jeune fille qu'on médicamentait. —Mille francs pour vous, mes amis, dit-il, si elle n'en meurt pas; et toi, Cantillon, mon brave, mon ami, mon sauveur (je pleurais toujours), amène le cabriolet. — Ah! que je dis, c'est vrai, et Coco!... Faut pas demander si je pris mes jambes à mon cou. J'arrive à la place où je l'avais laissé... Pas plus de cabriolet ni de cheval que dessus ma main. Le lendemain la police nous le retrouva: c'était un amateur qui s'était reconduit avec.

Je reviens et je dis: — Bernique! Il me répond: — C'est bien, alors amène un fiacre. — Et la jeune fille? que je demande. — Elle a remué le bout du pied, dit-il. — Fameux! J'amène un fiacre: elle était revenue tout à fait; seulement elle ne parlait pas encore. Nous la portons dans le berlingot. — Cocher, rue du Bac, numéro 31; et vivement.

— Dites donc, notre maître, c'est ici mademoiselle Mars, numéro 58. — Est-ce que ton histoire est finie? — Finie, peuh!... je ne suis pas au quart; c'est rien ce que je vous ai dit, vous verrez.

Effectivement, il y avait un certain intérêt dans ce qu'il m'avait raconté. Je n'avais qu'un souhait à faire à notre grande actrice, c'était de la trouver aussi sublime en 1831 qu'en 1830. Au bout de dix minutes, j'étais dans le cabriolet.

— Et l'histoire? — Où faut-il vous conduire, d'abord? — Cela m'est égal, va devant toi; l'histoire. — Ah! l'histoire! Nous en étions... — Cocher, rue du Bac, et vivement.

Sur le pont, notre jeune fille perdit connaissance une seconde fois. Mon maître me fit descendre sur le quai pour lui amener son médecin. Quand je revins avec lui, je trouvai mademoiselle Marie... Est-ce que je vous ai dit qu'on l'appelait Marie?

— Non.

— Eh bien! c'était son nom de baptême. Je trouvai mademoiselle Marie couchée dans un lit avec une garde auprès d'elle. Je ne peux pas vous dire comme elle était jolie, avec sa figure pâle, ses yeux fermés, ses mains en croix sur sa poitrine : elle avait l'air de la vierge dont elle porte le nom, d'autant plus qu'elle était enceinte.

— Ah ! dis-je, c'est pour cela qu'elle s'était jetée à l'eau.

— Eh bien ! vous dites juste ce que mon maître répondit au médecin quand il lui annonça cette nouvelle ; nous ne nous en étions pas aperçus, nous. Le médecin fit respirer un petit flacon ; je me rappellerai celui-là. Imaginez-vous qu'il l'avait posé sur la commode ; moi, bêtement, voyant que ça l'avait fait revenir, je me dis : — Ça doit avoir une fameuse odeur ! Je flâne autour de la commode, sans faire semblant de rien, et, pendant qu'ils ont le dos tourné, je retire les deux bouchons, et je me fourre le goulot dans le nez. Oh ! quelle prise ! ça n'aurait pas été pire quand j'aurais respiré un cent d'aiguilles... C'est bon, je dis, je te connais, toi. Ça m'avait fait pleurer à chaudes larmes. Monsieur Eugène me dit : — Faut te consoler, mon ami, le docteur en répond. Je dis en moi-même : — C'est égal, il peut être fort, ce docteur ; mais, quand je serai malade, ce n'est pas lui que j'irai chercher.

Pendant ce temps-là, mademoiselle Marie était revenue à elle ; elle regardait autour de la chambre et elle disait : — C'est drôle ; où donc suis-je ? je ne reconnais pas cet appartement. Je lui dis : — C'est possible, par la raison que vous n'y êtes jamais venue. Mon maître me fit : — Chut ! Cantillon. Puis, comme il s'entendait à parler aux femmes, il lui dit : — Tranquillisez-vous, madame, j'aurai pour vous les soins et le respect d'un frère, et, dès que votre état permettra de vous transporter chez vous, je m'empresserai de vous y conduire. — Je suis donc malade ? reprit-elle étonnée ; puis, rassemblant ses idées, elle s'écria tout d'un coup : — Oh ! oui, oui, je me souviens de tout ; j'ai voulu !... Un cri lui échappa. — Et c'est vous, monsieur, qui m'avez sauvée sans doute ? Oh ! si vous saviez quel service funeste vous m'avez rendu ! quel avenir de douleur votre dévouement pour une inconnue a rouvert devant elle ! — Moi, j'écoutais tout ça en me frottant le nez qui me cuisait toujours, ce qui fait que je n'en ai pas perdu une parole et que je vous le raconte comme ça s'est passé. Mon maître la consolait comme il pouvait ; mais, à tout ce qu'il disait, elle répondait : — Ah ! si vous saviez ! Il paraît que ça l'ennuya d'entendre toujours la même chose, car il se pencha à son oreille et lui dit : — Je sais tout. — Vous ? dit-elle. — Oui : vous aimez, vous avez été trahie, abandonnée. — Oui, trahie, répondit-elle, lâchement trahie, cruellement abandonnée. — Eh bien ! lui dit M. Eugène, confiez-moi tous vos chagrins ; ce n'est point la curiosité, mais le désir de vous être utile qui me guide ; il me sem-

ble que je ne dois plus être un étranger pour vous. — Oh ! non, non, dit-elle, car un homme qui expose sa vie comme vous avez fait doit être généreux. Vous, j'en suis sûre, vous n'avez jamais abandonné une pauvre femme, en ne lui laissant que le choix d'une honte éternelle ou d'une prompte mort. Oui, oui, je vais vous dire tout ! Je dis : — Bon ! moi, ça doit être intéressant ; ça commence bien, écoutons l'histoire. — Mais, auparavant, ajouta-t-elle, permettez que j'écrive à mon père, à qui j'avais laissé une lettre d'adieu dans laquelle je lui apprenais ma résolution, qui croit que je l'ai accomplie. Vous permettez qu'il vienne ici, n'est-ce pas ? Oh ! pourvu que, dans sa douleur, il ne se soit pas porté à quelque acte de désespoir ! Permettez que je lui écrive de venir à l'instant ; je sens que ce n'est qu'avec lui que je pourrai pleurer, et pleurer me fera tant de bien ! — Écrivez, écrivez, lui dit mon maître en lui avançant une plume et de l'encre. Eh ! qui oserait retarder d'un instant cette réunion solennelle d'une fille et d'un père qui se sont crus séparés pour toujours ? Écrivez, c'est moi qui vous en supplie ; ne perdez pas un instant. Oh ! votre père, le malheureux, comme il doit souffrir !

Pendant ce temps-là, elle griffonnait une jolie petite écriture en pattes de mouches ; quand elle eut fini, elle demanda l'adresse de la maison : — Rue du Bac, n° 31, que je lui dis. — Rue du Bac, n° 31 ! répéta-t-elle. Et v'lan ! voilà l'encrier sur les draps. Après un instant, elle ajouta d'un air mélancolique : — C'est peut-être la Providence qui m'a conduit dans cette maison. Je dis : — C'est égal, la Providence ou non, il faudra un fameux paquet de sel d'oseille pour enlever cette tache-là.

Mon maître paraissait tout interloqué. — Je conçois votre étonnement, dit-elle ; mais vous allez tout savoir, vous concevrez alors l'effet qu'a dû me faire l'adresse que vient de me donner votre domestique. Et elle lui remit la lettre pour son père. — Cantillon, porte cette lettre. Je jette un coup d'œil dessus. Rue des Fossés-Saint-Victor. — Il y a une trotte, que je dis ; il me répond : — C'est égal, prends un cabriolet et sois ici dans une demi-heure.

En deux temps j'étais dans la rue : un cabriolet passait, je saute dedans. — Cent sous, l'ami, pour aller à la rue des Fossés-Saint-Victor et me ramener ici.

Je voudrais bien de temps en temps avoir des courses comme ça, moi. Nous arrêtons devant une petite maison ; je frappe, je frappe. La portière vient ouvrir en grognant. Je dis : — Grogne. Monsieur Dumont ? — Ah ! mon Dieu ! qu'elle dit, apportez-vous des nouvelles de sa fille ? — Et de fameuses, je réponds. — Au cinquième au bout de l'escalier. Je monte quatre à quatre ; une porte était entre bâillée ; je regarde, je vois un vieux militaire qui pleurait sans dire un mot, baisant une

— Je vois un vieux militaire qui pleurait sans dire un mot et chargeant des pistolets.

lettre et chargeant des pistolets. Je dis : — Ça doit être le père, ou je me trompe fort.

Je pousse la porte. — Je viens de la part de mademoiselle Marie, que je m'en vas.

Alors il se retourne, devient pâle comme la mort, et dit : — Ma fille ? — Oui ! mademoiselle Marie, votre fille. Vous êtes monsieur Dumont, ancien capitaine sous l'autre ? Il fit un signe de tête. — Eh bien ! voilà ma lettre, de mademoiselle Marie. Il la prit. Je n'exagère pas, monsieur, il avait les cheveux dressés sur la tête, et il lui coulait autant d'eau du front que des yeux. — Elle est vivante ! dit-il, et c'est ton maître qui l'a sauvée ? Conduis-moi vers elle à l'instant, à l'instant ! Tiens, tiens, mon ami.

Il fouille dans le tiroir d'un petit secrétaire, y prend trois ou quatre pièces de cinq francs qui couraient l'une après l'autre, et me les met dans la main. Je les prends pour ne pas l'humilier ; je regarde l'appartement ; je dis en moi-même : — Tu n'es pas cossu, toi. Je fais une pirouette, je glisse les vingt francs derrière un buste de l'autre, et je dis : — Merci, capitaine. — Es-tu prêt ? — Je vous attends.

Alors il se met à descendre comme s'il glissait le long de la rampe. Je lui dis : — Dites donc, dites donc, mon ancien, je n'y vois pas dans votre limaçon d'escalier. Peuh ! il était déjà en bas.

Enfin, c'est bon, nous voilà dans le cabriolet. Je lui dis : — Sans indiscrétion, capitaine, qu'est-ce que vous vouliez donc faire de ces pistolets que vous chargiez ?

Il me répond en fronçant le sourcil : — L'un était pour un misérable à qui Dieu peut pardonner, mais à qui je ne pardonnerai pas.

Je dis : — Bon ! c'est le père de l'enfant. — L'autre était pour moi. — Ah bien ! il vaut mieux que cela se soit passé comme cela, que je lui réponds. — Ce n'est pas fini, dit-il. Mais raconte-moi donc comment ton maître, cet excellent jeune homme, a sauvé ma pauvre Marie.

Alors, je lui racontai tout : il sanglotait comme un enfant... C'était à fendre des pierres, de voir un vieux soldat pleurer, si bien que le cocher lui dit : — Monsieur, c'est bête tout ça, je n'y vois plus à conduire mon cheval. Si ce pauvre animal n'avait pas plus d'esprit que nous trois, il nous conduirait tout droit à la Morgue. — A la Morgue ! dit le capitaine en tressaillant, à la Morgue ! Quand je pense que je n'avais plus l'espoir de la retrouver que là ; que je voyais ma pauvre Marie, l'enfant de mon cœur, étendue sur ce marbre noir et suant ! Oh ! le nom, le nom de ton maître, que je le bénisse, que je le place dans mon cœur à côté d'un autre nom. — Celui de l'autre, n'est-ce pas, dont vous avez le buste ? — O Marie ! Et il n'y a plus de danger, n'est-ce pas ? Le médecin a répondu d'elle ? — Ne m'en parlez pas de votre médecin : c'est une fière cruche. — Comment ! il reste donc des craintes pour ma fille ?

Je dis : — Non, non, c'est relatif à moi, par rapport à mon nez.

Nous faisions du chemin pendant ce temps-là, si bien que tout à coup le cocher nous dit : — Nous sommes arrivés. — Aide-moi, mon ami, me dit le capitaine, les jambes me manquent. Où est-ce ? — Là, au second, où vous voyez de la lumière et une ombre derrière le rideau. — Oh ! viens, viens.

Pauvre homme ! il était pâle comme un linge. Je pris son bras sous le mien. J'entendais battre son cœur. — Si j'allais la trouver morte ! me dit-il en me regardant d'un air égaré.

Au même instant, la porte de l'appartement de M. Eugène s'ouvrit, deux étages au-dessus de nous, et nous entendîmes une voix de femme qui criait : — Mon père ! mon père ! — C'est elle ! c'est sa voix, dit le capitaine. Et le vieillard, qui tremblait une seconde auparavant, s'élança comme un jeune homme, entra dans la chambre sans dire ni bonjour ni bonsoir à personne, et s'élança sur le lit de sa fille en pleurant et en disant : — Marie ! ma chère enfant, ma fille !

Quand j'arrivai, c'était un tableau de les voir dans les bras l'un de l'autre ; le père frottant la figure de sa fille avec sa face de lion et ses vieilles moustaches, la garde pleurant, M. Eugène pleurant, moi pleurant ; enfin une averse.

Mon maître me dit à la garde et à moi : — Il faut les laisser seuls.

Nous sortons tous les trois, il me prend la main et me dit : — Guette Alfred de Linar ; quand il rentrera du bal, tu le prieras de venir me parler.

Je me mis en sentinelle sur l'escalier, et je dis : Ton compte est bon à toi.

Au bout d'un quart d'heure, j'entendis : derling ! derling ! C'était M. Alfred. Il monta l'escalier en chantant. Je lui dis poliment : — Ce n'est pas ça, mais mon maître veut vous dire deux mots. — Est-ce que ton maître n'aurait pas pu attendre à demain ? qu'il me répond d'un air goguenard. — Il paraît que non, puisqu'il vous demande tout de suite. — C'est bon ; où est-il ? — Me voici, dit M. Eugène, qui m'avait entendu. Voulez-vous avoir la bonté, monsieur, d'entrer dans cette chambre ? Et il montrait celle de mademoiselle Marie. Je n'y comprenais plus rien.

J'ouvre la porte. Le capitaine entrait dans un cabinet ; il me fait signe d'attendre qu'il soit caché. Quand c'est fini, je dis : — Entrez, messieurs.

Mon maître pousse M. Alfred dans la chambre, me tire en dehors, ferme la porte sur nous. J'entends une voix tremblante dire : — Alfred ! Une voix étonnée répondre : — Marie ! Marie ! vous ici ? — M. Alfred est le père de l'enfant ? que je dis à mon maître. Il me répond : — Oui ; reste avec moi ici et écoutons.

D'abord nous n'entendions rien que mademoiselle Marie, qui avait l'air de prier M. Alfred. Ça dura quelque temps. A la fin, nous entendîmes la voix de celui-ci qui disait : — Non, Marie, c'est impossible ! Vous êtes folle ; je ne suis point maître de me marier, je dépends d'une famille qui ne le permettrait pas. Mais je suis riche, et si de l'or...

Par exemple, à ce mot-là, ce fut un bacchanal soigné. Pour ne pas se donner la peine d'ouvrir la porte du cabinet où il s'était caché, le capitaine venait de l'enfoncer d'un coup de pied. Mademoiselle Marie jeta un cri ; le capitaine fit un juron à faire lézarder la maison ; mon maître dit : — Entrons.

Il était temps. Le capitaine Dumont tenait M. Alfred sous son genou, et lui tordait le cou comme à une volaille. Mon maître les sépara.

M. Alfred se releva pâle, les yeux fixes et les dents serrées ; il ne jeta pas un coup d'œil sur mademoiselle Marie, qui était toujours évanouie, mais il vint à mon maître, qui l'attendait les bras croisés.

— Eugène, lui dit-il, je ne savais pas que votre appartement était un coupe-gorge, je n'y rentrerai plus qu'un pistolet de chaque main ! entendez-vous ? — C'est ainsi que j'espère vous revoir, lui dit mon maître ; car, si vous rentriez autrement, je vous prierais à l'instant d'en sortir. — Capitaine, dit M. Alfred en se retournant, vous n'oublierez pas que j'ai une dette aussi avec vous? — Et vous me la payerez à l'instant, dit le capitaine, car je ne vous quitte pas. — Soit. — Le jour commence à paraître, continua M. Dumont, allez chercher des armes. — J'ai des épées et des pistolets, dit mon maître. — Alors, faites-les porter dans une voiture, reprit le capitaine. — Dans une heure au bois de Boulogne, porte Maillot, dit Alfred. — Dans une heure, répondirent à la fois mon maître et le capitaine. Allez chercher vos témoins.

Il sortit.

Le capitaine se pencha alors vers le lit de sa fille. M. Eugène voulait appeler du secours.

— Non, non, dit le père, il vaut mieux qu'elle ignore tout. Marie! chère enfant, adieu. Si je suis tué, monsieur Eugène, vous me vengerez, n'est-ce pas? et vous n'abandonnerez pas l'orpheline? — Je vous le jure sur elle, répondit mon maître. Et il se jeta dans les bras du pauvre père. — Cantillon, fais avancer un fiacre. — Oui, monsieur; irai-je avec vous? — Tu viendras.

Le capitaine embrassa encore sa fille; il appela la garde: — Secourez la maintenant, et, si elle demande où je suis, dites que je vais revenir. Allons, mon jeune ami, partons.

Ils entrèrent dans la chambre de M. Eugène. Quand je revins avec le fiacre, ils m'attendaient déjà en bas. Le capitaine avait des pistolets dans ses poches, et M. Eugène des épées sous son manteau.

— Cocher, au bois de Boulogne. — Si je suis tué, dit le capitaine, mon ami, vous remettrez cette bague à ma pauvre Marie: c'est l'alliance de sa mère; une digne femme, jeune homme, qui est maintenant près de Dieu, ou il n'y aurait pas plus de justice là-haut qu'il n'y en a dans ce monde; puis vous ordonnerez que je sois enterré avec ma croix et mon épée. Je n'ai d'autre ami que vous, d'autre parent que ma fille: ainsi, vous et ma fille derrière mon cercueil, et c'est tout. — Pourquoi ces pensées, capitaine? Elles sont bien tristes pour un vieux militaire.

Le capitaine sourit tristement.

— Tout a mal tourné pour moi depuis 1815, monsieur Eugène. Puisque vous avez promis de veiller sur ma fille, mieux vaut un protecteur jeune et riche qu'un père vieux et pauvre.

Il se tut; M. Eugène n'osa plus lui parler, et le vieillard garda le silence jusqu'au lieu du rendez-vous.

Un cabriolet nous suivait à quelques pas. M. Alfred en descendit avec ses deux témoins.

Un des témoins s'approcha de nous: — Quelles sont les armes du capitaine? — Le pistolet, répondit celui-ci. — Reste dans le fiacre et garde les épées, dit mon maître; et ils s'enfoncèrent tous cinq dans le bois.

Dix minutes s'étaient à peine écoulées, que j'entendis deux coups de pistolet. Je bondis comme si je ne m'y attendais pas: c'était fini pour l'un des deux, car dix autres minutes se passèrent sans que ce bruit se renouvelât.

Je m'étais jeté dans le fond du fiacre, n'osant regarder. La portière s'ouvrit tout à coup. — Cantillon, les épées? dit mon maître.

Je les lui présentai. Il étendit la main pour les prendre; il avait au doigt la bague du capitaine.

— Et... et... le père de mademoiselle Marie? disje. — Mort! — Ainsi, ces épées?... — Sont pour moi. — Au nom du ciel, laissez-moi vous suivre! — Viens, si tu le veux. — Je sautai à bas du fiacre. J'avais le cœur aussi petit qu'un grain de moutarde, et tremblais de tous mes membres. Mon maître entra dans le bois, je le suivis.

Nous n'avions pas fait dix pas, que j'aperçus M. Alfred debout et riant au milieu de ses témoins.

— Prends garde, me dit mon maître en me poussant de côté. — Je fis un saut en arrière. J'avais manqué de marcher sur le corps du capitaine.

M. Eugène jeta sur le cadavre un seul coup d'œil, puis il s'avança vers le groupe, laissa tomber les épées à terre, et dit: — Messieurs, voyez si elles sont de même longueur. — Vous ne voulez donc pas remettre les choses à demain? dit un des témoins. — Impossible! — Eh! mes amis, soyez donc tranquilles, dit M. Alfred; le premier combat ne m'a pas fatigué; seulement je boirais volontiers un verre d'eau. — Cantillon, va chercher un verre d'eau pour M. Alfred, dit mon maître.

J'avais envie d'obéir comme d'aller me pendre. M. Eugène me fit un second signe de la main, et je pris le chemin du restaurant qui est à l'entrée du bois: à peine si nous en étions à cent pas. En deux tours de main, je fus revenu. Je lui présentai le verre en disant en moi-même: Tiens, et que le verre d'eau te serve de poison! Il le prit: sa main ne tremblait pas; seulement, quand il me le rendit, je m'aperçus qu'il l'avait tellement serré entre ses dents qu'il en avait ébréché le bord.

Je me retournai en jetant le verre par-dessus ma tête, et j'aperçus mon maître, qui s'était apprêté pendant mon absence. Il n'avait conservé que son pantalon et sa chemise; encore les manches en étaient-elles relevées jusqu'au haut du bras. Je m'approchai de lui: — N'avez-vous rien à m'ordonner? lui dis-je. — Non, répondit-il. Je n'ai ni père ni mère; si je meurs...

Il écrivit quelques mots au crayon... — Tu remettras ce papier à Marie...

Il jeta encore un coup d'œil sur le corps du capitaine, et s'avança vers son adversaire en disant: — Allons! messieurs. — Mais vous n'avez pas de témoin, répondit M. Alfred. — L'un des vôtres m'en servira. — Ernest, passez du côté de monsieur.

Un des deux témoins passa du côté de mon maître; l'autre prit les épées, plaça les **deux adversai-**

res à quatre pas l'un de l'autre, leur mit à chacun une poignée d'épée dans la main, croisa les fers et s'éloigna en disant : — Allez! messieurs.

A l'instant même, chacun d'eux fit un pas en avant, et leurs lames se trouvèrent engagées jusqu'à la garde. — Reculez, dit mon maître. — Je n'ai point l'habitude de rompre, répondit M. Alfred. — C'est bien!

M. Eugène recula d'un pas, et se remit en garde.

Il y eut dix minutes effrayantes à passer.

Les épées voltigeaient autour l'une de l'autre comme des couleuvres qui jouent. M. Alfred seul portait des coups; mon maître, suivant l'épée des yeux, arrivait à la parade ni plus ni moins tranquillement que dans une salle d'armes. J'étais dans une colère! Si le domestique de l'autre avait été là, je l'aurais étranglé.

Le combat continuait toujours. M. Alfred riait amèrement; mon maître était calme et froid

— Ah! dit M. Alfred.

Son épée avait touché mon maître au bras, et le sang coulait.

— Ce n'est rien, répondit celui-ci, continuons.

Je suais à grosses gouttes.

Les témoins s'approchèrent. M. Eugène leur fit signe du bras de s'éloigner. Son adversaire profita de ce mouvement, il se fendit; mon maître arriva trop tard à une parade de seconde, et le sang coula de sa cuisse. Je m'assis sur le gazon; je ne pouvais plus me tenir debout.

Cependant M. Eugène était aussi calme et aussi froid; seulement ses lèvres écartées laissaient apercevoir ses dents serrées. L'eau coulait du front de son adversaire; il s'affaiblissait. — Mon maître fit un pas en avant; M. Alfred rompit. — Je croyais que vous ne rompiez jamais, dit-il.

M. Alfred fit une feinte; l'épée de M. Eugène arriva à la parade avec une telle force, que celle de son adversaire s'écarta comme s'il saluait. Un instant, sa poitrine se trouva découverte, l'épée de mon maître y disparut jusqu'à la garde.

M. Alfred étendit les bras, lâcha le fer, et ne resta debout que parce que l'épée le soutenait en le traversant. M. Eugène retira son épée, et il tomba.

— Me suis-je conduit en homme d'honneur? dit-il aux témoins.

Ils firent un geste affirmatif et s'avancèrent vers M. Alfred. — Mon maître revint à moi. — Retourne à Paris et amène un notaire chez moi; que je le trouve en rentrant. — Si c'est pour faire le testament de M. Alfred, que je lui dis, ce n'est pas beaucoup la peine, vu qu'il se tord comme une anguille et qu'il vomit le sang, ce qui est mauvais signe. — — Ce n'est pas ça, dit-il. — Pourquoi était-ce donc? dis-je à mon tour en interrompant le cocher. — Pour épouser la jeune fille, me répondit Cantillon, et reconnaître son enfant...

— Il a fait cela?

— Oui, monsieur, et bravement. Puis il m'a dit : — Cantillon, nous allons voyager, ma femme et moi; je voudrais bien te garder; mais, tu comprends, ça la gênerait de te voir. Voilà mille francs; je te donne mon cabriolet et mon cheval, fais ce que tu voudras; et, si tu as besoin de moi, ne t'adresse pas à d'autres.

Comme j'avais le fond de l'établissement, je me suis fait cocher.

— Voilà mon histoire, notre bourgeois : où faut-il vous conduire? — Chez moi; j'achèverai mes courses un autre jour.

Je rentrai, et j'écrivis l'histoire de Cantillon telle qu'il me l'avait racontée.

BERNARD

HISTOIRE POUR LES CHASSEURS

PAR ALEXANDRE DUMAS

e que je vais vous raconter n'est ni une nouvelle, ni un roman, ni un drame, c'est tout bonnement un souvenir de jeunesse, une de ces choses comme il en arrive tous les jours, et, si le récit prend quelque couleur, ce ne sera ni par l'art du narrateur, ni par le talent de l'historien, mais par le caractère exceptionnel de l'homme qui en est le héros.

Commençons par dire que cet homme était tout bonnement un garde forestier.

Je suis né au milieu d'une belle et giboyeuse forêt. Mon père, grand chasseur, me mit tout enfant un fusil entre les mains. A douze ans, j'étais déjà un excellent braconnier.

Je dis braconnier, parce que je ne chassais guère

qu'en cachette : je n'étais pas d'âge à obtenir un port d'armes, je n'étais pas d'importance à être invité chez les gens qui pouvaient s'en passer; enfin, l'inspecteur de la forêt de Villers-Cotterets, bon et excellent homme, à la mémoire duquel je garde un profond souvenir de l'amitié qu'il avait pour moi, qui était mon parent et qui m'aimait de tout son cœur, trouvant qu'il valait infiniment mieux, pour mon avenir, que j'expliquasse les *Géorgiques* et le *de Viris*, que de tuer des lapins au départ, ou de faire coup double sur des perdrix, avait intimé l'ordre à tous les gardes de la forêt de ne jamais, sans une permission expresse de sa main, me laisser chasser sur leurs garderies.

Et pourtant cela n'empêchait point que je ne chassasse, ou plutôt, comme je l'ai dit, que je ne braconnasse. Ma mère, qui partageait entièrement les opinions de l'inspecteur à mon égard, et qui, d'ailleurs, craignait sans cesse les accidents qui pouvaient m'arriver, tenait sous clef mon fusil et ne le laissait sortir que les grands jours, les jours de permission spéciale, les jours où, comme récompense du travail de la semaine, monsieur de Violaine (c'était le nom de l'inspecteur) venait me dire:
—Allons, Dumas, en route, mon ami; mais ne nous y habituons pas, c'est pour aujourd'hui seulement, et parce que l'abbé est content de toi. Ah! ces jours-là c'était grande fête. Je prenais ma carnassière, je passais mes longues guêtres de chasse, j'endossais ma veste de coutil, je jetais sur mon épaule un joli fusil à un coup qui venait de mon père, et je traversais fièrement toute la ville, côte à côte avec les chasseurs, au milieu des aboiements de nos meutes et des souhaits de toutes nos connaissances, qui nous regardaient passer du seuil de leurs portes et nous criaient : — Bonne chance!

Mais cette faveur spéciale arrivait une fois à peine par mois, et c'était bien triste de ne chasser qu'un jour sur trente; aussi, les vingt-neuf autres jours, j'avais trouvé moyen de substituer à mon fusil enfermé une autre arme de mon invention; c'était un long pistolet du temps de Louis XIV, auquel j'avais adapté une crosse. Le soir venu, je mettais la crosse dans ma poche, le canon sous ma veste, et je m'en allais innocemment, mon cerceau ou ma toupie à la main, pour qu'on n'eût aucun soupçon de l'escapade que je méditais; puis, lorsque j'étais hors de vue, je laissais dans un coin quelconque toupie ou cerceau, je prenais mes jambes à mon cou, je gagnais la lisière de la forêt, je me couchais à plat ventre dans les broussailles du fossé, je montais sur sa crosse mon pistolet chargé d'avance, et j'attendais.

Si un lapin avait le malheur de s'aventurer en plaine, à vingt-cinq pas autour de moi, c'était un lapin parfaitement mort.

Si c'était par hasard un lièvre, il va sans dire que c'était exactement la même chose. Un jour il sortit un chevreuil, et, je le dis bien bas, il en fut, ma foi, du chevreuil comme si c'eût été un lapin ou un lièvre.

Ces différentes pièces de gibier me servaient à faire des cadeaux à des braves gens de mes amis qui, pour que ces cadeaux se renouvelassent, m'entretenaient de leur côté de poudre et de plomb.

Puis, disons-le encore, presque tous les gardes de la forêt avaient chassé avec mon père, et gardaient un grand souvenir de sa libéralité. D'autres étaient d'anciens soldats qui avaient servi sous lui, et que, par son influence, il avait fait entrer dans l'administration forestière. En somme, tous ces braves gens, qui voyaient en moi des dispositions toutes particulières à être un jour aussi généreux que le *général* (c'était toujours ainsi qu'ils nommaient mon père), m'avaient pris en grande amitié. Aussi m'invitaient-ils parfois à faire des rondes avec eux sur leurs garderies; puis, lorsque leur chien de plaine tombait en arrêt sur quelque malheureux lapin au gîte, ils regardaient autour d'eux si personne ne nous voyait, me mettaient vite leur fusil entre les mains. Je m'avançais alors de l'autre côté du buisson sur lequel Castor ou Pyrame avait les yeux fixés; je donnais un coup de pied dedans; le lapin partait, et, presque toujours, c'était un lapin qui, après avoir passé la nuit dans un terrier, passait la soirée dans une casserole.

Au nombre de ces gardes, il y en avait un qu'on appelait Bernard, et, comme il habitait sur la route de Soissons, à une lieue et demie de Villers-Cotterets, une petite maison que monsieur de Violaine avait fait bâtir pour son prédécesseur, on l'appelait Bernard de la Maison-Neuve.

C'était, à l'époque dont je parle, c'est-à-dire en 1818 ou 1819, un beau garçon de trente-deux ans à peu près, à la physionomie franche et ouverte, aux cheveux blonds, aux yeux bleus, aux gros favoris encadrant admirablement son joyeux visage; du reste, admirablement pris dans sa taille, et devant à l'harmonie de ses membres une force herculéenne citée à dix lieues à la ronde.

Aussi Bernard était-il toujours prêt, et prêt à tout : le matin comme le soir, le jour comme la nuit, Bernard savait, à cinquante pas près, où baugeaient tous les sangliers de sa garderie; car Bernard était un de ces hommes qui, comme Bas-de-Cuir, peuvent suivre une piste pendant des heures entières. Lorsque le rendez-vous de chasse était à la Maison-Neuve, qu'on devait attaquer à un quart de lieue de là, et que l'animal avait été détourné par Bernard, on savait d'avance à quelle bête on avait affaire : si c'était un tiéran, un ragot, une laie ou un sanglier; si cette laie était pleine, et depuis combien de temps elle l'était. Le solitaire le plus rusé n'aurait pas pu lui cacher six mois de son âge. C'était merveilleux à voir, surtout pour les chasseurs parisiens qui nous arrivaient de temps en temps. Il est vrai que, pour nous autres chasseurs campagnards, qui avions fait les mêmes études que lui, mais qui étions restés dans des degrés inférieurs, la chose nous paraissait moins extraordinaire.

Bernard n'en était pas moins pour nous une espèce d'oracle.

Puis le courage conquiert vite une grande puissance sur les hommes. Bernard ne savait pas ce que c'était que la peur. Il n'avait jamais reculé devant ni homme ni animal qui fût au monde. Il allait relancer le sanglier jusque dans son bouge le plus profond : il allait attaquer les braconniers jusque dans leurs retraites les mieux défendues. Il est vrai que, de temps en temps, Bernard revenait avec quelques coups de boutoir à la cuisse ou quelques chevrotines dans les reins. — Mais Bernard avait une façon de traiter ses blessures qui lui réussissait parfaitement. Il montait de sa cave deux ou trois bouteilles de vin blanc, tirait un de ses chiens de la niche, se couchait à terre sur une peau de cerf, faisait lécher sa plaie par Rocador ou par Fanfaro, et, pour réparer le sang perdu, avalait pendant ce temps-là ce qu'il appelait sa tisane. Le soir il n'y paraissait presque plus, et, le lendemain, il était parfaitement guéri.

Bernard m'aimait beaucoup, parce que, tout enfant, il avait chassé vingt fois avec mon père, et moi j'aimais beaucoup Bernard, qui me racontait toujours une foule d'histoires qui lui étaient arrivées à lui et à son oncle Berthelin, du temps du général.

C'était donc double fête pour moi quand M. de Violaine m'invitait, comme je l'ai dit, à quelque chasse, et que le rendez-vous de chasse était à la Maison-Neuve.

Nous partions alors certains de ne pas faire buisson creux, puis, au détour de cette belle route taillée au milieu de la forêt, nous apercevions de loin Bernard, debout sur le chemin, à quatre pas en avant de sa porte, son cor de chasse au poignet, et nous saluant d'un *lancer* ou d'un *hallali* plein de verve, cela voulait dire que l'animal était à nous ou que nous serions des mazettes.

Puis, dans la maison, cinq ou six bouteilles de tisane, comme il appelait son vin blanc, des verres scrupuleusement rincés, un pain de dix livres, blanc comme la neige, nous attendaient. On mangeait un morceau, on faisait des compliments à madame Bernard sur son pain et sur ses yeux, et l'on se mettait en chasse.

Il faut dire que Bernard adorait sa femme, et sans motif aucun en était jaloux à la rage. Ses camarades le plaisantaient quelquefois là-dessus; mais la plaisanterie était courte. Bernard devenait pâle comme la mort, puis, se retournant vers l'imprudent qui touchait imprudemment à cette plaie de son cœur, que la langue de ses chiens ne pouvait guérir :

— Tiens, lui disait-il, un tel, si j'ai un conseil à te donner, tais-toi et tais-toi tout de suite, plus tôt tu te tairas, et mieux cela vaudra pour toi.

Et le mauvais plaisant se taisait aussitôt : ajoutons même que, de jour en jour, les allusions qu'on osait faire à la seule faiblesse de cet homme, si fort, devenaient plus rares et promettaient même, dans un temps très-court, de ne plus se renouveler du tout.

Un samedi soir, que j'étais occupé à donner à souper, sur le pas de notre porte, à deux éperviers que je nourrissais, et que je voulais absolument dresser à la chasse de l'alouette, M. de Violaine passa :

— Eh bien ! garçon, me dit-il, avons-nous bien travaillé cette semaine?

— J'ai été le second en version.

— Bien vrai ?

Je lui montrai une petite croix d'argent que je portais fièrement à ma boutonnière, soutenue par un ruban rouge, et qui était la preuve incontestable de ce que j'avançais.

— Alors, monsieur le second, je vous invite à venir chasser le sanglier avec nous demain.

Je bondis de joie.

— Et où cela, cousin?

— Chez Bernard, à la Maison-Neuve.

— Oh! tant mieux, tant mieux ! nous aurons du plaisir.

— Je l'espère !

— Voilà donc comme vous le gâtez? dit ma mère en paraissant sur le pas de la porte. Au lieu de m'aider à le guérir de cette malheureuse passion de la chasse, qui amène chaque jour tant d'accidents, vous lui en donnez le goût. Écoutez, je ne vous le confie qu'à la condition qu'il ne vous quittera pas.

— Soyez tranquille, je le placerai près de moi.

— Alors, à cette condition-là, c'est bien, dit ma pauvre mère, qui ne savait rien me refuser ; mais souvenez-vous que, s'il lui arrivait quelque malheur, ajouta-t-elle à voix basse, j'en mourrais de chagrin.

— N'ayez donc pas peur, dit M. de Violaine, c'est un gaillard qui sait son métier sur le bout du doigt. Ainsi, c'est chose convenue, entends-tu, garçon, à demain six heures.

— Merci, cousin, merci; je ne me ferai pas attendre, allez.

Et je remis mes éperviers sur leur perchoir, pour m'occuper de la chasse du lendemain.

Ces préparatifs consistaient à laver le canon de mon fusil, à huiler les ressorts et à fondre des balles.

A six heures du matin nous partîmes; tout le long de la route nous recrutâmes les gardes qui nous attendaient sur leurs garderies respectives; enfin nous arrivâmes au détour de la route, et de loin nous aperçûmes Bernard, son cor de chasse à la main.

Le rendez-vous de chasse.

Il sonnait d'un air si joyeux et nous envoyait des notes si sonores, que nous ne doutâmes point que la chasse ne fût certaine. En effet, en arrivant à la Maison-Neuve, nous apprîmes que Bernard avait détourné vers la montagne de Dampleux, c'est-à-dire à une lieue de là à peu près, un magnifique tieran. — On appelle tieran, en terme de chasse, un sanglier arrivé au tiers de son âge.

M. de Violaine fit part alors aux gardes d'une lettre qu'il venait de recevoir de l'administration centrale des forêts de M. le duc d'Orléans. Cette lettre énu-

mérait les réclamations des propriétaires riverains de la forêt, lesquels se plaignaient des dégâts que causaient les sangliers, et contenait l'injonction la plus formelle de détruire ces animaux jusqu'au dernier.

De pareils ordres sont toujours bien reçus des gardes : le sanglier étant un gibier royal, ils n'ont pas le droit de tirer dessus, ou quand ils tirent dessus par hasard, c'est qu'on leur en demande pour la bouche. Alors le coup de fusil leur est purement et simplement payé douze sous, je crois. Mais, dans

Mona.

les cas de destruction, la bête appartient de droit à celui qui la tue, et un sanglier dans le saloir est, comme on le comprend bien, un fameux surcroît aux provisions d'hiver.

Il fut donc convenu que les chasses se continue- raient jusqu'à l'extinction totale de tous les san- gliers qui se trouvaient dans la forêt de Villers- Cotterets. Quant à moi, je n'étais pas moins content que les gardes, car il était évident que je m'accro- cherais à quelques-unes de ces belles chasses.

Nous partîmes après avoir mangé le croûton de pain et bu le verre de vin blanc, non pas en faisant les *craques* ordinaires, qu'on me pardonne le mot, il est consacré entre chasseurs; chacun connaissait trop bien son voisin et était trop bien connu de lui pour essayer de lui imposer par quelques-uns de ces innocents mensonges dont les habitués de la plaine Saint-Denis rehaussent leur mérite ; mais en convenant, au contraire, avec une bonhomie parfaite, de l'adresse des plus forts. Or, les plus forts étaient Berthelin, l'oncle de Bernard, Mona, vieux garde, qui, quelque temps auparavant, s'était emporté le poignet gauche et qui n'en tirait que mieux pour cela, et un nommé Mildet, lequel, à balle surtout, faisait des choses surprenantes.

Il va sans dire que les maladroits étaient, de leur côté, raillés avec acharnement.

Parmi ceux-ci était un brave homme nommé Niquet, et surnommé, je ne sais pourquoi, Bobino, lequel avait la réputation d'être homme d'esprit, ce qui était vrai, mais lequel joignait à cette réputation celle d'être un des plus mauvais tireurs de la troupe, ce qui était encore vrai.

On racontait donc les prouesses de Berthelin, de Mona et de Mildet ; mais on raillait impitoyablement Bobino.

Ce à quoi Bobino répondait par les coq-à-l'âne les plus plaisants et les plus spirituels, auxquels son accent provençal donnait une allure des plus amusantes.

Arrivés à l'endroit où le sanglier était baugé, Bernard nous fit signe de nous taire. A partir de ce moment, pas un chuchotement ne se fit entendre. Alors Bernard fit part de son plan à l'inspecteur, lequel nous donna ses ordres à voix basse, et nous allâmes prendre nos places autour de l'enceinte que Bernard, avec son limier qu'il tenait en laisse, s'apprêtait à fouler.

Je demande bien humblement pardon de me servir de tous ces termes de chasse, ni plus ni moins que le baron des *Fâcheux* de Molière, mais eux seuls peuvent rendre la pensée, et, d'ailleurs, je les crois tous assez connus pour qu'ils n'aient pas besoin d'explication.

M. de Violaine tint parole à ma mère : il me plaça entre lui et Mona, me recommanda de me tenir complétement abrité derrière un chêne, puis, si je tirais sur le sanglier et qu'il revînt sur le coup, de m'accrocher à une grosse branche, de m'enlever à force des poignets et de laisser passer l'animal au-dessous de moi. Tout chasseur un peu expérimenté sait que c'est là la manœuvre généralement adoptée en pareille circonstance.

Au bout de dix minutes, tout le monde était à son poste ; le signal fut aussitôt donné. Au bout d'un instant, la voix du chien de Bernard, qui était tombé sur la piste, retentit avec une plénitude et une fréquence qui prouvait qu'il approchait de l'animal. Tout à coup on entendit craquer les arbres du fourré. Je vis, pour mon compte, passer quelque chose ; mais, avant que je n'eusse épaulé, ce quelque chose avait disparu. Mona envoya son coup de fusil au juger ; mais il secoua lui-même la tête, en signe qu'il ne croyait pas avoir touché la bête. Puis, un peu plus loin, on entendit retentir un second coup de fusil, puis enfin un troisième, lequel fut immédiatement suivi du cri d'hallali, poussé du fond de ses poumons par la voix bien connue de Bobino.

Chacun courut à l'appel, quoique, en reconnaissant la voix de l'appelant, chacun pensât tout bas qu'il était dupe de quelque mystification de la part du spirituel loustic.

Mais, à notre grand étonnement à tous, nous aperçûmes, en arrivant sur la grande route, Bobino assis tranquillement sur le sanglier, son brûle-gueule à la bouche, et battant le briquet pour avoir du feu.

A son coup de fusil, l'animal avait roulé comme un lapin, et n'avait pas bougé de l'endroit où il était tombé.

On devine le concert de félicitations qui s'éleva autour du vainqueur, lequel prenait son air le plus modeste, et se contentait, toujours assis sur son trophée, de répondre entre des bouffées de fumée :

— Eh ! tron de l'air ! voilà comme nous carambolons ces petites bêtes, nous autres Provençaux.

En effet, il n'y avait rien à dire, le carambolage était parfait, la balle avait frappé derrière l'oreille ; Mona, Berthelin ou Mildet n'aurait pas fait mieux.

Bernard arriva le dernier.

— Que diable me chante-t-on, Bobino ! cria-t-il du plus loin qu'il put être entendu ; on me dit que le sanglier s'est jeté dans ton coup comme un imbécile ?

— Qu'il se soit jeté dans le coup ou que le coup se soit jeté dans lui, dit le triomphateur, il n'est pas moins vrai que ce pauvre Bobino va avoir des grillades pour tout son hiver, et qu'il n'y aura que ceux qui pourront lui rendre la pareille qui seront invités à en manger chez lui. A part M. l'inspecteur, dit Bobino en ôtant sa casquette, lequel fera toujours infiniment plaisir et honneur à son très-humble, quand il voudra goûter de la cuisine de la mère Bobine.

C'était ainsi que Niquet appelait sa femme, attendu que, selon lui, Bobino était naturellement le féminin de Bobino.

— Merci, Niquet, merci, répondit l'inspecteur, ce n'est pas de refus.

— Pardieu ! Bobino, dit Bernard, comme tu ne fais pas de ces coups-là tous les jours, il faut, avec la permission de M. de Violaine, que je te décore.

— Décore, mon ami, décore ! il y en a plus d'un qui l'a été, décoré, et qui ne le mérite pas tant que moi.

Et Bobino continua de fumer avec le flegme le plus comique, tandis que Bernard, tirant son couteau de sa poche, s'approchait de la partie postérieure du sanglier, dont il prit la queue, que d'un seul coup il sépara du corps.

Le sanglier poussa un grognement sourd.

— Eh bien ! qu'est-ce donc, petit ? dit Bobino, tandis que Bernard attachait la queue de l'animal à la boutonnière de son vainqueur, il paraît que nous tenions à ce bout de ficelle.

Le sanglier poussa un second grognement et gigotta d'une patte.

— Bon, dit Bobino, bon! nous essayons donc d'en rappeler, petit? Eh bien! tron de l'air! rappelons-en, voyons, et ce sera drôle.

Bobino avait à peine achevé ces paroles, qu'il roulait à dix pas de là, le nez dans la poussière et sa pipe brisée entre ses dents.

Le sanglier, qui n'était qu'étourdi, s'était relevé, rappelé à la vie, par la saignée que lui avait faite Bernard, et, après s'être débarrassé du fardeau qui pesait sur lui, se tenait debout, mais chancelant encore sur ses quatre pattes.

— Ah! pardieu! dit M. de Violaine, laissez-le faire un peu; il serait curieux que celui-là en revînt.

— Tirez dessus! cria Bernard cherchant son fusil qu'il avait posé sur le revers du fossé pour procéder plus commodément à l'amputation qu'il venait d'exécuter si heureusement; tirez dessus, je connais les paroissiens, ils ont la vie dure; tirez dessus, et plutôt deux coups qu'un, ou il nous échappe.

Mais il était trop tard: les chiens, en voyant le sanglier se relever, s'étaient élancés sur lui; les uns le tenaient aux oreilles, les autres aux cuisses; tous, enfin, le couvraient si complétement, qu'il n'y avait pas une parcelle du corps de l'animal où l'on pût envoyer une balle.

Pendant ce temps, le sanglier gagnait tout doucement le fossé, entraînant avec lui toute la meute; puis il entra dans le fourré, puis il disparut, poursuivi par Bobino, qui s'était relevé, et qui, furieux de l'affront reçu, voulait à toute force en avoir raison.

— Arrête! arrête! criait Bernard; arrête-le par la queue, Bobino! Arrête! arrête!

Tout le monde se tordait de rire.

On entendit deux coups de fusil.

Puis, au bout d'un instant, on vit revenir Bobino l'oreille basse; il l'avait manqué de ses deux coups, et le sanglier avait repris chasse, poursuivi par tous les chiens, dont on entendait la voix s'éloigner rapidement.

Nous le chassâmes toute la journée, il nous mena à cinq heures de là; nous ne l'abandonnâmes que le soir, et nous n'en entendîmes jamais reparler, quoique Bernard eût fait savoir, non-seulement aux gardes de la forêt de Villers-Cotterets, mais encore aux gardes des forêts voisines, que, si quelqu'un d'entre eux, par hasard, tuait un sanglier sans queue, et qu'il tînt à l'avoir complet, il retrouverait cette queue à la boutonnière de Bobino.

Cependant, quoique la chasse eût été, sans contredit, plus amusante que si elle eût complètement réussi, elle n'avait aucunement rempli le but que se proposait l'inspecteur, puisqu'il avait reçu l'ordre de détruire les sangliers et non de les anglaiser.

Aussi, en se séparant de ses gardes, l'inspecteur indiqua-t-il une chasse pour le jeudi suivant, en donnant l'ordre de détourner, d'ici là, le plus de sangliers que l'on pourrait.

Or, comme le jeudi est jour de congé, j'obtins de M. de Violaine d'être non-seulement de la prochaine chasse, mais encore de toutes celles qui auraient lieu les jeudis et les dimanches.

Ce jour-là, le rendez-vous était fixé au Regard-Saint-Hubert.

Nous arrivâmes, M. de Violaine et moi, à l'heure militaire; tout le monde s'y trouvait avec la ponctualité habituelle; il y avait trois bêtes de détournées: deux ragots et une laie.

Il va sans dire que pas un garde ne manqua de demander à Bobino des nouvelles de son sanglier. Mais, à part la queue, qu'il avait eu le bon esprit de conserver à sa boutonnière, Bobino n'en avait reçu aucune notification.

Ce jour-là il y avait, comme nous l'avons dit, trois sangliers à attaquer: un sur la garderie de Berthelin, un sur la garderie de Bernard, un sur la garderie de Mona.

On commença par celui qui se trouvait le plus proche: c'était un des ragots détourné par Berthelin; avant qu'il ne sortît de l'enceinte, il fut tué par Mildet, qui lui coula une balle au travers du cœur.

On passa au second, qui était, comme nous l'avons dit, sur la brigade de Bernard. C'était à une petite lieue de l'endroit où avait été tué le premier. Bernard, selon son habitude, nous conduisit à la Maison-Neuve pour y boire un coup et manger un morceau, puis nous repartîmes.

L'enceinte fut formée. M. de Violaine, selon la promesse qu'il avait faite à ma mère, m'avait placé entre lui et son garde particulier, qu'on appelait François. Après François, venait Mona; puis, après Mona, je ne sais plus qui. Cette fois, nous avions affaire à la laie.

Bernard entra dans le taillis avec son limier; un instant après, le sanglier était lancé. Nous l'entendîmes venir, comme la première fois, faisant claquer ses mâchoires l'une contre l'autre. M. de Violaine, à qui il passa le premier, lui envoya ses deux coups, mais sans le toucher. Je lui envoyai le mien; mais, comme c'était le premier sanglier que je tirais, je le manquai aussi. Enfin, François fit feu à son tour et l'atteignit en plein corps; aussitôt la laie fit un retour à angle droit, et, avec la rapidité de la foudre, fondit sur celui qui avait tiré sur elle. François lui envoya son second coup presque à bout portant; mais, au même moment, François et le sanglier ne formèrent plus qu'un groupe informe. Nous entendîmes un cri de détresse; François était renversé

Une voix cria d'un accent impératif : « Ne bougez pas ! »

sur le dos, la laie, acharnée sur lui, le fouillait à grands coups de groin. Nous nous précipitâmes tous pour courir à son secours ; mais, à ce moment, une voix cria d'un accent impératif : « Ne bougez pas ! » Chacun s'arrêta, immobile, à sa place. Nous vîmes Mona abaisser le canon de son fusil dans la direction du groupe terrible. Un instant le tireur demeura immobile comme une statue, puis le coup partit, et l'animal, frappé au défaut de l'épaule, alla rouler à quatre pas de celui qu'il tenait terrassé

— Merci, vieux, dit François en se redressant sur ses jambes ; et, si jamais tu as besoin de moi, tu comprends, c'est à la vie, à la mort !

— Ça ne vaut pas la peine, dit Mona.

Nous courûmes tous à François ; il avait une morsure au bras, voilà tout ; mais ce n'était rien en comparaison de ce qui aurait pu lui arriver ; aussi, lorsqu'on se fut assuré du peu de gravité de la blessure, toutes nos exclamations tournèrent-elles en félicitations pour Mona. Mais, comme ce n'était pas la première fois que pareille chose lui arrivait, Mona reçut nos compliments en homme qui ne comprend

— Blessé! blessé! Qui est-ce qui a dit que mon oncle était blessé? — Page 10.

pas qu'on trouve extraordinaire une chose si simple, et, à son avis, si facile à exécuter.

Après nous être occupés des hommes, nous nous occupâmes de la bête. Elle avait reçu les deux balles de François, mais l'une s'était aplatie sur la cuisse, presque sans lui entamer la peau; l'autre avait glissé sur sa tête et lui avait fait un sillon sanglant. Quant à celle de Mona, elle était entrée, comme nous l'avons dit, au défaut de l'épaule, et l'avait tuée roide.

On fit la curée, et on se remit en chasse, comme si rien ne s'était passé, ou comme si l'on avait pu prévoir qu'il arriverait, avant la fin de la journée, un événement bien autrement terrible que celui que nous venons de raconter.

La troisième attaque devait avoir lieu sur la garderie de Mona. Les mêmes précautions furent prises que dans les battues précédentes, l'enceinte fut formée. Cette fois, j'étais placé entre M. de Violaine et Berthelin; puis Mona, à son tour, entra dans l'enceinte pour la fouiller. Cinq minutes après, la voix du chien nous annonça que le sanglier était lancé.

Tout à coup on entendit un coup de carabine, en même temps je vis un grès placé à quarante pas de moi, à peu près, voler en éclats; puis j'entendis à ma droite un cri de douleur. Je me retournai, et j'aperçus Berthelin, qui, d'une main, se cramponnait en chancelant à une branche d'arbre, et qui appuyait l'autre sur son côté.

Puis il s'affaissa sur lui-même en se courbant en deux, puis il se laissa aller à terre en poussant un profond gémissement.

— Au secours! criai-je; au secours! Berthelin est blessé.

Et je courus à lui, suivi par M. de Violaine, tandis que, sur toute la ligne, les chasseurs se rapprochaient de nous.

Berthelin était sans connaissance, nous le soulevâmes; le sang coulait à flots d'une blessure qu'il avait reçue au-dessus de la hanche gauche; la balle était restée dans le corps.

Nous étions tous autour du mourant, nous interrogeant du regard pour savoir lequel de nous avait tiré ce fatal coup de feu, quand nous vîmes sortir du fourré Bernard, sans casquette, pâle comme un spectre, sa carabine encore fumante à la main, et criant:

— Blessé, blessé! qui est-ce qui a dit que mon oncle était blessé?

Personne de nous ne répondit; mais nous lui montrâmes de la main le moribond, qui vomissait le sang à pleine bouche.

Bernard s'avança, les yeux hagards, la sueur au front, les cheveux dressés sur la tête; arrivé près du blessé, il poussa une espèce de rugissement, brisa le bois de sa carabine contre un arbre, et en jeta le canon à cinquante pas de lui.

Puis il tomba à genoux, priant le mourant de lui pardonner; mais le mourant avait déjà fermé les yeux pour ne plus les rouvrir.

On fit à l'instant même un brancard, on posa le blessé dessus, puis on le transporta dans la maison de Mona, qui n'était qu'à trois ou quatre cents pas de l'endroit où l'accident était arrivé. Bernard marchait à côté du brancard, ne disant pas une parole, ne versant pas une larme, et tenant la main de son oncle. Pendant ce temps, un des gardes était monté sur le cheval de l'inspecteur et courait ventre à terre chercher un médecin à la ville.

Le médecin arriva au bout d'une demi-heure pour annoncer ce dont chacun se doutait déjà, c'est-à-dire que la blessure était mortelle.

Il fallait transmettre cette nouvelle à la femme du blessé. L'inspecteur se chargea de ce triste message et s'apprêta à sortir de la maison. Alors Bernard se leva, et s'approchant de lui:

— Monsieur de Violaine, lui dit-il, il est bien entendu que, tant que Bernard vivra, elle ne man-

quera de rien, pauvre chère femme! et que, si elle veut venir demeurer chez moi, elle y sera reçue comme ma mère.

— Oui, Bernard, oui, dit M. de Violaine, oui, je sais que tu es un brave garçon; allons, ce n'est pas ta faute.

— Oh! oh! monsieur l'inspecteur, dites-moi encore quelques paroles comme celles que vous venez de me dire. — Ah! je crois que je vais pleurer.

— Pleure, mon pauvre garçon, pleure, dit M. de Violaine, cela te fera du bien.

— Oh! mon Dieu, mon Dieu! s'écria le malheureux en éclatant enfin en sanglots et tombant sur un fauteuil.

Rien ne m'a jamais ému au monde comme une grande force brisée par une grande douleur. La vue de cet homme, luttant contre la mort, m'avait moins impressionné que la vue de cet homme qui pleurait.

Nous quittâmes, les uns après les autres, cette chambre mortuaire, où il ne resta que le médecin, Mona et Bernard.

Dans la nuit Berthelin expira.

Le dimanche suivant il y avait chasse.

Le rendez-vous était à la Bruyère-au-Loup. L'inspecteur avait convoqué tous les gardes, à l'exception de Bernard; mais, convoqué ou non, Bernard n'était pas homme à manquer à son devoir. Il arriva à la même heure que les autres, seulement il n'avait ni carabine ni fusil.

— Pourquoi es-tu venu, Bernard? demanda M. de Violaine.

— Parce que je suis chef de la brigade, mon inspecteur.

— Mais du moment où je ne t'avais pas convoqué.

— Oui, oui, je comprends, et je vous remercie. Mais le service avant tout. Dieu sait si je donnerais ma vie pour que ce qui est arrivé ne fût pas arrivé. Mais quand je resterai à me lamenter à la maison, il n'en aura pas moins six pieds de terre sur le corps, pauvre cher homme! Oh! il y a une chose qui me tourmente, tenez, monsieur de Violaine, c'est qu'il est mort sans me pardonner.

— Comment voulais-tu qu'il te pardonnât! il n'a pas su que c'était toi qui avais tiré ce malheureux coup de fusil.

— Non, non, il ne l'a pas su au moment de sa mort, pauvre cher homme! mais il le sait là-haut... Les morts savent tout, à ce qu'on dit.

— Allons, Bernard, allons, du courage.

— Oh! du courage, j'en ai, monsieur de Violaine. J'en ai, mais, voyez-vous, j'aurais voulu qu'il me pardonnât.

Puis se penchant à l'oreille de l'inspecteur:

— Il m'arrivera malheur, vous verrez, lui dit-il. Et cela, parce qu'il ne m'a point pardonné.

— Tu es fou, Bernard.

— C'est possible, mais c'est mon idée...

—C'est bien, tais-toi, ou parlons d'autres choses. Pourquoi n'as-tu pas pris un fusil ou une carabine?

— Parce que de ma vie, entendez-vous bien, de ma vie, mon inspecteur, je ne toucherai ni carabine ni fusil.

— Et avec quoi tueras-tu le sanglier, si le sanglier tient aux chiens?

— Avec quoi je le tuerai? dit Bernard, avec quoi?... Tenez, je le tuerai avec cela. Et il tira son couteau de sa poche.

M. de Violaine haussa les épaules.

— Haussez les épaules tant que vous voudrez, monsieur de Violaine, ce sera comme cela. D'ailleurs, ce sont ces brigands de sangliers qui sont cause que j'ai assassiné mon oncle. Eh bien! avec mon fusil, je ne sentais pas que je le tuais, tandis qu'avec mon couteau ce sera autre chose. D'ailleurs, avec quoi égorge-t-on les cochons? avec un couteau. Eh bien! un sanglier, ça n'est pas autre chose qu'un cochon.

— Enfin, puisque tu ne veux entendre à rien, il faut bien te laisser faire.

— Oui, laissez-moi faire et vous verrez.

— En chasse, messieurs, en chasse! dit l'inspecteur.

On attaqua comme d'habitude, mais cette fois, quoique touché de trois ou quatre balles, le sanglier prit un grand parti, et ce ne fut qu'au bout de quatre ou cinq heures de poursuite qu'il se décida à faire tête aux chiens.

Tout chasseur sait comment, fût-on harassé à ne se tenir plus debout, la fatigue cesse au moment de l'hallali. Nous avions, en tours et en détours, fait plus de dix lieues; cependant, dès que nous entendîmes à la voix des chiens qu'ils étaient aux prises avec l'animal, chacun de nous retrouva ses forces et se mit à courir vers le point de la forêt d'où venait le bruit.

C'était dans une jeune coupe de huit ou dix ans, c'est-à-dire que le taillis pouvait avoir douze pieds de haut; à mesure que nous avancions le bruit redoublait, et, de temps en temps, on apercevait, au-dessus de la cime des arbres, un chien enlevé par un coup de boutoir les quatre pattes en l'air, hurlant comme un désespéré, mais ne retombant à terre que pour se jeter de nouveau sur le sanglier. Enfin, nous arrivâmes à une espèce de clairière, l'animal était acculé aux racines d'un arbre renversé; vingt-cinq ou trente chiens l'assaillaient à la fois, dix ou douze étaient blessés, quelques-uns avaient le ventre ouvert; mais ces nobles bêtes ne sentaient pas

la douleur, et revenaient au combat en piétinant leurs entrailles traînantes; c'était à la fois magnifique et horrible à voir.

— Allons, allons, Mona, dit M. de Violaine, un coup de fusil à ce farceur-là; il y a assez de chiens tués, finissons-en.

— Hein! que dites-vous, monsieur l'inspecteur? s'écria Bernard, arrêtant le canon de l'arme qu'abaissait déjà Mona. Un coup de fusil, un coup de fusil à un pourceau!. Allons donc! un coup de couteau, c'est bon assez pour lui. Attendez, attendez, et vous allez voir.

Bernard tira son couteau, et se rua jusqu'au sanglier, écartant les chiens, qui revinrent aussitôt; et, se confondant à cette masse mobile et hurlante, pendant deux ou trois secondes il nous fut impossible de rien distinguer; mais tout à coup le sanglier fit un violent effort pour s'élancer; chacun portait déjà la main sur la gâchette de son fusil, quand tout à coup Bernard se releva, tenant l'animal par les deux pieds de derrière, et le maintenant, malgré tous ses efforts, avec le poignet de fer que nous lui connaissions; tandis que les chiens, se rejetant de nouveau sur lui, le recouvraient de leur corps comme d'un tapis mouvant et bigarré.

—Allons, Dumas, me dit M. de Violaine, c'est à toi, celui-là: va faire tes premières armes.

Je m'approchai du sanglier, qui, en me voyant venir, redoubla de secousses, faisant claquer ses mâchoires, et me regardant avec des yeux ensanglantés; mais il était pris dans un étau, et tous ses efforts ne purent le dégager.

Je lui mis le bout du canon de mon fusil dans l'oreille, et je fis feu.

La commotion fut si violente, que l'animal s'arracha des mains de Bernard; mais ce ne fut que pour aller rouler à quatre pas de là; il était mort. Balle, bourre et feu, tout lui était entré dans la tête, et je lui avais littéralement brûlé la cervelle.

Bernard poussa un éclat de rire.

—Allons, allons, dit-il, je vois qu'il y a encore du plaisir à prendre sur terre.

— Oui, dit l'inspecteur, seulement, si tu y vas de cette façon, mon brave, tu pourras bien ne pas t'amuser longtemps. Mais qu'as-tu à la main?

— Rien, une égratignure; le gredin avait la peau si dure, que mon couteau s'est refermé.

— Et, en se refermant, il t'a coupé le doigt, dit monsieur de Violaine.

— Net, mon inspecteur, net! Et Bernard étendit sa main droite, à laquelle manquait la première phalange de l'index; puis au milieu du silence que cette vue produisit, s'approchant de l'inspecteur:

—C'est trop juste, monsieur de Violaine, continua-t-il, c'est le doigt avec lequel j'ai tué mon oncle.

Tout à coup Bernard se releva, tenant l'animal par les deux pieds de derrière. — Page 11

— Mais il faut soigner cette blessure, Bernard.

— Soigner ça, ah bien! voilà grand'chose; s'il faisait du vent, ce serait déjà séché.

Et à ces mots, Bernard, rouvrant son couteau, fit la curée aussi tranquillement que si rien ne lui était arrivé.

A la chasse suivante il revint, non plus avec un couteau, mais avec un poignard en forme de baïonnette, qu'il avait fait exécuter sous ses yeux par son frère, armurier à Villers-Cotterets, et qui ne pouvait ni plier, ni se briser ni se fermer.

Cette fois, la scène que j'ai déjà décrite se renouvela; seulement le sanglier resta sur la place, égorgé comme un cochon domestique.

Et puis il en fut ainsi à toutes les autres chasses; si bien que ses camarades ne l'appelaient plus que *le charcutier*.

Cependant tout cela ne lui faisait pas oublier la mort de Berthelin; il devenait de plus sombre en plus sombre, et, de temps en temps, il disait à l'inspecteur:

— Voyez-vous, monsieur de Violaine, tout cela

— Ah ! ah ! dit-il en me voyant, te voilà, garçon ! tu arrives juste pour la chasse au loup.

n'empêche pas qu'un jour ou l'autre il m'arrivera malheur !..

Trois ou quatre ans s'étaient passés depuis les événements que nous venons de raconter ; j'avais quitté Villers-Coterets, et je revenais y passer quelques jours ; c'était au mois de décembre, et la terre était toute couverte de neige.

Après avoir embrassé ma mère, je courus chez M. de Violaine

— Ah ! ah ! dit-il en me voyant, te voilà, **garçon** ! tu arrives juste pour la chasse au loup.

— S'il faut vous le dire, j'y pensais en voyant la neige, et je suis enchanté de ne pas m'être trompé dans ma prévision.

— Oui, on a connaissance de trois ou quatre de ces messieurs dans la forêt, et, comme il y en a deux sur la garderie de Bernard, je lui ai donné hier l'ordre de les détourner, en le prévenant que **nous** serions chez lui demain matin.

— A la Maison-Neuve, toujours?

— Toujours.

— Eh bien ! que devient-il, ce pauvre Bernard ? tue-t-il toujours des sangliers à coups de baïonnette ?

— Oh ! les sangliers sont exterminés depuis le premier jusqu'au dernier. Je crois qu'il n'en reste plus un seul dans la forêt. Bernard les a tous passés en revue.

— Et leur mort l'a-t-elle consolé ?

— Non, le pauvre diable est plus sombre et plus triste que jamais. Tu le trouveras bien changé. J'ai pourtant fait avoir une pension à la veuve de Berthelin. Mais tout cela ne fait rien à son chagrin. Il est mordu au cœur. Avec cela, il est plus jaloux que jamais.

— Et toujours aussi injustement ?...

— C'est-à-dire que sa pauvre petite femme est un ange.

— Alors, c'est de la monomanie. Au reste, tout cela ne l'empêche pas d'être toujours un de vos bons gardes, n'est-ce pas ?

— Excellent.

— Et il ne nous fera pas faire buisson creux demain ?

— Je t'en réponds.

— C'est tout ce qu'il faut, le temps fera le reste.

— Le temps ne fera qu'empirer la chose, et je commence à croire, comme lui, qu'il lui arrivera malheur.

— C'est à ce point-là ?

— Ma foi oui ; quant à moi, j'ai fait tout ce que j'ai pu, et je n'aurai rien à me reprocher.

— Et les autres, comment vont-ils ?

— A merveille.

— Mildet ?

— Coupe toujours en deux les écureuils, à balles.

— Mona ?

— Nous avons chassé avant-hier ensemble, dans les marais de Coyolles, et il m'a tué dix-sept bécassines sans en manquer une.

— Et Bobino ?

— Bobino a fait faire un sifflet pour les chiens de la queue de son sanglier, et il déclare qu'il n'aura de repos, en ce monde et dans l'autre, que lorsqu'il aura remis la main sur le reste de l'animal.

— Alors, excepté Bernard, tout va bien ?

— Parfaitement.

— Ainsi, le rendez-vous ?...

— Est à six heures du matin, au bout des grandes allées.

— Nous y serons.

Je quittai M. de Violaine pour aller serrer la main à tous les vieux amis que j'ai conservés dans mon pays. Un des bonheurs de ce monde est d'être né

dans une petite ville, dont on connaît tous les habitants, et dont chaque maison garde pour nous un souvenir. Moi, je sais que, lorsque je retourne, par hasard, dans ce pauvre petit bourg à peu près inconnu au reste du monde, je descends de voiture une demi-lieue avant d'être arrivé, puis je m'achemine à pied, reconnaissant les arbres de la route, parlant à chaque personne que je rencontre, et retrouvant une émotion jusque dans les choses insensibles et dans les objets inanimés. Je me promettais donc une grande fête de me retrouver le lendemain avec tous mes gardes.

Cette fête commença à six heures du matin. Je revis toutes mes vieilles figures avec du givre aux favoris, car, ainsi que je l'ai dit, il avait neigé la veille, et il faisait horriblement froid. Nous échangeâmes force poignées de main, puis nous nous mîmes en route pour la Maison-Neuve. Il ne faisait pas encore jour.

Arrivés à l'endroit appelé le Saut-du-Cerf, parce qu'un jour, que le duc d'Orléans chassait dans la forêt, un cerf s'élança par-dessus la route, encaissée en cet endroit entre deux talus, arrivés, dis-je au Saut-du-Cerf, nous vîmes l'obscurité qui commençait à se dissiper. Au reste, le temps était excellent pour la chasse ; il n'était pas tombé de neige depuis douze heures, rien n'avait donc recouvert les brisées. Les loups, si on les avait pu détourner, étaient à nous.

Nous fîmes une demi-lieue encore, et nous arrivâmes en vue du tournant où Bernard avait coutume de nous attendre.

Il n'y avait personne.

Cette infraction à ses habitudes dans un homme aussi exact que l'était Bernard commença à nous inquiéter. Nous doublâmes le pas et nous arrivâmes au tournant, d'où l'on voyait la Maison-Neuve, à un kilomètre à peu près.

Grâce au tapis de neige étendu sur la terre, tous les objets, même à une distance assez éloignée, étaient parfaitement distincts. Nous voyions la petite maison blanche, à moitié perdue dans les arbres, nous voyions une légère colonne de fumée, qui, s'échappant de la cheminée, montait dans l'air, nous voyions un cheval sans maître, tout sellé et tout bridé, qui se promenait devant la porte ; mais nous ne voyions pas Bernard.

Seulement nous entendions ses chiens qui hurlaient lamentablement.

Nous nous regardâmes les uns les autres, en secouant instinctivement la tête, et nous doublâmes le pas. En approchant, rien ne changea.

Arrivés à cent pas de la maison, nous ralentîmes notre marche malgré nous. Nous sentions qu'en étendant la main nous allions toucher un malheur.

A cinquante pas de la maison, nous avions presque fait halte

— Cependant, dit l'inspecteur, il faut savoir à quoi s'en tenir.

Et nous nous avançâmes de nouveau, mais en silence, mais le cœur serré, mais sans dire une parole.

Et, nous voyant venir, le cheval tendit le cou de notre côté et se mit à hennir.

De leur côté, les chiens s'élancèrent contre les barreaux de leurs niches qu'ils mordaient à belles dents.

A dix pas de la maison, il y avait une flaque de sang et un pistolet d'arçon déchargé.

Puis de cette flaque de sang partait, en accompagnant des pas marqués sur la neige et qui rentraient à la maison, une trace sanglante.

Nous appelâmes : personne ne répondit.

— Entrons, dit l'inspecteur.

Nous entrâmes, et nous trouvâmes Bernard étendu à terre près de son lit, dont il tordait les couvertures entre ses mains crispées ; à sa tête, sur la table de nuit, étaient deux bouteilles, dont l'une vide et l'autre entamée ; il avait une large blessure au côté gauche, dont son chien favori léchait le sang.

Il était encore chaud et venait d'expirer il n'y avait pas dix minutes.

Voilà ce qui s'était passé ; nous le sûmes le lendemain par le facteur d'un village voisin, qui avait presque assisté à l'événement :

Bernard était jaloux de sa femme ; et quoique, comme nous l'avons dit, cette jalousie ne reposât sur rien, elle n'avait fait qu'augmenter. Il était parti à une heure, profitant d'un magnifique clair de lune, pour détourner les deux loups qui se trouvaient dans sa brigade.

Une heure après son départ, un messager était venu annoncer à sa femme que son père avait eu une attaque d'apoplexie, et demandait à la voir avant de mourir. La pauvre femme s'était levée et était partie à l'instant même, sans pouvoir dire où elle allait. Ni elle ni le messager ne savaient écrire.

En rentrant à cinq heures du matin, Bernard avait trouvé la maison vide. Il avait tâté le lit, le lit était froid ; il avait appelé sa femme, sa femme avait disparu.

— C'est bien, avait-il dit, elle a profité de mon absence, ne croyant pas que je rentrerais sitôt. Elle me trompe ; il faut que je la tue.

Il croyait savoir où elle était.

Il détacha ses pistolets d'arçon, il mit dans l'un quatorze chevrotines, et dans l'autre dix-sept. On retrouva quatorze chevrotines dans celui qui était resté chargé, et les dix-sept autres dans son corps.

Puis il alla seller son cheval, le fit sortir de l'écurie et l'amena devant sa porte. Alors il prit ses pistolets, en mit un dans la fonte gauche ; celui-là entra parfaitement.

Mais la fonte droite étant par hasard plus étroite, le pistolet trouva quelque difficulté à y prendre sa place. Bernard voulut l'y faire entrer de force.

Il prit la fonte d'une main, la crosse du pistolet de l'autre, et poussa violemment le pistolet dans la fonte.

La secousse fit détendre le ressort, le coup partit. Pour plus de commodité, Bernard tenait la fonte appuyée contre lui ; toute la charge pénétra dans le flanc gauche, lui brûlant et lui déchirant les entrailles.

Le facteur passait dans ce moment-là ; il accourut à la détonation. Le colosse était resté debout, cramponné à la selle.

— Mon Dieu ! qu'y a-t-il, monsieur Bernard ? demanda-t-il.

— Il y a que ce que j'avais prévu est arrivé, mon pauvre Martineau. J'ai tué mon oncle d'un coup de fusil, et je viens de me tuer d'un coup de pistolet.

— Vous tuer, vous, monsieur ? Vous n'avez rien.

Bernard se tourna de son côté ; ses habits brûlaient encore, et le sang coulait à flots.

— Oh ! mon Dieu ! que puis-je faire pour vous ? Voulez-vous que j'aille vous chercher un médecin ?

— Un médecin ! Qu'est ce que tu veux qu'il y fasse ? Est-ce que le médecin a sauvé mon pauvre oncle Benthelin ?

— Mais, enfin, ordonnez-moi quelque chose !

— Va me chercher deux bouteilles de tisane à la cave et détache-moi Rocador.

Le facteur, qui souvent buvait le matin la goutte avec Bernard, prit la clef, descendit à la cave, tira deux bouteilles, alla détacher Rocador et rentra.

Il trouva Bernard assis devant une table et écrivant.

— Voilà, dit-il.

— C'est bien, mon ami, répondit le blessé ; pose les deux bouteilles sur la table de nuit, et va à tes affaires.

— Mais, Bernard...

— Va, te dis-je.

— Vous le voulez donc ?

— Oui.

— Au revoir.

— Adieu.

Le facteur était alors parti, tout courant, espérant que Bernard était blessé moins dangereusement qu'il ne l'était ; car comment, en voyant un tel sang froid et une telle tranquillité, penser que l'homme qui les conserve est frappé à mort ?

Ce qui s'est passé après le départ du facteur, personne ne le sait.

Seulement, selon toute probabilité, Bernard avait bu ce qui manquait de vin dans les deux bouteilles.

Puis il avait voulu monter sur son lit; mais ses forces lui avaient fait défaut : il était alors tombé à terre, et il était mort dans la position où nous venions de le retrouver.

Un papier était sur la table.

Sur ce papier, d'une main encore ferme, étaient écrites ces quelques lignes :

« Vous trouverez un des loups dans le bois Duquesnoy, l'autre a décampé.

« Adieu, monsieur de Violaine. Je vous avais bien dit qu'il m'arriverait malheur.

« Votre dévoué,

         « BERNARD, garde-chef. »

Je vous avais bien dit que ce n'était ni une nouvelle, ni un drame, ni un roman, que j'allais vous raconter, mais une simple catastrophe.

Seulement, cette catastrophe a, je vous le jure, laissé dans mon esprit un ineffaçable souvenir

FIN.

Mort de Bernard.

CHERUBINO ET CELESTINI

PAR

ALEXANDRE DUMAS

—◦→⋆◦⋆◦⋆←◦—

I

C'est une scène de brigands que je vais vous raconter, et pas autre chose. Suivez-moi dans la Calabre citérieure; escaladez avec moi un pic des Apennins, et, arrivé sur sa cime, vous aurez, en vous tournant vers le midi, à votre gauche, Cosenza; à votre droite, Santo-Lucido; et, devant vous, à mille pas environ, s'escarpant aux flancs de la montagne même, un chemin éclairé en ce moment par un grand nombre de feux autour desquels se groupent des hommes armés. Ces hommes sont en chasse du brigand Jacomo, avec la bande duquel ils viennent d'échanger bon nombre de coups de fusil; mais, la nuit étant venue, ils n'ont point osé se hasarder à sa poursuite, et ils attendent le jour pour fouiller la montagne.

Maintenant, baissez la tête et jetez les yeux immédiatement au-dessous de vous, à quinze pieds de profondeur à peu près, sur ce plateau tellement entouré de rochers rougeâtres, de chênes verts et touffus, de liéges pâles et rabougris, qu'il faut le dominer comme nous le faisons pour deviner qu'il existe; vous y distinguerez, n'est-ce pas, d'abord quatre hommes qui s'occupent des préparatifs du souper, en allumant le feu et en écorchant un agneau, quatre autres qui jouent à la *morra* (1) avec une rapidité telle que vous ne pouvez suivre le mouvement de leurs doigts; deux autres qui montent la garde, si immobiles que vous les prendriez pour des fragments de rochers auxquels le hasard aurait donné une forme humaine; une femme assise et qui n'ose remuer de peur d'éveiller un enfant endormi dans ses bras; enfin, à l'écart, un brigand qui jette les dernières pelletées de terre sur une fosse fraîchement creusée.

Ce brigand, c'est Jacomo; cette femme, c'est sa maîtresse; et ces hommes qui montent la garde, qui jouent et qui préparent à souper, c'est ce qu'il appelle : *Ma bande;* quant à celui qui repose dans cette tombe, c'est Hieronimo, le second du capitaine : une balle vient de lui épargner la potence déjà dressée pour Antonio, le second lieutenant, qui a eu la bêtise de se laisser prendre.

Maintenant que vous avez fait connaissance avec les hommes et les localités, laissez-moi dire.

Lorsque Jacomo eut accompli l'œuvre funéraire, il laissa échapper de ses mains la pioche dont il s'était servi, et s'agenouilla sur cette terre fraîche où ses genoux entrèrent comme dans du sable. Il resta ainsi près d'un quart d'heure, immobile et priant; puis, ayant tiré de sa poitrine un cœur d'argent suspendu à son cou par un ruban rouge et orné d'une image de la Vierge et de l'enfant Jésus, il le baisa pieusement comme doit le faire un honnête bandit; puis, se relevant avec lenteur, il revint, la tête basse et les bras croisés, s'appuyer contre la base du rocher dont la cime dominait le plateau que nous avons décrit.

Jacomo avait opéré ce mouvement avec tant de silence et de tristesse, que nul ne l'avait entendu venir prendre la place qu'il occupait. Il paraît que ce relâchement de surveillance lui sembla contraire aux lois de la discipline; car, après avoir promené la vue sur ceux qui l'entouraient, ses sourcils se froncèrent, et sa large bouche se fendit pour laisser passer le plus abominable blasphème qui, de mémoire de brigand, ait épouvanté le ciel :

— *Sangue di Cristo...*

Ceux qui dépeçaient l'agneau se redressèrent sur leurs genoux, comme s'ils avaient reçu un coup de bâton sur les reins; les joueurs restèrent les mains en l'air; les sentinelles se retournèrent si spontanément qu'elles se trouvèrent en face l'une de l'autre; la femme tressaillit; l'enfant pleura.

Jacomo frappa du pied.

— Maria, faites taire l'enfant, dit-il.

Maria ouvrit rapidement son corset écarlate brodé d'or, et, approchant des lèvres de son fils ce sein rond et brun qui fait la beauté des Romaines, elle se courba sur lui et l'enveloppa de ses deux bras, comme pour le protéger. L'enfant prit le sein et se tut.

Jacomo parut satisfait de ces signes d'obéissance, son visage perdit l'expression sévère qui l'avait rembruni un instant pour prendre un caractère profondément triste; puis il fit de la main signe à ses hommes qu'ils pouvaient continuer.

— Nous avons fini de jouer, dirent les uns.

— Le mouton est cuit, dirent les autres.

— C'est bien; alors soupez, répondit Jacomo.

— Et vous, capitaine?

— Je ne souperai pas.

— Ni moi non plus, dit la douce voix de la femme.

— Et pourquoi cela, Maria?...

— Je n'ai pas faim.

Ces derniers mots furent prononcés si bas et si timidement, que le bandit parut aussi touché de leur accent qu'il était dans sa nature de l'être; il laissa tomber sa main basanée à la hauteur de la tête de sa maîtresse : elle la prit et y appuya ses lèvres.

— Vous êtes une bonne femme, Maria.

— Je vous aime, Jacomo.

— Allons, soyez sage, et venez souper.

Maria obéit, et tous deux vinrent prendre place au milieu de la natte de paille sur laquelle étaient préparés des tranches de mouton que les bandits avaient fait rôtir en les embrochant à la baguette d'une carabine, du fromage de chèvre, des avelines, du pain et du vin.

Jacomo tira de la gaîne de son poignard une fourchette et un couteau d'argent qu'il donna à Maria; quant à lui, il ne prit qu'une tasse d'eau pure qu'il alla puiser à une source voisine, la crainte d'être empoisonné par les paysans qui pouvaient seuls lui fournir du vin l'ayant fait depuis longtemps renoncer à cette boisson.

Chacun alors se mit à l'œuvre, à l'exception des deux sentinelles, qui, de temps en temps, tournaient la tête et jetaient un regard expressif sur les provisions, qui disparaissaient avec une rapidité effrayante. Ces mouvements d'inquiétude devenaient plus rapprochés et plus rapides au fur et à mesure que le repas s'avançait, si bien qu'à la fin ils semblaient être chargés bien plutôt de veiller sur le souper de leurs camarades que sur le bivac de leurs ennemis.

Pendant ce temps, Jacomo était triste, et l'on voyait qu'il avait le cœur plein de souvenirs. Tout

---

(1) Jeu qui consiste à présenter à son partner la main avec un nombre de doigts toujours varié, ouverts ou fermés. Il faut, pour avoir gagné, qu'il devine le nombre de doigts ouverts.

à coup il parut n'y plus pouvoir résister; il passa la main sur son front, poussa un soupir et dit :

— Il faut que je vous raconte une histoire, enfants! Vous pouvez venir, vous autres, ajouta-t-il en s'adressant aux sentinelles; ils n'oseront pas, à cette heure, nous relancer jusqu'ici; d'ailleurs, ils nous croient encore deux.

Les sentinelles ne se firent pas répéter deux fois cette invitation, et leur coopération revint donner un peu d'activité au repas, qui commençait à languir.

— Voulez-vous que j'aille prendre leur place? dit Maria.

— Merci, ce n'est pas la peine.

Maria glissa timidement sa main dans celle de Jacomo. Ceux qui avaient fini de souper s'arrangèrent dans les positions qui leur parurent les plus commodes pour entendre le récit. Ceux qui soupaient attirèrent devant eux le plus de provisions qu'il leur fut possible d'en atteindre, afin de n'avoir rien à demander, et chacun écouta la narration qui va suivre avec cet intérêt qu'accordent, en général, au récit d'une histoire, tous les hommes de la vie errante :

— C'était en 1799. Les Français avaient pris Naples et en avaient fait une république; la république à son tour voulut prendre la Calabre : *per Baccho!* prendre la montagne aux montagnards! cela n'était pas chose facile, pour des païens surtout. Plusieurs bandes la défendaient comme nous la défendons encore, car la montagne est à nous, et l'on avait mis la tête des chefs de ces bandes à prix, comme on y a mis la mienne; la tête de Cesaris, entre autres, valait trois mille ducats napolitains.

Une nuit, pendant la soirée de laquelle on avait entendu quelques coups de fusil, comme on a pu en entendre ce soir, deux jeunes bergers, qui gardaient leur troupeau dans la montagne de Tarsia, soupaient près du feu qu'ils avaient allumé moins pour se chauffer que pour écarter les loups : c'étaient deux beaux enfants, deux vrais Calabrois, à moitié nus et portant pour tout vêtement une peau de mouton à la ceinture, des sandales aux pieds, un ruban pour suspendre à leur cou l'image de l'enfant Jésus, et voilà tout. Ils étaient du même âge à peu près; ni l'un ni l'autre ne connaissait son père, vu qu'on les avait trouvés exposés, à trois jours de distance, l'un à Tarente, l'autre à Reggio; ce qui prouvait au moins qu'ils n'étaient pas de la même famille. Des paysans de Tarsia les avaient recueillis, et on les appelait généralement les enfants de la Madone (1), comme on appelle les enfants trouvés. Quant à leurs noms de baptême, c'étaient Cherubino et Celestini.

Ces enfants s'aimaient, car leur isolement était le même. Ceux qui les avaient recueillis ne leur avaient pas laissé ignorer que c'était par charité,

et sous l'espoir de gagner le paradis, qu'ils avaient fait cette bonne action; ils savaient aussi qu'ils ne tenaient à rien sur la terre, et ils s'aimaient davantage.

Ils étaient donc, comme je viens de vous le dire, à garder leurs troupeaux dans la montagne, mangeant au même morceau de pain, buvant dans la même tasse, comptant les étoiles du ciel, et insouciants et heureux comme si la terre des riches eût été leur terre.

Tout à coup ils entendirent du bruit derrière eux et se retournèrent; un homme debout, appuyé sur sa carabine, les regardait manger.

Oui, par Jésus! c'était un homme, et son costume répondait de sa profession encore. Il avait un long chapeau calabrois, tout bariolé de rubans blancs et rouges et serré d'un velours noir avec une boucle d'or; des cheveux nattés qui pendaient de chaque côté de son visage; de larges boucles d'oreilles; le cou nu; un gilet avec des boutons de fil d'argent tressé, comme on n'en fait qu'à Naples; une veste aux boutonnières de laquelle pendaient, noués par un bout, deux mouchoirs de soie rouge, dont le reste se perdait dans la poche; sa fidèle *padroncina* (1), pleine de cartouches et fermée par une plaque d'argent; une culotte de velours bleu et des bas fixés à ses jambes par de petites bandes de cuir qui tenaient à la sandale. Ajoutez à cela des bagues à tous les doigts et des montres dans toutes les poches, et deux pistolets et un couteau de chasse à la ceinture.

Les deux enfants échangèrent sous leurs grands sourcils un coup d'œil rapide comme un éclair. Le brigand s'en aperçut.

— Vous me connaissez? dit-il.

— Non, répondirent les enfants.

— Au reste, que vous me connaissiez, oui ou non, peu m'importe. Les hommes de la montagne sont frères et doivent compter les uns sur les autres; ainsi je compte sur vous. Depuis hier on me poursuit comme une bête fauve, j'ai faim et j'ai soif..

— Voici du pain et voici de l'eau, dirent les enfants.

Le brigand s'assit, appuya sa carabine contre sa cuisse, arma ses deux pistolets dans sa ceinture et se mit à l'œuvre.

Lorsqu'il eut fini, il se leva.

— Quel est le nom du village où l'on aperçoit une lumière? dit-il aux enfants en étendant la main vers l'endroit le plus sombre de l'horizon.

Les enfants fixèrent quelques secondes leurs regards perçants sur le point qu'il indiquait, l'isolèrent en abaissant la main sur leurs yeux, puis se mirent à rire, car ils pensèrent que le brigand se moquait d'eux : ils ne voyaient rien.

Ils se retournèrent pour le lui dire : le brigand avait disparu. Ils comprirent alors qu'il avait em-

---

(1) *Figli della Madona.*

(1) Ceinture de cuir.

ployé cette ruse pour qu'ils ne pussent voir de quel côté il opérait sa retraite.

Les deux enfants se rassirent ; puis, après quelques instants de silence, ils se regardèrent en même temps.

— L'as-tu reconnu ? dit l'un.

— Oui, répondit l'autre.

Ces quelques mots furent échangés à voix basse et comme s'ils tremblaient d'être entendus.

— Il a craint que nous ne le trahissions.

— Il est parti sans nous rien dire.

— Il ne doit pas être loin.

— Non, il était trop fatigué.

— Je le trouverais bien, malgré toutes ses précautions, si je voulais.

— Moi aussi.

Les deux enfants n'en dirent pas davantage ; mais ils se levèrent et partirent de chaque côté de la montagne, comme deux jeunes lévriers en quête.

Au bout d'un quart d'heure, Cherubino était de retour près du feu ; cinq minutes après, Celestini s'asseyait à son côté.

— Eh bien ?...

— Eh bien ?...

— Je l'ai trouvé.

— Moi aussi.

— Derrière un buisson de laurier-rose.

— Dans l'enfoncement d'un rocher.

— Qu'y avait-il à sa droite ?

— Un aloès en fleurs ; et que tenait-il à ses mains ?

— Des pistolets tout armés.

— C'est cela.

— Et il dormait ?

— Comme si tous les anges veillaient sur lui.

— Trois mille ducats, c'est autant qu'il y a d'étoiles au ciel !...

— Chaque ducat vaut dix carlins, et nous gagnons un carlin par mois ; ainsi, nous pourrions vivre aussi vieux que le vieux Giuseppe, que nous ne gagnerions pas encore trois mille ducats dans toute notre vie.

Les deux enfants se turent pendant quelques minutes. Cherubino rompit le premier le silence.

— C'est difficile à tuer, un homme ? dit-il.

— Non, répondit Celestini ; l'homme est comme le mouton : il a une veine au cou, il faut la couper, voilà tout.

— As-tu remarqué Cesaris ?

— Il avait le cou nu, n'est-ce pas ?

— Ce ne serait pas difficile, à lui...

— Non, pourvu que le couteau coupât bien.

Chacun des enfants passa la main sur le tranchant de la lame du sien ; puis, se levant, ils se regardèrent un instant tous les deux sans se parler.

— Lequel fera le coup pour les deux ? dit Cherubino.

Celestini ramassa quelques cailloux et lui présenta sa main fermée.

— Pair ou non ?

— Pair.

— Il est impair : c'est à toi.

Cherubino partit sans dire un mot. Celestini le regarda s'éloigner dans la direction où il savait qu'était couché Cesaris ; puis, lorsqu'il l'eut perdu de vue, il s'amusa à jeter les uns après les autres, dans le feu mourant, les cailloux qu'il avait ramassés. Au bout de dix minutes, il vit revenir Cherubino.

— Eh bien ? lui dit-il.

— Je n'ai pas osé.

— Pourquoi ?

— Il dormait les yeux ouverts, et il m'a semblé qu'il me regardait.

— Allons-y ensemble.

Ils partirent en courant, mais bientôt ils ralentirent le pas ; bientôt encore ils marchèrent sur la pointe des pieds ; enfin ils se couchèrent à plat ventre et rampèrent comme des serpents ; puis, arrivés au buisson de laurier-rose, comme des serpents encore, ils levèrent la tête, s'introduisirent entre les branches, et aperçurent le brigand endormi, dans la même position où ils l'avaient vu.

Alors l'un se glissa à sa droite et l'autre à sa gauche, sous la voûte qui surplombait ; puis, arrivés près de lui, les deux enfants, tenant leur couteau entre les dents, se soulevèrent chacun sur un genou. Le brigand semblait éveillé, ses yeux étaient tout grands ouverts ; seulement la prunelle était fixe.

Celestini fit un signe de la main à Cherubino, afin qu'il suivît tous ses mouvements. Le brigand, avant de s'endormir, avait appuyé sa carabine contre la paroi du rocher, et en avait enveloppé la batterie avec un de ses mouchoirs de soie. Celestini dénoua doucement le mouchoir, l'étendit au-dessus de la tête de Cesaris, et, voyant que Cherubino était prêt, il l'abaissa tout à coup en criant :

— Va !

Cherubino se précipita comme un jeune tigre sur le cou du brigand ; celui-ci jeta un cri terrible, se dressa debout et sanglant, fit plusieurs tours sur lui-même, la tête renversée en arrière, lâcha au hasard ses deux coups de pistolet et retomba mort.

Les deux enfants étaient restés à plat ventre et sans souffle.

Lorsqu'ils virent que le bandit avait cessé de remuer, ils se relevèrent et s'approchèrent de lui. Sa tête ne tenait plus que par la colonne vertébrale ; ils achevèrent de la séparer du corps, l'enveloppèrent dans le mouchoir de soie, et, après être convenus de la porter chacun leur tour, ils partirent pour Naples.

Ils marchèrent toute la nuit dans la montagne, s'orientant sur la mer, qu'ils voyaient luire à leur gauche. Au point du jour, ils aperçurent Castro-Villari ; mais ils n'osèrent traverser la ville, de peur que le sang ne dénonçât le fardeau qu'ils portaient,

Cherubino se précipita comme un jeune tigre sur le cou du brigand. — Page 4.

et que quelque brigand de la bande de Cesaris ne vengeât sur eux la mort de leur chef.

Cependant la faim les prit; l'un d'eux résolut d'aller chercher du pain à une auberge, tandis que l'autre l'attendrait dans la montagne; mais, lorsqu'il eut fait quelques pas, il revint.

— Et de l'argent ? dit-il.

Ils portaient une tête qui valait trois mille ducats, et ni l'un ni l'autre n'avait un bajocco pour acheter du pain.

Celui qui portait la tête dénoua le mouchoir, prit une boucle d'oreille de Cesaris et la donna à son camarade. Une demi-heure après, le messager était de retour avec des provisions pour trois jours.

Ils mangèrent et se mirent en route.

Pendant deux jours ils marchèrent; pendant deux nuits ils couchèrent, comme des bêtes fauves, à l'abri d'un buisson ou sous la voûte d'un rocher.

Le soir du troisième jour, ils arrivèrent à un petit village nommé Altavilla.

L'auberge était encombrée de cochers qui avaient conduit des voyageurs à Pestum, de bateliers qui avaient remonté le Sèle, et de lazzaroni auxquels il était égal de vivre là ou ailleurs.

Les deux enfants s'installèrent dans un coin qu'ils trouvèrent libre, mirent la tête de Cesaris entre eux deux, soupèrent comme jamais cela ne leur était arrivé, dormirent chacun leur tour, payèrent avec la deuxième boucle d'oreille, et se remirent en route quelques minutes avant le jour.

Vers les neuf heures du matin, ils aperçurent une grande ville au fond d'un golfe; ils demandèrent comment elle s'appelait : on leur répondit qu'elle s'appelait Naples.

Ils n'avaient plus à craindre les compagnons de Cesaris. Ils marchèrent donc droit à la ville. Arrivés au pont de la Maddalena, ils s'approchèrent de la sentinelle française et lui demandèrent en calabrois à qui il fallait s'adresser pour se faire payer la somme promise à ceux qui apporteraient la tête de Cesaris.

La sentinelle les écouta gravement jusqu'au bout, puis réfléchit un instant, releva sa moustache et se dit à elle-même :

— C'est extraordinaire, ces gaillards-là ne sont pas plus hauts que ma giberne, et ils parlent déjà italien. C'est bien, mes petits amis; passez au large!

Les enfants, qui, à leur tour, ne comprenaient pas, répétèrent leur question.

— Il paraît qu'ils y tiennent, dit la sentinelle. Et il appela le sergent.

Le sergent baragouinait quelques mots d'italien; il comprit la question, devina que le mouchoir ensanglanté que portait Celestini renfermait une tête : il appela son officier.

L'officier donna aux enfants deux hommes d'escorte qui les conduisirent au palais où était le ministère de la police.

Les soldats dirent qu'ils apportaient la tête de Cesaris, et toutes les portes s'ouvrirent devant eux.

Le ministre voulut voir les braves qui avaient délivré la Calabre de son fléau, et l'on fit entrer dans son cabinet Cherubino et Celestini.

Il regarda longtemps ces deux beaux enfants à la mine naïve, au costume pittoresque, à l'air grave; il leur demanda en italien comment ils avaient fait, et ils lui racontèrent leur action comme si c'était la chose du monde la plus simple. Il exigea la preuve de ce qu'ils disaient. Celestini mit un genou à terre, dénoua le mouchoir, prit la tête par les cheveux et la posa tranquillement sur le bureau du ministre.

Il n'y avait rien à répondre à cela, si ce n'était de payer la somme.

Cependant l'excellence, les voyant si jeunes, leur propose de les faire entrer dans une pension ou dans un régiment, et leur dit que le gouvernement français avait besoin de jeunes gens braves et décidés.

Ils répondirent que les besoins du gouvernement français ne les regardaient pas, qu'ils étaient de loyaux Calabrois ne sachant ni lire ni écrire, et qu'ils comptaient bien ne jamais l'apprendre; que, pour entrer dans un régiment, la vie sauvage à laquelle ils étaient habitués les ayant mal préparés à la discipline militaire, ils craindraient d'avoir peu d'aptitude à la manœuvre et à l'exercice; mais que, quant aux trois mille ducats, c'était autre chose, et qu'ils étaient tout prêts à les toucher.

Le ministre leur donna un chiffon de papier grand comme les deux doigts, sonna un huissier et lui ordonna de les conduire à la caisse.

Le caissier compta la somme : les deux enfants tendirent le mouchoir de soie encore tout sanglant, le nouèrent par les quatre bouts sur les trois mille ducats, sortirent par une porte qui donnait sur la place Santo-Francesco-Nuovo, et se trouvèrent à l'extrémité de la grande rue de Tolède.

La rue de Tolède est le palais du peuple. Ils virent tout le long des maisons une foule de lazzaroni qui, couchés au soleil, faisaient voluptueusement filer le macaroni de leur écuelle de terre à leurs lèvres brunes. Cette vue leur donna de l'appétit; ils allèrent à un marchand, lui achetèrent une écuelle et plein cette écuelle de macaroni; ils donnèrent un ducat, et on leur rendit neuf carlins, neuf grains et deux calli (1). Avec ce qu'on leur rendait, ils avaient de quoi vivre un mois et demi de la même manière.

Ils allèrent s'asseoir sur les marches du palais Maddaloni, et y firent un dîner de la somptuosité duquel ils n'avaient aucune idée.

Dans la rue de Tolède, on dort, on mange ou l'on joue. Ils n'avaient point encore envie de dormir, ils avaient mangé; ils se mêlèrent à un groupe de lazzaroni qui jouaient à la morra.

Au bout de cinq heures, ils avaient perdu trois calli.

En perdant trois calli par jour, ils auraient pu jouer pendant le tiers de l'éternité à peu près.

Heureusement que le soir même ils apprirent qu'il existait à Naples des maisons où l'on pouvait manger un ducat à son dîner et perdre des milliers de calli en une heure.

Comme ils voulaient souper, ils se firent conduire dans l'une de ces maisons : c'était une table d'hôte. Le patron regarda leur costume et se mit à rire : ils montrèrent leur argent, le patron les salua jusqu'à terre, et leur dit qu'on les servirait dans leur chambre, en attendant que leurs excellences eussent fait faire des habits décents qui leur permissent de manger avec tout le monde.

Cherubino et Celestini se regardèrent : ils ne savaient pas trop ce que l'hôte voulait dire avec ses habits décents : ils trouvaient leur costume de fort

(1) Un ducat vaut dix carlins, un carlin dix grains, et un grain douze calli.

bon goût; en effet, il était composé, comme nous l'avons dit, d'une jolie peau de mouton, roulée autour de la ceinture, et de bonnes sandales ficelées aux pieds; tout le reste du corps était nu, et cela leur paraissait plus commode et moins chaud. Cependant ils se résignèrent lorsqu'on leur eut expliqué qu'il fallait porter un habit complet pour avoir le droit de manger un ducat à son dîner et de perdre des milliers de calli en une heure.

Pendant qu'on dressait leur table, un tailleur entra dans leur chambre et leur demanda quel genre d'habits ils voulaient.

Ils répondirent que, puisqu'il leur fallait absolument des habits, ils voulaient chacun un costume calabrois pareil à ceux que les jeunes gens riches portaient le dimanche à Cosenza et à Tarente.

Le tailleur fit signe que cela suffisait, et ajouta que leurs excellences auraient ce qu'elles désiraient le lendemain matin.

Leurs excellences soupèrent et trouvèrent que le ravioli et le sambajone valaient mieux que le macaroni ; que le lacryma-christi était préférable à l'eau pure, et que le pain de gruau s'avalait plus couramment que la galette d'orge.

Lorsqu'ils eurent fini, ils demandèrent au garçon s'il leur était permis de coucher par terre : le garçon leur montra deux lits; ils les avaient pris pour des chapelles.

Celestini, qui, décidément, était le caissier, enferma le mouchoir et les ducats dans une espèce de secrétaire, en prit la clef et la pendit au ruban qu'il portait au cou.

Puis ils firent dévotement leur prière à la Vierge, baisèrent leur scapulaire, se couchèrent chacun dans un lit où l'on pouvait tenir cinq sans être gêné, et s'endormirent jusqu'au jour. Le lendemain, leur tailleur leur tint parole ; et ce jour-là, comme ils avaient un costume complet, ils purent dîner à table d'hôte et entrer dans la salle de jeu : ils y perdirent cent vingt ducats.

Un garçon d'hôtel leur proposa, pour les consoler, de les conduire le soir dans une maison où ils s'amuseraient davantage encore.

Lorsque l'heure fut venue, ils prirent des ducats plein leurs poches et suivirent le garçon ; ils ne rentrèrent à l'hôtel que le lendemain matin, mourant de faim et les poches vides.

C'était une bonne vie. Ils avaient parfaitement retenu l'adresse de la maison où l'on passait la nuit, et ils aimaient presque autant ce qu'on y faisait que la table et le jeu. Ils y retournèrent donc la nuit suivante.

Ils menèrent cette existence quinze jours, et cela les forma considérablement. Au bout de ce temps, ils eussent tenu tête à un abbé romain ou à un sous-lieutenant français, ce qui est à peu près la même chose.

Un soir, ils se présentèrent comme de coutume à la maison. Elle était fermée par ordre supérieur : je ne sais quel assassinat y avait été commis.

Ils virent une grande quantité de monde suivant une même direction, et ils suivirent le monde.

Quelques minutes après, ils se trouvaient près de la Villa-Reale, dans la magnifique rue de la Chiaja : ils ne la connaissaient point encore.

La Chiaja est, à dix heures du soir, le rendez-vous du beau monde; Naples vient y respirer la brise du golfe, toute chargée du parfum des orangers de Sorrente et des jasmins de Pausilippe. Il y a là plus de fontaines et de statues que sur tout le reste de la terre ; puis, au delà de ces fontaines et de ces statues, il y a une mer comme on n'en voit nulle part.

Ils se promenaient donc là, nos deux birboni, coudoyant les femmes, heurtant les hommes, une main sur leur argent, et l'autre sur leur poignard.

Ils arrivèrent à un groupe arrêté devant un café : au milieu de ce groupe il y avait une calèche, et dans cette calèche une femme qui prenait des glaces. Le groupe s'était formé pour voir cette femme.

C'était bien, en effet, la plus belle créature qui, depuis Ève, fût sortie des mains de Dieu ; une créature à faire damner un pape.

Nos Calabrois entrèrent dans le café, demandèrent deux sorbets et se mirent à la fenêtre pour voir cette femme de près : elle avait surtout des mains merveilleuses.

— Corpo di Baccho, qu'elle est belle! s'écria Cherubino.

Un homme s'approcha de lui et lui frappa sur l'épaule.

— Le moment est bon, mon jeune seigneur, lui dit-il.

— Qu'est-ce que cela signifie?

— Cela signifie que la comtesse Fornera est brouillée, depuis deux jours, avec le cardinal Rospoli.

— Après ?

— Et que si vous voulez, pour cinq cents ducats et du silence...

— Elle est à moi?

— Elle est à vous.

— Ah! tu es donc?.

— *Un ruffiano per servir la...*

— Un instant, dit Celestini : c'est que je la veux aussi, moi, cette femme.

— Alors, mes excellences, ce sera le double.

— Très-bien.

— Mais qui l'aura le premier?

— Cela nous regarde. Va t'assurer si elle est libre cette nuit, et viens nous rejoindre à l'hôtel de Venise, où nous logeons.

PREDHOM..

Cherubino examine si son poignard sortait facilement du fourreau, et attendit le rufien.

Le rufien tira de son côté, nos enfants du leur. La voiture de la comtesse partit. Cherubino et Celestini rentrèrent à l'hôtel : il leur restait cinq cents ducats tout juste ; ils se mirent de chaque côté d'une table, posèrent un jeu de cartes entre eux deux, et chacun prit une carte à son tour.

L'as de cœur tomba à Cherubino.

— Bien du plaisir, lui dit Celestini, et il se jeta sur son lit.

Cherubino mit les cinq cents ducats dans sa poche, examina si son poignard sortait facilement du fourreau, et attendit le rufien. Au bout d'un quart d'heure, il arriva.

— Elle est libre cette nuit, dit-il.

— Eh bien ! partons.

Ils descendirent : la nuit était superbe, le ciel regardait la terre de tous ses yeux ; la comtesse logeait dans le faubourg de la Chiaja ; le rufien marchait le premier ; Cherubino le suivait en chantant :

Che bella cosa è de morire ucciso
Inanze a la porta de la innamorata.

La comtesse jeta un cri Cherubino venait de lui clouer avec son poignard la main sur le lambris. — PAGE 10.

L'anima se ne sagli in paradiso,
E lo cuorpo lo chiegne la scasata (1) !

Ils arrivèrent à une petite porte dérobée. Une femme les attendait.

— Excellence, dit le rufien, il y a cent ducats pour moi, et vous mettrez les quatre cents autres

(1) La belle chose que mourir frappé devant la porte de son amoureuse! Tandis que l'âme monte en paradis, la maîtresse pleure sur le corps.

dans la petite corbeille d'albâtre que vous trouverez sur la cheminée.

Cherubino lui compta les cent ducats, et suivit la femme.

C'était dans un beau palais de marbre; il y avait de chaque côté de l'escalier des lampes dans des globes de cristal, et entre chaque lampe des cassolettes de bronze où brûlaient des parfums.

Ils traversèrent ainsi des appartements à loger un roi et sa cour; puis, au bout d'une grande galerie fermée par une cloison, la camérière, ouvrant une porte, poussa Cherubino et la referma derrière lui.

— Est-ce vous, Gidsa? dit une voix de femme.

Cherubino regarda du côté d'où venait cette voix, et il reconnut la comtesse vêtue d'une seule robe de mousseline, couchée sur un sofa recouvert de basin, jouant avec une boucle de ses longs cheveux qu'elle avait dénoués, et qui la couvraient comme l'aurait fait une mantille espagnole.

— Non, signora, ce n'est pas Gidsa, c'est moi, répondit Cherubino.

— Qui, vous? dit la voix avec une expression plus douce encore.

— Moi, Cherubino, l'enfant de la Madone. Et le jeune homme s'avança jusqu'au pied du sofa.

La comtesse se souleva un instant sur le coude, et le regarda étonnée.

— Vous venez pour votre maître? dit-elle.

— Je viens pour moi, signora.

— Je ne comprends pas.

— Eh bien! je vais vous faire comprendre... Je vous ai vue aujourd'hui à la Chiaja pendant que vous preniez des glaces, et j'ai dit en vous voyant : « Per Baccho, qu'elle est belle! »

La comtesse sourit.

— Alors un homme est venu à moi et m'a dit : « Voulez-vous cette femme que vous trouvez si belle? je vous la donne pour cinq cents ducats. » Je suis rentré chez moi, et j'ai pris cette somme. Arrivé à votre porte, il m'a demandé cent ducats pour lui, et je les lui ai donnés; quant aux quatre cents autres, il m'a dit de les mettre dans cette corbeille d'albâtre : les voilà.

Cherubino jeta trois ou quatre poignées d'argent dans la corbeille; elle était trop pleine et dégorgea sur la cheminée.

— Quelle horreur que ce Maffeo! dit la comtesse. Est-ce de cette manière que l'on fait les choses?

— Je ne sais pas ce que c'est que Maffeo, répondit l'enfant; et je ne suis pas très au courant de la manière dont on fait les choses. Seulement je sais qu'on vous a promise à moi pour une nuit et moyennant une somme; je sais encore que j'ai payé cette somme, et, par conséquent, vous m'appartenez pour une nuit.

Cherubino, en achevant ces paroles, fit un pas vers le divan.

— Restez là, ou je sonne, s'écria la comtesse, et je vous fais jeter à la porte par mes gens.

Cherubino se mordit les lèvres et porta la main à son poignard.

— Écoutez, signora, lui dit-il froidement, lorsque vous m'avez entendu entrer, vous avez cru voir paraître quelque petit abbé de famille ou quelque riche voyageur français, et vous vous êtes dit · J'en

aurai bon compte. Ce n'est ni l'un ni l'autre, signora : c'est un Calabrois, et non pas de la plaine encore, mais de la montagne; un enfant, si vous voulez, mais un enfant qui a apporté de Tarsia à Naples la tête d'un brigand dans un mouchoir; et la tête de quel brigand? de Cesaris! Cet or, voyez-vous, c'est tout ce qui reste du prix de cette tête : les deux mille cinq cents ducats se sont envolés au jeu, ont été noyés dans le vin, se sont perdus dans les femmes. Pour ces cinq cents ducats, j'aurais pu avoir encore dix nuits de femme, de vin et de jeu; je n'en ai pas voulu, je vous ai voulu, et je vous aurai.

— Morte, oui, cela peut être

— Vivante.

— Jamais!

La comtesse étendit le bras pour saisir le cordon de la sonnette; Cherubino ne fit qu'un bond de la cheminée au divan.

La comtesse jeta un cri et s'évanouit : Cherubino venait de lui clouer avec son poignard la main sur le lambris, six pouces au-dessous du cordon de la sonnette. . . . .

. . . .

Deux heures après, Cherubino rentra à l'hôtel de Venise. Il secoua Celestini, qui dormait comme un bienheureux. Celui-ci s'assit sur le lit, se frotta les yeux et le regarda.

— Qu'est-ce que ce sang? lui dit-il.

— Rien.

— Et la comtesse?

— C'est une femme superbe.

— Pourquoi diable me réveilles-tu, alors?

— Parce que nous n'avons plus un bajocco, et qu'il faut partir avant le jour.

Celestini se leva. Les deux enfants sortirent de l'hôtel comme ils avaient l'habitude de le faire, et l'on ne songea point à les arrêter.

A une heure du matin, ils avaient dépassé le pont de la Maddalena; à cinq heures, ils étaient dans la montagne.

Alors ils s'arrêtèrent.

— Qu'allons-nous faire? dit Celestini.

— Je n'en sais rien; est-ce que tu es d'avis de retourner à la bergerie?

— Non, par Jésus!

— Eh bien! faisons-nous brigands.

Les deux enfants se donnèrent la main et se jurèrent aide et amitié éternelles. Ils tinrent saintement leur promesse, car, depuis ce jour, ils ne se sont point quittés.

Je me trompe, dit Jacomo en s'interrompant et en regardant la tombe de Hieronimo : ils se sont quittés il y a une heure.

II

...intenant, vous pouvez dormir, continua Jacomo ; je ferai la garde pour tous, et je vous réveillerai lorsqu'il sera temps de partir, c'est-à-dire deux heures avant le jour.

A ces mots, chacun s'arrangea pour passer la meilleure nuit possible ; et, telle était la confiance de ces hommes en leur chef, que, cinq minutes après, chacun dormait aussi tranquillement, entouré d'ennemis comme la bande l'était, que s'il eût été couché à Terracine ou à Sonnino. Maria seule resta immobile et assise à la place où elle avait écouté le récit.

— N'essayeras-tu point de te reposer, Maria ? lui dit Jacomo avec la voix la plus douce qu'il put prendre.

— Je ne suis point fatiguée, répondit Maria.

— Une trop longue veille pourrait faire mal à ton enfant.

— Je vais dormir.

Jacomo étendit son manteau sur le sable. Maria se coucha dessus, puis, le regardant timidement :

— Et vous ? lui dit-elle.

— Moi, répondit Jacomo, moi, je vais chercher un passage au milieu de ces damnés Français ; ils ne connaissent pas si bien la montagne, peut-être, qu'ils en aient gardé tous les défilés. Nous ne pouvons rester ici éternellement sur ce roc, et, devant le quitter, le plus tôt sera le mieux.

— Alors, je vais vous suivre, dit Maria se levant. Le bandit fit un mouvement. — Vous savez, continua vivement Maria, combien j'ai le pied sûr, le regard juste, la respiration légère ; laissez-moi vous accompagner, je vous prie.

— Avez-vous peur que je vous trahisse ? Et, quand ces hommes ont confiance, douteriez-vous ?

Deux larmes silencieuses coulèrent sur les joues de Maria. Le bandit se rapprocha d'elle.

— Eh bien ! venez ; mais laissez là l'enfant : il pourrait se réveiller et pleurer.

— Allez seul, dit Maria se recouchant.

Le bandit s'éloigna ; Maria le suivit des yeux aussi longtemps qu'elle put apercevoir son ombre ; puis, lorsqu'il eut disparu derrière un rocher, elle poussa un soupir, pencha la tête sur son enfant, ferma les yeux comme si elle dormait, et tout rentra dans le silence.

Deux heures après, un léger bruit se fit entendre du côté opposé à celui par lequel Jacomo était parti. Maria rouvrit les yeux et reconnut le bandit.

— Eh bien ! lui dit-elle avec anxiété en distinguant, malgré la nuit, la sombre expression de son visage, qu'y a-t-il ?

— Il y a, répondit le bandit, jetant avec humeur sa carabine à ses pieds, il y a qu'il faut que nous ayons été trahis par les paysans ou les bergers, car, partout où il y a un passage, il y a une sentinelle.

— Ainsi, aucun moyen de descendre de ce rocher ?

— Aucun. De deux côtés, vous le savez, il est entièrement coupé à pic, et, à moins que les aigles qui y font leurs nids ne nous prêtent leurs ailes, il ne faut point songer à prendre cette route ; et, je vous l'ai dit, partout ailleurs... pas moyen. Français maudits !... puissiez-vous être brûlés pendant l'éternité, comme des païens que vous êtes ! Le bandit jeta son chapeau près de sa carabine.

— Que ferons-nous alors ?

— Nous resterons ici ; ils ne viendront pas nous y chercher, allez.

— Mais nous y mourrons de faim.

— A moins que Dieu ne nous envoie de la manne, ce qui n'est pas probable ; mais autant vaut mourir de faim que d'être pendu.

Maria pressa son enfant entre ses bras et poussa un soupir qui ressemblait à un sanglot. Le bandit frappa du pied.

— Nous venons de faire un bon repas ce soir, dit-il ; nous avons encore de quoi en faire un bon demain matin : c'est tout ce qu'il nous faut pour le moment. Ainsi, dormons.

— Je dors, dit Maria.

Le bandit se coucha près d'elle.

Il avait raison, Jacomo ; il avait été trahi, non point par les paysans ou les bergers, mais par Antonio, l'un des siens, qui, comme nous l'avons dit, avait été fait prisonnier pendant le combat, et qui s'était racheté de la corde en promettant de livrer le chef de sa bande. Il avait commencé à tenir sa promesse en plaçant lui-même les sentinelles contre lesquelles Hieronimo avait été se heurter.

Cependant le colonel qui commandait la petite troupe formant le siège avait fait mettre Antonio sous bonne garde ; car, pour qu'Antonio fût tout à fait quitte de la corde, il fallait que Jacomo fût tout à fait pendu, et ce colonel était un homme trop prudent pour relâcher son prisonnier avant de tenir quelque chose à sa place. Quelques minutes avant le jour, il le fit donc amener entre deux soldats, pour voir avec lui si les bandits n'étaient plus au sommet de la montagne. S'ils n'y étaient plus, c'est que les sentinelles avaient été mal posées; en conséquence, Antonio, qui s'était chargé de cette opération, était un double traître qui méritait d'être pendu deux fois. Il n'y avait rien à répondre à ce dilemme militaire: aussi Antonio s'était-il soumis de la meilleure grâce possible. Il se présenta donc devant le colonel avec la tranquillité d'une bonne conscience, car il avait été si loyal dans sa trahison, qu'il était parfaitement sûr que ses anciens camarades n'avaient pu s'échapper.

Les premiers rayons du soleil parurent, illuminant le faîte du rocher, et, comme les profondeurs où les troupes françaises étaient bivaquées restaient encore dans l'ombre, on eût dit qu'un vaste incendie dévorait cette cime ardente comme celle du Sinaï. Peu à peu, et au fur à mesure que le soleil monta au ciel, l'ombre recula devant lui; des torrents de lumière, ruisselant aux flancs du colosse de pierre, vinrent éveiller dans leurs nids de grands aigles qui, s'élançant de leurs aires comme s'ils étaient attardés, donnaient deux coups d'ailes et se perdaient dans la nue; de temps en temps, des brises marines passaient toutes chargées d'un parfum humide, et allaient se briser en gémissant dans les sapins et les liéges qui couvraient le pied de la montagne. Alors les sapins et les liéges se courbaient gracieusement, se relevant, se courbant encore, jetant de ces longs murmures qui sont la langue que les forêts parlent entre elles. Enfin, toute la montagne s'éveilla, s'anima, sembla vivre: le faîte seul resta muet et désert.

Cependant tous les yeux étaient fixés sur ce faîte. Le colonel lui-même, une lunette à la main, ne le perdait pas de vue. Au bout d'une demi-heure, cependant, il se lassa de regarder, et, donnant sur l'extrémité de la longue-vue, avec la paume de la main, un coup qui en fit rentrer tous les tuyaux les uns dans les autres, il se retourna vers Antonio en disant ces seules paroles: — Eh bien?...

La parole est un merveilleux instrument, selon celui qui l'emploie et l'occasion dans laquelle il s'en sert. Il se rétrécit et s'allonge, bouillonne comme une vague ou murmure comme un ruisseau, bondit comme un tigre ou rampe comme le serpent, monte aux nuages comme la bombe ou descend du ciel comme l'éclair; à tel orateur il faut tout un discours pour développer son opinion, à tel autre il ne faut que deux mots pour faire comprendre sa pensée.

C'est à cette dernière école d'éloquence qu'appartenait, à ce qu'il paraît, le colonel; car, ainsi que nous l'avons dit, il n'avait prononcé que deux mots, mais deux mots si bien en situation, si pleins, si complets, si sonores, que la pensée intéressée à les commenter n'avait qu'à les ouvrir pour y trouver cette sentence: Antonio, mon ami, vous êtes un

faquin et un drôle qui vous êtes joué de moi, qui avez cru sauver votre cou en me contant des fariboles; mais je ne suis pas homme à me laisser prendre par vos sornettes, et, comme vous n'avez point tenu votre promesse, que les bandits vos camarades se sont échappés pendant la nuit, et que nous allons être obligés de nous remettre à leur piste comme des limiers, ce qui est fort humiliant pour des soldats, vous allez être pendu haut et court au prochain arbre, pendant que moi je vais déjeuner.

Antonio, qui était un garçon d'une capacité très-grande et d'un jugement très-sain, comprit qu'il y avait tout cela dans ces deux mots. Aussi, soit par flatterie, soit qu'il appartînt de fait comme adepte à la même école dont le colonel paraissait être un des chefs, il étendit la main et répondit à ces deux mots par un seul: *Aspettate;* ce qui veut dire en français: Attendez.

En effet, le colonel s'éloigna sans donner l'ordre terrible dont il avait menacé Antonio, et celui-ci demeura à la même place, les yeux fixés sur la montagne avec une persévérance et une immobilité qui le faisaient ressembler à une statue. Au bout de deux heures, le colonel revint, déploya de nouveau sa longue-vue, la braqua sur le faîte du rocher, et, voyant que tout paraissait aussi désert, il frappa sur l'épaule d'Antonio, qui, quoiqu'il ne se fût pas retourné à son approche, l'avait reconnu à son pas.

Antonio tressaillit comme un homme sans argent auquel on présente une lettre de change; mais presque aussitôt il saisit de la main gauche le bras du colonel, et, étendant la droite vers un point de la montagne, il dit avec une expression indéfinissable: Là! là!

— Quoi? dit le colonel après avoir regardé avec sa lunette.

— Vous ne voyez pas, répondit Antonio, la tête d'un homme à l'angle de ce rocher qui ressemble à une colonne? Tenez, tenez... Et il prit la tête du colonel entre ses deux mains, la fit tourner comme une girouette, et, saisissant en même temps sa longue-vue, il dirigea le tube vers le point qu'il avait si grand intérêt à faire remarquer.

— Ah bah! fit le colonel en apercevant l'objet désigné. Puis, après deux minutes d'observation, il abaissa sa lunette en disant: Oui, c'est bien un homme; mais qui me dit que ce n'est point un paysan qui cherche quelque chèvre perdue?

— Comment! vous ne voyez pas, dit Antonio bondissant, vous ne voyez pas son chapeau pointu, ses rubans qui flottent, sa carabine qui brille? Tenez, le voilà qui se penche pour essayer s'il ne peut pas descendre dans le précipice. C'est Jacomo lui-même, car derrière lui, tenez, tenez, Maria. Voyez-vous, maintenant? voyez-vous?

Le colonel reporta flegmatiquement sa lunette à son œil; puis, sans l'ôter

— Oui, oui, je vois, dit-il. Allons, je commence à

BRUGNOT   ANDRIEUX

-- Tenez, le voilà qui se penche pour essayer s'il ne peut pas descendre dans le précipice. — PAGE 12.

croire que tu ne seras pas pendu. Cette croyance parut faire grand plaisir à Antonio. Faites venir le chirurgien-major, continua le colonel. Puis se retournant vers Antonio : Et que trouveront-ils à manger au haut de cette montagne ?

— Rien, dit Antonio.

— Ainsi, s'ils ne parviennent pas à s'échapper, ou ils se rendront, ou ils mourront de faim ?

— Sans nul doute.

— Docteur, combien un homme peut-il vivre de jours sans manger ?

Celui auquel s'adressait cette dernière question était un gros homme court et rond comme une sphère à laquelle un écolier a ajouté, par plaisanterie, une tête et des jambes, l'homme, enfin, qui semblait le moins propre à résoudre par expérience une pareille question, aussi parut-elle le faire tressaillir jusqu'au fond des entrailles.

—Sans manger, colonel ? répondit-il avec effroi; sans manger ! Mais un homme bien réglé dans sa vie ne doit pas mettre plus de cinq heures entre ses repas, et doit faire trois repas par jour. Quant au vin qu'il doit boire, colonel. cela varie selon les tempéraments et les âges.

— Je ne vous demande point une ordonnance hygiénique; je vous adresse une simple question de science, docteur. D'ailleurs, rassurez-vous, vous n'êtes point intéressé personnellement dans l'affaire.

— Du moment où vous me donnez votre parole d'honneur, colonel...

— Je vous la donne.

— Eh bien ! je vous dirai qu'au siége de Gênes, où j'ai été à même de faire une foule de ces expériences, nous avons vu que, terme moyen, un homme ne pouvait supporter plus de cinq à sept jours une privation totale de nourriture.

— Ah ! vous étiez au siége de Gênes ? dit le colonel.

— Oui, répondit le major d'un air singulièrement indifférent.

— Et comment avez-vous pu, avec vos habitudes régulières, supporter de pareilles privations ?

— Oh ! fit le docteur, j'étais de ce fameux régiment qui avait pris, dès le commencement de la famine, le parti de manger de l'Autrichien, et nous ne souffrîmes pas trop de la disette.

— Et était-ce bon ? continua en riant le colonel.

— Pas mauvais, répondit gravement le docteur. Comme ils reçoivent régulièrement la schlague une fois par jour, cela les mortifie.

— Eh bien ! dit le colonel, nous attendrons qu'ils se rendent ou qu'ils meurent de faim. Merci de vos bons renseignements, docteur. Voulez-vous manger un morceau avec moi ?

— Volontiers, colonel.

— Julien, dit le colonel se retournant vers son planton, cours dire à mon cuisinier que j'ai quatre personnes de plus à déjeuner ce matin.

En conséquence des assurances données par Antonio et des renseignements fournis par le docteur, le colonel se contenta donc de recommander un redoublement de surveillance à ses officiers, et de vigilance à ses soldats. Trois mille ducats furent promis de nouveau à celui qui apporterait au camp la tête de Jacomo.

Huit jours se passèrent. Tous les matins, le colonel allait aux avant-postes pour savoir si les assiégés ne s'étaient pas rendus ; puis il revenait à son observatoire, braquait sa lunette sur le sommet de la montagne, apercevait quelques bandits assis les jambes pendantes dans le précipice ou couchés sur le roc, se chauffant au soleil. Alors il faisait venir Antonio, qui lui disait : Je jure à votre excellence qu'à moins qu'ils ne mangent de l'herbe comme des lapins ou du sable comme des taupes, je ne vois pas de quoi ils peuvent se nourrir. Puis il envoyait chercher le docteur, qui lui répondait : Sans faute, colonel, ce sera pour demain. Le corps de l'homme ne peut supporter plus de cinq à sept

jours l'absence totale de la nourriture, et demain ils se rendront ou seront morts de faim. Allons déjeuner, colonel.

Le douzième jour, le colonel perdit patience; il fit amener, comme d'habitude, Antonio, et envoya, comme de coutume, chercher le chirurgien-major. Seulement, cette fois, il dit au bandit : Tu es un drôle, et au docteur : Vous êtes un imbécile. Puis il ordonna au docteur de garder les arrêts, et à Antonio de songer à son âme, si toutefois il croyait en avoir une. Le docteur obéit avec l'obéissance passive d'un militaire esclave de la discipline; quant à Antonio, il rappela le colonel, qui s'éloignait déjà.

— Colonel, lui dit-il, quand vous m'aurez fait pendre. vous n'en serez pas plus avancé, et cela ne fera pas rendre ou mourir un jour plus tôt ceux qui sont là-haut; car il faut qu'ils aient trouvé quelque ressource inconnue à vous et à moi. Quant à aller les prendre d'assaut, vous n'y pensez pas, je l'espère : car, rien qu'en faisant rouler des pierres, et la montagne n'en manque pas, ils écraseraient une armée, et vous n'avez qu'un régiment. Tenez, si j'étais à votre place, et je vous parle bien froidement, colonel, je vous parle comme un homme qui a vu si souvent la mort, qu'il lui dispute ses jours, il est vrai, mais qu'il ne la craint pas ; si j'étais à votre place, dis-je, je voudrais savoir par quel sortilége ces hommes ont vécu sans nourriture sur cette crête isolée, sur cette cime aride; je voudrais le savoir, ne fût-ce que pour ma satisfaction personnelle, et, dans la même circonstance, employer la même ressource. J'y mettrais de l'entêtement, et, comme je ne pourrais le savoir que par un moyen, je l'emploierais.

— Et quel serait ce moyen ?

— Je dirais à cet Antonio, dont la mort m'est inutile et dont la vie pourrait m'être précieuse : Tu vas me jurer sur le sang du Christ d'être de retour ici dans huit jours, et je te laisserais libre.

— Et, pendant ces huit jours, que ferait Antonio ?

— Il irait rejoindre son ancien chef lui dirait qu'il s'est échappé des mains du bourreau et qu'il revient vivre ou mourir avec lui. Alors, pendant ces huit jours, Antonio serait bien maladroit ou Jacomo bien habile, si le premier ne découvrait pas le secret du dernier. Puis, le secret découvert, il reviendrait le dire au colonel, qui alors, selon sa promesse, le laisserait libre.

— Et s'il ne découvrait pas le secret de Jacomo ?

— Il reviendrait se remettre aux mains du colonel, qui, selon sa menace, le ferait pendre.

— C'est marché fait, dit le colonel.

— Et accepté, répondit Antonio.

— Ton serment ?

Antonio tira de sa poitrine ce petit reliquaire qu'y porte si dévotement tout Napolitain, et qu'en patois du pays on nomme *abbitiello*; puis, le donnant au colonel, il étendit la main dessus et dit : Je jure par ce reliquaire, béni en l'église de Saint-Pierre de Rome le saint jour des Rameaux, de venir d'ici à huit jours me rendre prisonnier, soit que j'aie surpris ou non le secret de Jacomo.

Le colonel voulut lui rendre son reliquaire, mais Antonio le repoussa.

— Gardez ce gage, dit-il, et si, dans huit jours, à pareille heure, je n'étais pas revenu, prenez ce reliquaire à témoin de mon parjure, jetez-le dans les flammes, et le même feu qui le brûlera me dévorera pendant l'éternité.

— Cet homme est libre d'aller où il voudra, dit le colonel.

Le même soir, Antonio était réuni à ses anciens camarades; Jacomo, qui l'avait cru tué ou pendu, le revit comme un père son enfant. Antonio raconta son évasion; tout le monde y crut; puis, lorsqu'il eut fini :

— Il est fâcheux que tu arrives si tard, dit Jacomo; tu aurais dîné avec nous.

Antonio répondit qu'il avait mangé avant de s'enfuir, que, par conséquent, il n'avait pas faim, et qu'il attendrait parfaitement jusqu'au lendemain. D'ailleurs, ajouta-t-il, la nourriture ne doit pas être ici très-abondante, et j'aime autant ne commencer que demain à rogner la portion des autres.

Jacomo fit un geste qui pouvait se traduire par ces mots : Nous ne vivons pas dans l'abondance, c'est vrai; mais nous avons le nécessaire.

Antonio avait cru voir ses anciens camarades hâves, décharnés, mourants de faim : bien loin de là, il les retrouvait, au contraire, lestes, dispos et bien portants. Maria était toujours grasse, fraîche, son enfant n'avait point souffert. Antonio avait cru qu'ils ne se nourrissaient que de racines et de fruits sauvages, et, en jetant les yeux sur le plateau où ils étaient campés, il apercevait des os parfaitement rongés, il est vrai; mais, puisqu'ils étaient rongés, c'est qu'il y avait eu de la chair. Comment cette chair était-elle parvenue aux mains de ces hommes isolés et perdus sur la pointe d'un rocher? C'est ce qu'il ne pouvait concevoir. Il crut un instant que quelque berger des environs arrivait jusqu'aux bandits par quelque chemin caché, par quelque route souterraine; mais il pensa aussitôt que, s'il y avait une voie par laquelle on pût arriver, par cette même voie on pouvait partir; et, si cela eût été, Jacomo ne se fût certes pas amusé à rester douze jours perché au haut de sa montagne comme un coq au bout de son clocher. Il n'y comprenait plus rien, et c'était à se donner au diable, si la chose n'eût déjà été à peu près faite.

Le moment de poser les sentinelles arriva. Antonio offrit ses services au chef, qui le refusa, lui disant qu'il devait être fatigué des émotions qu'il avait éprouvées et de la course qu'il venait de faire; que son tour viendrait le lendemain ou le surlendemain.

Dix minutes après, tout le monde dormait, à l'exception des hommes de garde et d'Antonio.

Le lendemain, chacun se réveilla gai comme les oiseaux qu'on entendait chanter au bas de la montagne; Antonio seul était fatigué, car son esprit avait veillé obstinément, et il n'avait pu fermer l'œil de toute la nuit. A sept heures du matin, le chef consulta une liste, toucha un homme du doigt et dit : « A ton tour. » L'homme partit sans répondre, avec deux bandits. Antonio s'offrit pour cette expédition, quelle qu'elle fût. — C'est inutile, répondit Jacomo sans entrer dans aucune explication; trois hommes suffisent

Deux heures après, les trois hommes revinrent. Antonio examina attentivement celui qui avait été désigné par le chef : il avait quelques égratignures au visage et aux mains, voilà tout.

Quatre heures après, le chef consulta le soleil.— Il est temps de dîner, dit-il.

Chacun s'assit sur la bruyère; on apporta le dîner : il se composait de deux perdrix, d'un lièvre et de la moitié d'un agneau âgé de huit ou dix jours. Le chef découpa lui-même les portions avec une impartialité qui aurait fait honneur au bourreau du roi Salomon. Quant à l'eau, on en eut à discrétion : une source jaillissait au sommet même de la montagne. De pain, personne n'en parla, et Antonio était si étourdi de ce qu'il voyait, qu'il se demanda en lui-même si c'était le four ou la farine qui manquait pour le faire.

— En voilà pour jusqu'à demain à pareille heure, dit le chef à Antonio; car ici nous ne faisons qu'un repas, et tu vois que nous ne nous en portons pas plus mal. La sobriété est une demi-vertu, et, à ce compte, nous avons une dizaine de vertus à nous vingt. Ainsi, tiens-toi la chose pour dite, et serre ta ceinture pour que ta digestion se fasse le plus lentement possible. Antonio fit une grimace qui avait la prétention de passer pour un sourire, puis il se mit à jouer à la morra avec trois de ses camarades : cela lui fit passer deux heures. Au bout de ce temps, le chef lui frappa sur l'épaule; il venait lui proposer de faire une promenade sur le plateau. Antonio s'empressa d'accepter.

Jacomo, dans cette excursion, fit de nouveau répéter au bandit tous les détails de sa captivité et de sa fuite. Antonio, tout en racontant la même histoire qu'il avait déjà dite, jetait les yeux à droite et à gauche. Tout à coup il aperçut l'entrée d'une grotte.

— Qu'est-ce cela? dit-il indifféremment au capitaine.

— Notre cuisine, répondit laconiquement celui-ci.

— Ah! ah! fit Antonio.

— Veux-tu la visiter? dit le chef.

— Volontiers, répondit le bandit avec empressement.

Maria.

— Nous l'avons cachée ainsi, continua Jacomo, pour que les Français ne voient point la fumée.

— Bien joué, dit Antonio.

— Car, s'ils l'apercevaient, il se douteraient bien que, par une chaleur comme celle-ci, nous ne faisons de feu que pour cuire nos vivres, et il faut qu'ils croient que nous en manquons.

— Oh! quant à cela, capitaine, dit le bandit, je te réponds qu'ils croient, à l'heure qu'il est, que toi et tes hommes vivent de l'air, ou que vous vous mangez les uns les autres.

— Les imbéciles! fit le capitaine en haussant les épaules.

Antonio prit sans rien dire sa part de l'apostrophe, entra dans la grotte et l'examina avec soin ; il sonda ses murs à coups de poing, et ses murs rendirent un son mat, preuve évidente de leur épaisseur; il frappa du pied la terre, et aucun rentissement ne dénonça de profondeurs cachées; il leva les yeux vers la voûte, et elle n'avait d'autre ouverture qu'une gerçure naturelle par laquelle s'échappait la fumée. Au fond de l'âtre, il restait du feu, et, aux

Diable! capitaine, vous avez des pourvoyeurs qui se connaissent en provisions.

deux côtés du feu, des chenets de bois grossière-ment taillés supportaient encore la baguette de la carabine qui venait de servir de broche pour faire cuire le dîner.

— Qu'est-ce que ce trou? dit Antonio montrant du doigt un renfoncement qu'il n'avait point distin-gué d'abord, et que ses yeux, en s'habituant à l'obs-curité, venaient d'apercevoir.

— Notre garde-manger, dit le chef.

— Il est sans doute bien garni, répondit Antonio d'un air de doute.

— Mais pas mal; d'ailleurs, tu peux voir.

Antonio monta sur une pierre qui paraissait avoir été placée comme une espèce de marchepied destiné à faciliter les communications; en se haussant sur le bout des pieds, il parvint à plonger les yeux dans l'enfoncement. Il y aperçut le reste de l'agneau dont le dîner avait consommé une partie, deux ou trois perdrix et quelques petits oiseaux de l'espèce des merles et des grives.

— Diable! capitaine, dit Antonio en reposant les talons à terre et en laissant une de ses mains appuyée à l'angle du garde-manger, vous avez des pourvoyeurs qui se connaissent en provisions, et, s'ils ne vous les fournissent pas abondantes, ils les choisissent délicates, au moins.

— Oui, répondit le capitaine en riant; les pauvres diables travaillent comme pour eux.

Antonio regarda le capitaine d'un air qui voulait visiblement dire : Le diable m'emporte si j'y comprends quelque chose! mais Jacomo ne parut pas s'apercevoir de ce regard interrogateur, et, sortant de la grotte, il continua sa promenade. Antonio le rejoignit. Il en était revenu à l'idée que les paysans profitaient de la nuit pour apporter des provisions à la bande.

Le reste de la journée s'écoula sans qu'il fût question ni de cuisine ni de vivres : on eût dit que chacun avait peur, en entamant une pareille conversation, de réveiller la faim qui commençait à s'agiter au fond de chaque estomac.

A neuf heures du soir, le capitaine désigna Antonio pour être de garde. Il prit une carabine, bourra sa ceinture de cartouches et fit un mouvement pour se rendre à son poste; mais, s'arrêtant aussitôt :

— Capitaine, dit-il, si quelqu'un venait à moi, faudrait-il tirer dessus?

— Sans doute, répondit Jacomo.

— Mais si c'était...

— Quoi?

— Vous entendez?..

— Non.

— Un ami, par exemple. Et il fit un geste qui exprimait sa pensée, en portant l'index de sa main droite à sa bouche ouverte dans toute sa largeur.

— Un ami? répéta le capitaine; imbécile! à moins qu'il ne nous en descende du ciel, car nous sommes trop bien gardés pour qu'il nous en vienne de la terre.

— Dame! je ne savais pas, dit Antonio en se rendant à son poste.

La nuit fut tranquille, et nul ami ou ennemi ne vint troubler la garde d'Antonio. Au point du jour, le capitaine le fit relever. Il arriva sur le plateau pour entendre, comme la veille, le capitaine dire à l'un de ses camarades : A ton tour; et, comme la veille, l'homme désigné partit sans rien dire, accompagné de deux bandits.

Antonio était écrasé de fatigue : il y avait deux nuits et deux jours qu'il n'avait reposé. Il chercha un peu d'ombre, se fit un oreiller avec une botte de bruyères, s'enveloppa de son manteau et dormit à poings fermés jusqu'à ce qu'on le réveillât pour dîner.

Le repas de ce jour fut, comme celui de la veille, très-délicat en gibier. Antonio y remarqua la même régularité du partage, la même abondance d'eau, la même absence de pain.

Le lendemain, les mêmes incidents se renouvelè-

rent; le surlendemain n'apporta aucun changement dans la manière de vivre. Enfin, six jours s'écoulèrent, et Antonio avait fait ses six repas à heure fixe sans avoir pu deviner encore par quel moyen le miraculeux garde-manger renouvelait ses provisions.

Le matin du septième jour, Antonio alla se promener tout pensif sur l'extrémité du rocher qui regardait la mer; car il songeait qu'il ne lui restait plus que vingt-quatre heures pour découvrir un secret que, depuis sept jours, il cherchait vainement. A peine eut-il jeté les yeux sur la vallée, qu'il aperçut le colonel maudit à la même place où il avait juré de le rejoindre, lunette braquée et ayant près de lui le gros docteur. Au mouvement que fit le colonel en l'apercevant, Antonio vit qu'il était reconnu, car il passa sa longue-vue au chirurgien-major, qui regarda à son tour et fit un signe de tête comme pour dire : Vous avez raison, colonel; c'est pardieu bien lui!

— Oui, oui, vous avez raison, se disait Antonio en lui-même; c'est bien lui, c'est bien l'imbécile, c'est bien le sot Antonio. Puis il regardait avec une attention particulière les beaux arbres qui entouraient le groupe qui le considérait avec tant d'attention, et se demandait lequel il devait choisir pour y être le plus agréablement pendu. Il était plongé dans la plus profonde de ces réflexions, lorsqu'il se sentit frapper sur l'épaule; il se retourna vivement et vit le capitaine debout derrière lui.

— Je te cherchais, dit Jacomo.

— Moi? capitaine.

— Oui, c'est à ton tour.

— A mon tour? dit Antonio.

— Oui, sans doute, à ton tour.

— Et de quoi faire?

— D'aller à la provision, pardieu!

— Ah! fit le bandit.

— Allons, dépêche-toi, dit Jacomo : tu vois bien que tes caramades t'attendent là-bas. Les yeux d'Antonio suivirent la direction indiquée par la main du capitaine, et il vit effectivement deux de ses camarades, qui lui firent un signe de tête

— Me voilà, dit Antonio. Et il les rejoignit sans perdre une minute.

Tous trois s'avancèrent alors silencieusement vers une partie du rocher coupée si perpendiculairement à pic et à une telle hauteur, que le colonel avait jugé inutile d'y placer ni poste ni sentinelle. Arrivé au bord de ce précipice, et tandis qu'Antonio le considérait avec la tranquillité d'un montagnard, un de ses compagnons fit quelques pas de côté, fouilla dans un buisson de chêne, en tira un sac et une corde, et, revenant à Antonio, lui passa le sac au cou et la corde sous les bras.

— Que diable allez-vous faire? dit celui-ci, que cette cérémonie commençait à inquiéter. Un des hommes se coucha alors à plat ventre, de manière

à ce que sa tête seulement plongeât dans le précipice.

— Fais comme moi, dit-il alors à Antonio.

Antonio obéit et se plaça côte à côte de son camarade.

— Vois-tu cet arbre? dit-il en lui montrant du
doigt un sapin qui poussait dans les fentes du rocher, à vingt pieds au-dessous d'eux et à mille pieds
au-dessus du fond de la vallée.

— Oui, répondit Antonio.

— Derrière ce sapin, aperçois-tu un enfoncement?

— Oui, répondit Antonio.

— Eh bien! dans cet enfoncement, il y a un nid
d'aigle; nous allons te descendre jusqu'au sapin,
tu t'y cramponneras d'une main, et de l'autre tu
fouilleras dans le nid, et ce que tu trouveras tu le
mettras dans le sac.

— Comment, les aiglons? dit Antonio.

— Non pas, mais le gibier que le père et la mère
leur apportent, et dont nous mangeons les trois
quarts et eux l'autre.

Antonio bondit sur ses pieds.

— Et qui a eu cette idée? dit-il.

— Parbleu, qui? le chef, répondit le bandit.

— Sublime! s'écria tout haut en se frappant le
front Antonio. Et c'est cet homme que je vais trahir, ajouta-t-il tout bas en soupirant.

En effet, Jacomo, traqué comme une bête fauve,
isolé sur une pointe de rocher, sans communication
avec la terre, avait chargé les aigles du ciel d'être
ses pourvoyeurs; et les bandits de l'air et de la
montagne partageaient entre eux comme des frères.

Le soir Antonio disparut.

III

e lendemain, le colonel fit
mettre son régiment sous
les armes; puis, lorsqu'il
eut passé l'inspection :

— Quels sont ceux d'en-
tre vous, dit-il, qui sont sûrs
de casser une bouteille en
trois coups à cent cinquante
pas de distance, à balles franches et avec vos fusils de munition?

Trois hommes sortirent des rangs.

— Essayons, dit le colonel.

Une bouteille fut placée à la distance désignée.

Un des tireurs cassa les trois bouteilles, et deux
autres n'en cassèrent que chacun une.

— Ton nom? dit le colonel à celui qui avait
donné cette preuve extraordinaire de son adresse.

— André, répondit le voltigeur, s'appuyant d'une
main sur son fusil et retroussant de l'autre sa
moustache, — et prêt à vous servir si j'en étais
quelquefois capable, ajouta-t-il avec ce mouvement
d'épaules qui n'appartient qu'à l'homme qui a porté
dix ans le sac.

— Vois-tu cet aigle qui tournoie au-dessus de
nous?

Le voltigeur se fit un abat-jour avec sa main et
leva la tête.

— C'est bon : on le voit, mon colonel, répondit-
il. Puis il ajouta avec la satisfaction intérieure du
soldat content de lui-même : Dieu merci, on n'est
pas myope.

— Eh bien! continua le colonel, il y a dix louis
pour toi si tu le tues.

— A cette distance? reprit le voltigeur.

— A cette distance ou à tout autre.

— Au vol?

— Au vol ou posé, cela te regarde. Mets-toi à
l'affût jour et nuit, s'il le faut. Je te dispense pendant trente-six jours de tout service.

— Eh bien! mon coucou, tu entends? dit le voltigeur à l'aigle, comme si le roi de l'air eût pu l'entendre; tu n'as qu'à bien tenir ton bonnet : je ne
te dis que ça.

Puis, avec le soin minutieux du chasseur, il commença la toilette de son fusil, lui mit une pierre
neuve, passa un chiffon dans le canon, choisit parmi
ses douze cartouches celles dont les balles lui parurent le plus en harmonie avec son calibre, remplit
son bidon d'eau-de-vie, prit un pain de munition
sous son bras, et s'éloigna en fredonnant une chanson militaire dont le refrain était :

Oh! le triste état
Que d'être gendarme!
Oh! le noble état
Que d'être soldat!

Ce qui prouvait que le voltigeur était parfaitement
content de sa position et du rang élevé qu'elle lui
donnait dans la société.

Le colonel s'assit en dehors de sa tente, suivant
des yeux celui sur l'adresse duquel reposait tout
son espoir; puis, lorsqu'il l'eut perdu de vue dans
un petit bois de sapins qui couvrait le pied de la
montagne, il reporta ses regards vers l'aigle, qui,
en décrivant toujours ce vol circulaire habituel aux

oiseaux de proie, s'était progressivement rapproché du sommet du rocher. Tout à coup il s'abattit avec la rapidité de l'éclair, puis bientôt, remontant un levreau entre ses serres, il alla s'enfoncer avec sa proie dans le trou où était son aire.

Cinq minutes après, il reparut et alla se poser sur la pointe d'un rocher faisant aiguille.

Il avait à peine replié ses ailes, qu'un coup de fusil partit. L'aigle tomba.

Dix minutes après, André sortait du petit bois, portant sa chasse.

— Voilà le poulet d'Inde, dit-il en jetant son royal gibier aux pieds du colonel : c'est un mâle.

— Et voilà tes dix louis, répondit celui-ci.

— Y en a-t-il autant pour la femelle? continua André.

— Il y a le double, répondit le colonel.

— Vingt louis? excusez du peu! Faut que vous ayez un drôle de goût tout de même de payer ce prix-là un pareil volatile, qui n'est pas bon à faire de la soupe à des soldats du train; mais c'est égal, c'est égal, faut pas disputer des goûts. Vous aurez votre femelle, et, si vous voulez l'empailler, ça vous fera une paire de jolies bêtes.

— Tu entends, vingt louis? dit le colonel.

— Suffit, suffit, répondit André en mettant les dix qu'il venait de gagner dans la poche de son gilet. On a entendu. Soyez calme; on ne reviendra pas sans la chose.

Puis il se remit en route en sifflant son refrain favori.

Cette fois, il ne revint que le lendemain matin; mais, comme la veille, il avait tenu parole.

— Ah! fit le colonel en bondissant de joie.

— Enfoncé jusqu'à la troisième capucine, dit André en frappant sur sa poche.

Le colonel le regarda en riant.

— Que fais-tu? continua-t-il.

— Vous le voyez, je bats le rappel.

— Tiens! fit le colonel en lui présentant sa bourse.

— Entrez au quartier, mes conscrits, dit André introduisant les nouveaux venus dans son gousset; vous trouverez là les anciens, et vous leur direz bien des choses de ma part.

— Maintenant, dit le colonel, tu peux te retirer : je n'ai plus besoin de toi.

— Vous ne voulez pas que je vous les plume?

— Merci.

— C'est que, pour le prix, je vous devais bien cela. La chose vous dérange? Prenez que je n'ai rien dit, colonel, et pas d'affront; seulement je vous demande votre pratique.

A ces mots, André rapprocha ses jambes l'une de l'autre, roidit le corps, fit le salut militaire et sortit.

— Capitaine, dit le lendemain à Jacomo le bandit qui venait de la provision, il n'y avait rien dans le nid.

— Les aiglons sont-ils envolés? s'écria le capitaine en tressaillant.

— Non, ils y sont encore; mais il faut croire que le père et la mère ont trouvé qu'ils mangeaient trop, et se sont lassés de les nourrir.

— C'est bien, dit Jacomo : on vivra comme on pourra aujourd'hui des restes d'hier.

Le lendemain, Jacomo voulut aller à la provision lui-même : il se fit attacher la corde autour du corps et se fit descendre. Arrivé au nid, il y plongea la main : les deux aiglons étaient morts de faim.

— Cet infâme Antonio nous a trahis! dit le chef.

Ce jour-là, les bandits mangèrent un des aiglons.

Le lendemain, ils mangèrent la moitié de l'autre.

Le surlendemain, l'autre moitié.

Après le dîner, Jacomo s'approcha du bord du rocher et vit le colonel, dont la longue-vue était braquée sur le sommet de la montagne. Il causait avec le docteur, dont il avait levé les arrêts le jour où il avait appris par quels moyens Jacomo et ses bandits pourvoyaient à leur nourriture. Le colonel l'aperçut, mit un mouchoir blanc au bout de son épée et l'agita en l'élevant en l'air. Jacomo comprit qu'on lui offrait de parlementer. Il appela Maria, lui dit de détacher son tablier, et, l'attachant au bout d'une perche comme un drapeau, il planta la perche sur le point le plus élevé de la montagne. Le colonel vit qu'on était prêt à écouter ses propositions; il demanda un homme de bonne volonté pour les porter. André se présenta.

L'ambassade n'était point sans quelque risque : les brigands calabrois ne se piquent pas de respecter régulièrement les usages adoptés en pareille occasion entre ennemis ordinaires. Mis hors la loi eux-mêmes, ils pouvaient bien mettre le parlementaire hors le droit : aussi André demanda-t-il à son colonel la permission de lui dire deux mots en particulier. Arrivé à l'écart, André tira de sa poche les trente louis qu'il avait reçus trois jours auparavant de son colonel, et les lui mit dans la main.

— Qu'est-ce que cela signifie? dit le colonel.

— Cela signifie, répondit André, que, si ces farceurs qui sont là-haut me donnaient mon étape, ce qui pourrait bien arriver, entre nous soit dit, colonel, je ne me soucie pas qu'ils héritent de moi. En conséquence, voilà, mon colonel : vous enverrez vingt louis à ma vieille mère, et les dix autres, vous les donnerez à la vivandière de notre compagnie, brave fille qui lave notre linge gratis, nous donne la goutte à crédit, et qui, le soir, au bivac, se couche à droite du peloton, et le lendemain se trouve de l'autre côté....... à gauche.

Le colonel promit à André de remplir scrupuleusement ses dernières intentions, s'il lui arrivait malheur, et lui donna ses instructions. Il promettait la vie sauve à tout le monde, excepté à Jacomo.

André se mit en route et commença à gravir la

Par un mouvement rapide comme la pensée, il saisit le poignet de son adversaire.

montagne avec cette merveilleuse confiance du militaire français, confiance qui s'appuie sur deux points . le courage qu'il a et l'éloquence qu'il croit avoir. Arrivé au sommet, il se trouva à cinquante pas de la sentinelle de Jacomo, qui lui cria en calabrois :

— Qui vive?

— Parlementaire, répondit tranquillement André. Et il continua son chemin.

— Qui vive? cria une seconde fois la sentinelle.

— On te dit : Parlementaire, imbécile ! répéta André en haussant la voix et en faisant de nouveau quelques pas.

— Qui vive? cria une troisième fois le bandit en appuyant sa carabine contre son épaule.

— Ah çà! mais tu n'as donc pas entendu? dit André, criant de toute la force de ses poumons, et séparant chaque syllabe de sa voisine : — Par-le-men-taire, par-le-men-taor! Ah! es-tu content?

Il paraît que le mot italianisé par André ne produisit pas l'effet qu'il en attendait, car, au moment où il venait de donner cette preuve de philologie, la balle, atteignant la plaque du shako du voltigeur, emporta dans le précipice la coiffure que son propriétaire avait eu la négligence de ne point assujettir par des gourmettes.

— Enfant de... louve! dit André, qui connaissait son histoire romaine, tu as fait là un beau chef-d'œuvre, va... Un shako qu'il y avait dans sa coiffe plus de trente lettres de mes amantes, et qui m'étaient plus chères les unes que les autres, encore... Ah! brigand, tu veux donc que je te mange l'âme!!!...

Cette dernière exclamation lui était arrachée par l'approche du bandit, qui, voyant qu'André, en sa qualité de parlementaire, n'avait pas d'armes, accourait afin de frapper de son poignard celui qu'il avait manqué avec sa carabine.

André mit machinalement la main à la place où il aurait dû trouver son sabre, mais il n'y rencontra que le fourreau. En même temps, il vit briller à un pied de sa poitrine le poignard du bandit. Par un mouvement rapide comme la pensée, il saisit avec la main le poignet de son adversaire. Le coup qui allait le frapper resta donc suspendu, et une lutte s'engagea entre ces deux hommes.

Le terrain sur lequel elle avait lieu était une espèce de chemin s'appuyant d'un côté contre un rocher coupé à pic, et, de l'autre, s'inclinant en talus vers un précipice de deux mille pieds de profondeur.

Cet étroit espace, couvert d'herbe rase et sèche que la chaleur rendait glissante, n'était pas sans danger pour ceux mêmes qui le traversaient seuls et avec précaution; aussi, chacun des deux lutteurs comprit-il tout le danger de la situation, et commença-t-il d'employer toutes les ressources de sa force ou toutes les ruses de son adresse pour s'éloigner le plus possible du bord, car il y avait peu de chance que l'un précipitât l'autre sans être entraîné dans sa chute. Toutes les tentatives du bandit se bornaient donc à dégager son poignet de l'étau où il était serré, tandis qu'André rassemblait toutes ses forces pour l'y retenir. Chacun, du reste, avait jeté autour du cou de son adversaire la main qui lui restait libre, si bien que ces deux hommes, animés l'un contre l'autre d'un désir effréné de mort, eussent semblé, à celui qui les eût vus d'une certaine distance, deux frères aux bras l'un de l'autre, et s'étreignant après une longue absence.

Ils demeurèrent ainsi quelque temps immobiles, sans que ni l'un ni l'autre pût prévoir auquel resterait l'avantage. Enfin, les genoux du bandit commencèrent à trembler, ses reins se courbèrent lentement en arrière, sa tête se renversa comme le faîte d'un arbre qui plie, puis, ses pieds se détachant du sol, il tomba lourdement comme un chêne déraciné, entraînant André dans sa chute, et, par un mouvement machinal à l'homme qui cherche un appui, ouvrant la main qu'André tenait serrée dans la

sienne, et dont le poignard, s'échappant aussitôt, alla tomber à un demi-pied du précipice.

Alors la lutte continua pour la même cause, le bandit tâchant de pousser du pied le poignard dans l'abîme, André tâchant de s'en emparer; mais, pour l'une comme pour l'autre cause, il fallait que ces deux hommes se rapprochassent du bord. De temps en temps, leurs yeux ardents jetaient un regard sur le gouffre vers lequel tous deux s'avançaient insensiblement; puis, sans dire un mot, sans proférer une menace, leurs membres se roidissaient par une étreinte plus violente. Enfin, André parut devoir conserver jusqu'à la fin l'avantage sur son adversaire, dont, en ce moment, il serrerait la gorge d'une main, tandis que les doigts de l'autre touchaient presque le manche du poignard. Il fit un dernier effort et l'atteignit. Le bandit vit qu'il était perdu. Aussitôt sa résolution fut prise de mourir, mais de mourir en entraînant son ennemi. Il appuya donc son pied contre le rocher sans qu'André s'en aperçût, et, au moment où le poignard brillait au-dessus de sa poitrine, il roidit sa jambe comme un ressort, et André, qui était couché sur lui, se sentit glisser avec lui dans le gouffre. Un cri terrible retentit: c'était la double malédiction de ces deux hommes, c'était le puissant et dernier adieu de la créature à la création. Le bandit et le soldat avaient perdu terre.

Un autre cri lui répondit: celui-là, c'était Jacomo qui le poussait. Attiré par le coup de fusil, il était accouru de loin, avait vu la lutte, et arrivait au moment où elle se terminait par la chute commune des deux ennemis. Il étendit le bras, comme s'il avait pu les retenir; puis, les voyant disparaître, il bondit, avec l'agilité du jaguar, sur l'extrémité d'un roc qui surplombait le précipice, jeta ses yeux avides dans le gouffre, et vit au fond le corps mutilé du bandit, que les eaux d'un torrent entraînaient avec elles.

— Camarade! dit en ce moment une voix qui partait de quelques pieds au-dessous de lui; camarade!

Jacomo tourna les yeux dans la direction où l'attirait le son, et il aperçut André à cheval sur un arbre qui avait poussé dans les fentes du roc.

Au commencement de leur chute, les deux adversaires s'étaient lâchés, et André avait eu le bonheur de s'accrocher à cet arbre sauveur, puis il avait si bien fait, qu'il était parvenu à s'y placer à califourchon, ayant au-dessus de sa tête dix pieds de roc nu qu'il ne pouvait gravir, et sous ses pieds l'abîme où l'avait précédé le bandit.

— Ah! fit Jacomo étonné, qui es-tu?

— Pardieu! en voilà un qui parle français, et nous allons nous entendre, au moins, dit André prenant sur son arbre un aplomb plus solide qu'il ne l'avait encore fait.

— Qui je suis? Je suis André Frochot, natif de

Corbeil, près Paris, voltigeur au 34ᵉ de ligne, que l'empereur a surnommé le *Foudroyant*.

— Que viens-tu faire? continua Jacomo.

— Je viens, de la part de mon colonel, vous apporter, comme on dit, son ultimaton.

— C'est bien, dit Jacomo.

— Alors, si c'est bien, dit André, ayez l'obligeance de me descendre la moindre chose pour que je remonte, comme qui dirait une corde, par exemple, et puis vous me tirerez comme cela, heim? Il fit le geste d'un homme qui tire un seau d'un puits.

Jacomo fit quelques pas et tira du buisson où elle était restée cachée la corde devenue inutile, en descendit un bout à André, qui l'assujettit fortement autour de son corps, puis la serra de ses deux mains au-dessus de sa tête, et, se sentant solidement attaché par cette double précaution, donna le signal en disant : — Allons, houp!!! Jacomo prouva qu'il avait parfaitement compris l'exclamation, en amenant la corde à lui André commença donc son ascension tournant au bout de son conducteur comme une pelote de fil qu'une femme dévide. Enfin, arrivé au sommet, Jacomo mit la corde sous son pied, afin qu'elle ne glissât point, et tendit la main à André, qui, se cramponnant de toute la force de ses poignets, prit un dernier élan et se trouva presque aussitôt auprès du bandit.

— Merci, camarade, dit-il en dénouant la corde qui lui servait de ceinture, et en effaçant aussitôt les traces du désordre qu'avaient causé dans sa toilette militaire la descente et l'ascension qu'il venait de faire, avec la même minutie et le même flegme que s'il s'agissait pour lui de passer immédiatement la revue; merci, et, si jamais vous vous trouvez en pareille circonstance, appelez André Frochot, et, s'il est à cent pas à la ronde, vous pouvez compter sur lui.

— C'est bien, dit Jacomo. Maintenant, les instructions.

— Ah! dit André, voilà où c'est fini de rire. Mes instructions, elles étaient dans mon shako, et mon shako est à tous les diables. L'autre est bien allé le chercher, ajouta-t-il en jetant un regard dans le précipice; mais j'ai peur qu'il ne le rapporte pas.

— Te rappelles-tu ce qu'elles contenaient? dit Jacomo.

— Oh! cela sur le bout du doigt.

— Voyons.

— Elles disaient... écoutez bien. André prit l'air grave et important d'un ambassadeur. Elles disaient que tous les bandits auraient la vie sauve, et qu'il n'y aurait que leur chef de pendu.

— Es-tu sûr de cela?

— Comment, si j'en suis sûr? Mais est-ce que vous me prendriez pour un blagueur, par hasard? Je vous dis la chose mot à mot, et je vous en réponds sur ma parole, foi d'André.

— Alors, la chose peut s'arranger, dit Jacomo. Suis-moi.

André obéit. Dix minutes après, le bandit et le soldat arrivèrent au plateau que nous avons décrit au commencement de cette histoire; ils y trouvèrent les brigands couchés, et Maria adossée au rocher, allaitant son enfant.

— Bonne nouvelle, mes amis! dit Jacomo en arrivant; les Français vous offrent la vie sauve. Les brigands bondirent sur leurs pieds, Maria souleva mélancoliquement la tête.

— A tous? dit un bandit.

— A tous, répondit Jacomo.

— Sans exception? dit doucement Maria.

— Peu importe à ces braves gens, reprit impatiemment Jacomo, qu'il y ait une exception, si cette exception ne les regarde pas.

— C'est bien, répondit Maria baissant sa tête résignée sans faire d'autre observation.

— C'est-à-dire, reprit un des brigands, qu'il y a une exception, comme vous dites, et que cette exception regarde le chef?

— Cela se peut, répondit Jacomo.

— Et c'est cet homme qui...?

— Oui, dit Jacomo.

Le bandit regarda ses camarades, et, voyant sur toutes les figures une expression en harmonie avec sa pensée, il porta vivement sa carabine à l'épaule et mit André en joue.

— Sang du Christ! que fais-tu? s'écria Jacomo en couvrant André de son corps.

— Je fais, répondit le bandit, que je veux apprendre à ce païen à se charger de pareilles commissions!

— Qu'est-ce qu'il a donc ce farceur-là? dit André se haussant sur la pointe du pied et regardant le bandit par-dessus l'épaule de Jacomo; est-ce que ça lui prend souvent?

— C'est bien, c'est bien, Luidgi, reprit Jacomo en faisant un geste de la main, baisse ta carabine; car c'est ton avis à toi de refuser, mais ce n'est point celui de la troupe, peut-être.

— C'est l'avis de tout le monde, n'est-ce pas? s'écria Luidgi se tournant vers ses camarades.

— Oui, oui, répondirent-ils tous à la fois. Oui, vivre ou mourir avec le chef. Vive le chef! Vive le père! Vive Jacomo! Maria ne disait rien, mais deux larmes de reconnaissance coulaient le long de ses joues.

— Tu entends? dit Jacomo en se retournant vers André.

— Oui, j'entends, répondit André; mais je ne comprends pas.

— Eh bien! ces hommes disent qu'ils veulent vivre ou mourir avec moi, car c'est moi qui suis le chef.

— Excusez, répondit André. Et, rapprochant ses deux jambes, il porta la main à son front et fit le

André.

salut militaire. Je n'avais pas celui de vous connaître. A tout seigneur tout honneur.

— C'est bon, dit Jacomo avec un geste de noblesse et de fierté qui eût fait honneur à un roi; et,
maintenant que tu me connais, retourne vers ton
colonel, et dis-lui que, dans toute la bande de Jacomo, qui meurt de faim, il n'y a pas un seul homme
qui ait voulu racheter sa vie au prix de celle de son
capitaine.

— Eh bien! qu'est-ce qu'il y a d'étonnant à cela?
répondit André en frisant sa moustache; ça prouve
qu'il y a de bons enfants partout . voilà la chose

— Maintenant, si j'ai un conseil à te donner, dit
Jacomo examinant avec inquiétude la figure de ses
hommes, c'est de ne pas rester plus longtemps, ou
je ne répondrais de rien.

— C'est bon, répondit André regardant autour
de lui avec un air de profond mépris, on n'a pas
envie de faire un bail dans ta baraque. Avec cela
qu'elle ne me paraît pas crânement approvisionnée
de comestibles.

Le chef fronça les sourcils.

Jacomo poussa une espèce de rugissement que l'on aurait pris bien plutôt pour le cri d'un loup que pour la voix d'un homme. — PAGE 26.

André le regarda en face comme pour dire : Eh bien! après? Et, une fois que la figure du chef eut repris son expression ordinaire, il tourna le dos et s'éloigna lentement, dandinant sa démarche et chantant à demi-voix :

> Oh! le triste état
> Que d'être gendarme!
> Oh! le noble état
> Que d'être soldat!
> Quand le tambour bat,
> Adieu nos maîtresses!

> Quand le tambour bat,
> La nation s'en va.

En achevant le dernier vers, il tourna le rocher et disparut aux yeux de Jacomo et de sa bande. Cependant, ce ne fut que dix minutes après qu'il se retourna, tant il craignait qu'on n'interprétât à crainte ce mouvement de curiosité.

Après le départ d'André, les bandits restèrent muets et immobiles à l'endroit où il avait laissé chacun d'eux. Enfin Jacomo se leva et s'éloigna sans dire un mot. Alors chacun chercha quelque moyen de combattre la faim qui le dévorait: les uns trouvèrent quelques racines, d'autres des fruits sauvages, d'autres enfin essayèrent de mâcher de jeunes pousses; Maria seule resta assise contre un rocher, elle sentait qu'elle avait encore du lait pour son enfant.

Au bout de deux heures, Jacomo revint; il tenait à la main un de ces longs bâtons ferrés avec lesquels les bouviers romains chassent leurs troupeaux, et de l'autre la corde que nous avons vue déjà jouer un rôle si actif dans le cours de cette histoire, et qui paraissait un accessoire obligé de son dénoûment.

— Faites vos préparatifs, dit-il: nous partons.

— Quand? s'écrièrent les bandits.

— Cette nuit, répondit Jacomo.

— Vous avez trouvé un passage?

— Oui.

La joie reparut sur tous les visages, car nul ne doutait de la parole du chef. Maria se leva, et, présentant son enfant à Jacomo: — Embrasse-le donc, dit-elle.

Jacomo embrassa l'enfant de l'air d'un homme qui craint de laisser surprendre un sentiment humain au fond de son âme; puis il étendit la main vers l'orient.

— Dans une demi-heure il fera nuit, dit-il.

Chacun visita ses armes, renouvela ses cartouches, passa la baguette dans le canon de sa carabine.

— Êtes-vous prêts? dit Jacomo.

— Nous le sommes.

— Partons.

Ils se mirent alors en route, suivant un chemin opposé à celui par lequel André était venu. Un sentier facile, mais si étroit qu'un seul homme aurait pu le défendre contre dix, conduisait au bas de la montagne sur laquelle s'étaient réfugiés les bandits. Ce sentier n'avait point échappé à l'œil vigilant du colonel; aussi avait-il placé un poste à son extrémité, et à cent pas de ce poste une sentinelle. Aussi, en s'engageant dans ce sentier, le chef, qui marchait le premier, se tourna-t-il vers ses hommes et recommanda-t-il le silence de cette voix brève et puissante qui annonce qu'il y va de la vie si l'on n'obéit ponctuellement à une pareille injonction. Chacun retint son haleine. En ce moment, l'enfant poussa une plainte.

Jacomo se retourna; son œil brillait dans l'ombre comme celui du tigre. Maria donna son sein tari à l'enfant; il le prit avidement et se tut. On continua de marcher. Au bout de dix minutes, l'enfant, trompé dans son attente, laissa échapper un cri.

Jacomo poussa une espèce de rugissement qui ne pouvait trahir ni lui ni sa bande, car celui qui l'aurait entendu l'aurait pris bien plutôt pour le cri du loup que pour la voix de l'homme. Maria, tremblante, colla sa bouche sur celle de son fils. On fit quelques pas encore, mais l'enfant, tourmenté par la faim, se mit à pleurer.

Alors Jacomo fit un bond jusqu'à lui, et, avant que Maria eût pu le retenir ou le défendre, il le saisit par une jambe, l'arracha des bras de sa mère et, le faisant tourner comme un berger sa fronde, il lui brisa la tête contre un arbre.

Maria resta un instant pâle, les cheveux dressés et les yeux fixes; puis, se baissant par un mouvement roide et mécanique, elle ramassa le cadavre mutilé de l'enfant, le mit dans son tablier et continua de suivre la bande, dont Jacomo avait déjà repris la direction.

En ce moment, profitant d'un endroit où la montagne était accessible, il quitta le sentier, s'engagea avec l'instinct d'une bête fauve entre les rochers, les sapins et les hautes bruyères qui semblaient fermer tout passage à d'autres créatures vivantes qu'à des reptiles. La troupe le suivit.

Pendant une heure, on marcha ainsi, si une telle course, où tantôt il fallait bondir de roc en roc comme des chamois, tantôt ramper sur la terre comme des serpents, peut s'appeler une marche. Enfin on arriva à une partie de la montagne coupée à pic; en face de cette espèce de plateau, et à vingt pieds de l'autre côté, s'étendait un plateau à peu près semblable: le précipice qui séparait ces deux sommets s'était sans doute formé à la suite de quelque convulsion volcanique; mais les hommes ne se rappelaient pas avoir jamais vu réunies en une seule ces deux montagnes jumelles.

Arrivés là, les bandits se regardèrent avec inquiétude. Tous connaissaient bien cette partie de leur domaine, et souvent, depuis qu'ils étaient cernés par les soldats, quelqu'un d'entre eux était venu jusqu'à cette place, avait sondé de l'œil le précipice qui s'ouvrait à ses pieds et mesuré la distance qui le séparait de cette terre voisine où était le salut: puis il s'était retiré tout pensif et la tête courbée sous le poids de la pensée qu'il était impossible à tout autre qu'à un chamois de franchir un pareil intervalle.

Ce fut cependant sur le bord de cet abîme que Jacomo s'arrêta; les bandits formèrent aussitôt un demi-cercle autour de cet homme dont le génie avait déjà soutenu leur vie par des ressources que jamais ils n'eussent trouvées, et qui en ce moment sans doute allait les tirer de danger par quelque ressource nouvelle. En effet, Jacomo ne parut éprouver aucun embarras; il déroula la corde dans toute sa longueur, appela l'un de ses hommes, la lui attacha par un bout au poignet, et, nouant solidement l'autre extrémité au milieu du bâton ferré dont il s'était muni, il le balança au-dessus de sa tête comme un javelot, et le lança sur l'autre bord

Les bandits, habitués à distinguer dans l'ombre de la nuit comme à la lumière du jour, suivirent le vol de la lance; ils la virent passer entre deux chênes jumeaux qui croissaient sur le plateau opposé et s'enfoncer en tremblant dans la terre. Alors Jacomo détacha du poignet du bandit l'extrémité de la corde. Aussitôt, lui imprimant une secousse, il arracha de terre le fer du bâton, et, le tirant à lui, il l'amena jusqu'aux deux chênes : là il fut arrêté par la position transversale qu'il avait prise. Jacomo tira violemment, la corde se tendit, le bâton résista : c'est ce que voulait le bandit.

Alors il assujettit, en la tournant trois fois autour du tronc d'un sapin, l'extrémité de la corde qu'il n'avait point abandonnée, la noua de plusieurs nœuds, lui fit faire deux tours encore, la noua de nouveau; puis, s'asseyant sur le bord du précipice, il saisit des deux mains la corde qui le traversait comme un pont, et commença, à la force des poignets, les jambes pendantes dans l'abîme, d'effectuer cet étrange passage.

Les bandits le suivaient des yeux, haletants et la bouche ouverte. Ils le virent, détachant une main après l'autre, avancer aussi facilement que si ses pieds eussent eu un point d'appui. Enfin, il toucha le bord opposé, se cramponna à la racine de l'un des chênes, et, faisant un dernier effort, il se trouva sur le plateau opposé.

Alors il examina attentivement le bâton qui maintenait la corde, et, le voyant solidement retenu, il se retourna vers ses hommes, en leur faisant signe de le venir rejoindre.

C'étaient de braves et hardis montagnards qui n'hésitèrent pas une seconde, confiants qu'ils étaient dans leurs forces : où l'un avait passé, ils devaient passer tous, et tous passèrent.

Maria resta la dernière. Lorsque son tour fut venu, elle prit le bout de son tablier entre ses dents, saisit la corde, et, sans donner aucune marque de crainte ni de faiblesse, elle passa comme les autres.

Le chef respira, car tous ses hommes étaient autour de lui sains et saufs, et il venait de leur sauver la vie qu'ils avaient refusé de conserver au prix de la sienne. Alors il jeta un regard d'indicible mépris vers les postes militaires dont les feux étincelaient de place en place; puis il dit ce seul mot : Allons! et chacun se remit en marche, plein de courage et d'ardeur.

Une heure après, ils aperçurent un village et descendirent vers lui. Jacomo entra chez un paysan, se nomma, et dit que lui et ses hommes avaient faim. On s'empressa de leur apporter tout ce qui leur était nécessaire; chacun fit sa provision de vivres et repartit. Au bout de vingt minutes, ils étaient de nouveau rengagés dans la montagne, hors de tous dangers, et sans crainte d'être poursuivis. Jacomo s'arrêta, examina l'emplacement où ils se trouvaient.

— Nous passerons ici la nuit, dit-il; maintenant, soupons.

Cet ordre fut exécuté avec empressement; car,

quoique chacun mourût de faim, nul n'avait osé manger avant que la permission en eût été donnée par le chef. Les provisions furent donc mises en monceau; les bandits s'assirent en cercle, et, cinq minutes après, chacun opérait avec une telle rage, qu'il était évident que, depuis le premier jusqu'au dernier, tous avaient à cœur de réparer le temps perdu. Tout à coup Jacomo se leva : Maria n'était plus avec la bande.

Il fit rapidement quelques pas dans la direction par laquelle ils étaient venus, puis il s'arrêta tout à coup. Il avait aperçu Maria au pied d'un arbre : elle était à genoux et creusait avec ses mains une tombe pour y déposer son enfant.

Jacomo laissa tomber le morceau de pain qu'il tenait, la regarda un instant sans oser lui parler, et revint triste et silencieux vers sa troupe.

Le repas étant terminé, Jacomo plaça une sentinelle, plutôt par habitude que par crainte, puis permit à chacun de prendre du repos. Lui-même, se retirant à l'écart, étendit son manteau par terre et donna à ses hommes un exemple qu'écrasés de fatigue comme ils l'étaient, ils ne tardèrent pas à suivre.

Le bandit qui était en sentinelle veillait depuis un quart d'heure à peine, et il commençait déjà à sentir que la fatigue l'emportait sur sa consigne; ses yeux se fermaient malgré lui, et il était obligé de marcher continuellement pour ne point s'endormir tout debout, lorsqu'une voix douce et triste prononça son nom. Il se retourna et reconnut Maria.

— Luidgi, dit-elle, c'est moi : ne crains rien.

Luidgi la salua avec respect.

— Pauvre garçon! continua-t-elle, tu tombes de fatigue et de sommeil, et il te faut veiller!

— C'est l'ordre du chef, dit Luidgi.

— Écoute, répondit Maria, je ne puis pas dormir quand je le voudrais, moi. Elle lui montra son tablier tout rouge. Le sang de mon enfant me tient éveillée. Tu sais si j'ai l'œil sûr : donne-moi ta carabine, je ferai sentinelle à ta place, et au point du jour je te réveillerai. Ce sont deux heures de repos que je t'offre.

— Mais si le chef le savait? dit Luidgi, qui mourait d'envie d'accepter la proposition.

— Il ne le saura pas, dit Maria.

— Vous m'en répondez?

— Je t'en réponds.

Le bandit lui remit sa carabine, et prouva, au peu de temps qu'il mit à chercher une place commode, combien était grande sa conviction intérieure de bien dormir partout. Dix minutes après, sa respiration bruyante annonça qu'il mettait à profit le peu de temps qui lui restait encore avant le lever du soleil.

Quant à Maria, elle resta un quart d'heure à peu près immobile; puis, tournant la tête par-dessus son épaule vers ces hommes, elle s'assura que tous étaient plongés dans le sommeil. Alors elle quitta sa place, passa sans bruit au milieu d'eux, si légère qu'elle semblait un esprit rasant le sol ; puis, arrivée près de Jacomo, elle abaissa le canon de sa carabine, en appuya le bout sur la poitrine de Jacomo, et lâcha le coup.

— Qu'est-ce? s'écrièrent les bandits se réveillant en sursaut.

— Rien, dit Maria. Luidgi, dont je tiens la place, a oublié de me prévenir que sa carabine était armée, et, comme j'ai par mégarde appuyé le doigt sur la gâchette, le coup est parti.

Chacun reposa la tête sur son bras et se rendormit.

Quant à Jacomo, il n'avait pas proféré un soupir, pas poussé une plainte : la balle lui avait traversé le cœur.

Maria posa la carabine de Luidgi contre un arbre, coupa la tête de Jacomo, la mit dans son tablier tout taché du sang de son fils, et descendit de la montagne.

Le lendemain on annonça au colonel qu'une jeune fille, qui disait avoir tué Jacomo, demandait à lui parler. Le colonel la fit entrer dans sa tente. Maria s'arrêta devant lui, lâcha le bout de son tablier, et la tête du bandit roula par terre.

Tout habitué qu'il était aux émotions du champ de bataille, le colonel tressaillit ; puis, levant les yeux vers cette jeune fille grave et pâle comme la statue du Désespoir :

— Mais qui êtes-vous donc? lui dit-il.

— Hier j'étais sa femme... aujourd'hui je suis sa veuve !

— Faites-lui compter trois mille ducats, dit le colonel.

—◦—

Quatre ans après, une religieuse du couvent de la Sainte-Croix, à Rome, mourut en grande odeur de sainteté ; car, outre la vie exemplaire qu'elle avait menée depuis qu'elle avait prononcé ses vœux, elle avait apporté pour sa dot une somme de trois mille ducats, dont le couvent héritait à sa mort. Quant à sa vie antérieure, on ignorait complétement ce qu'elle avait pu être ; on savait seulement que sœur Maria était née en Calabre.

FIN

POUGET

ANDRIEUX

LA
MAIN DROITE DU SIRE DE GIAC

PAR

ALEXANDRE DUMAS

❖❖❖

I

i le lecteur, qui nous a déjà si souvent et si complaisamment suivi dans nos excursions historiques à travers la vieille France, veut bien, cette fois encore, faire avec nous un pas rétrograde, nous le transporterons à quelques lieues de la jolie petite ville d'Avranches, entre Trans et Saint-Hilaire, au pied d'un château-fort dont les murailles, cachées à cette heure sous l'herbe, ceignaient bravement, à l'époque où commence cette chronique, le bourg de Saint-James-de-Beuvron.

Sur l'emplacement occupé par les vertes et grasses prairies qui s'étendent jusqu'à Pontorson, s'élevaient alors les logis de l'armée de Bretagne, qui, depuis le commencement du carême de 1425, était venue mettre le siége devant le château de Saint-James. En jetant les yeux sur le fossé qui ceint le camp et sur la palissade qui le protége, en suivant les contours anguleux que forment dans leur circuit ce fossé et cette palissade, on reconnaîtra tout d'abord que c'est un capitaine savant dans l'art de mener une bataille qui a tracé le plan de ces fortifications, établies à la fois pour l'attaque et pour la défense. C'est que, dans les guerres bizarres du moyen âge, où tout se faisait, non point d'après un plan de campagne unitaire, mais selon le caprice des chefs aventureux qui avaient une volonté individuelle dès qu'ils trouvaient vingt-cinq hommes pour les aider dans l'accomplissement de cette volonté, il ne fallait qu'une garnison inopinément délivrée qui se mettait en campagne et marchait instinctivement au secours d'une garnison captive, pour que les assiégeants d'aujourd'hui fussent assiégés demain; or, c'est ce qui pouvait arriver d'un jour à l'autre à l'armée de Bretagne, s'il plaisait aux Anglais d'Avranches de venir en aide à leurs frères de Saint-James-de-Beuvron.

Mais à cette heure, et grâce aux précautions si habilement prises, tout était calme dans le camp ; le silence de la nuit n'était troublé que par le bruit des hommes de garde, qui, de quart d'heure en quart d'heure, faisaient entendre le cri de veille; tous les feux étaient éteints dans les baraques des soldats et dans les logis des capitaines; une seule tente, plus élevée que les autres, et au-dessus de laquelle flottait, à chaque bouffée du vent qui venait de la mer, la bannière de France et de Bretagne, était éclairée encore : c'est que dans cette tente veillait, plein de soucis, le chef de toute cette armée, qui dormait tranquille, se reposant sur lui, comme le troupeau sur le berger.

Aussi s'était-il jeté tout cuirassé sur les peaux de loup qui lui servaient de lit; son casque seul, posé près de la couche militaire, manquait à son armure, ce qui permettait de reconnaître que celui sur lequel pesait une si grande responsabilité que celle de la vie de ses frères était un beau jeune homme de trente-deux à trente-trois ans à peine, aux longs cheveux châtains tombant carrément sur ses épaules, au teint clair, aux yeux bleus, et dont la physionomie aurait eu une expression de douceur parfaite, si un léger froncement de sourcil, qui lui était habituel, n'avait dénoncé cette volonté puissante et continue qui, chez les Bretons, dégénère parfois en entêtement. Une lampe de cuivre, la seule qui, comme nous l'avons dit, veillât encore par le camp, éclairait un manuscrit qu'il lisait, la tête appuyée sur la main gauche, et dans lequel il faisait de la main droite, des corrections en écriture trois fois plus grosse que celle du texte. Ce manuscrit avait pour titre : *Histoire d'Arthus, comte de Richemont et connétable de France, contenant ses mémoires faicts depuis l'an 1413 jusqu'à la fin de 1424.*

— Ah! mon pauvre Guillaume, murmura le jeune homme lorsqu'il fut arrivé au dernier feuillet, j'ai bien peur que tu n'aies écrit à cette heure les plus riches pages de mon histoire, et que cette année 1425, qui commence si mal, ne tourne au pire.

— Voilà de tristes pensées, monseigneur! répondit un homme vêtu d'un habit de paysan, qui était entré dans la tente d'Artus et s'était approché de son lit sans que celui-ci l'aperçût. Et, malheureusement, continua le nouveau venu en soupirant, les nouvelles que j'apporte ne sont point de nature à les rendre plus joyeuses.

— Ah! c'est toi, le Gruel? répondit Artus avec un demi-sourire qui prouvait que, quoique les nouvelles promises fussent tristes, le messager n'en était pas moins le bienvenu. Sur mon âme, mon pauvre Guillaume, je te croyais pendu, et je comptais envoyer demain une compagnie avec ordre de visiter les uns après les autres, tous les arbres des environs, afin de te donner, si besoin était, une sépulture chrétienne.

— Et cela aurait bien pu arriver, monseigneur, si je n'avais pas pris la précaution de substituer cet habit de manant à votre noble livrée. Les Anglais battent nuit et jour la campagne sous les ordres du comte de Suffolk et du sire de Scales, et, quoique je ne rapporte pas grand argent, ils auraient cependant pu faire une plus mauvaise prise. A ces mots, Guillaume le Gruel vida son escarcelle dans le casque du comte

— Et jusqu'où as-tu été?

— Jusqu'à Rennes, pardieu !

— Tu n'y as point appris des nouvelles du roi?

— Si fait ; il est à Issoudun avec M. de Giac et la cour.

— Mais les cent mille écus promis?

— Je n'en ai point entendu parler.

— De sorte que cet argent que tu rapportes?... reprit Artus en tournant négligemment les yeux sur son casque plein d'or

— Se compose du prix des bijoux que vous m'avez chargé de vendre et de deux cents écus d'or, dont moitié m'a été donnée par votre frère, monseigneur Gilles, et l'autre par mesdames d'Alençon et de Lomaigne.

— Mes bonnes sœurs! murmura Artus.

— Quant au duc Jean, il était en voyage du côté de Morlaix ou de Quimper, mais, eût-il été à Rennes, vous savez qu'il est plus bourguignon que dauphinais.

— De sorte que notre fortune se monte?...

— A quatre cent quatre-vingts écus d'or.

— Allons ! il y aura du moins de quoi payer les marchands qui nous approvisionnent de vivres; quant aux soldats, ils se résigneront à attendre le bon plaisir de notre roi.

— Dieu le veuille! répondit Guillaume avec l'accent d'un homme qui fait à tout hasard une prière, mais sans grand espoir qu'elle sera exaucée.

— Qu'est-ce à dire? murmura Artus en serrant les dents et en fronçant le sourcil. Et qui peut te faire douter de la patience de l'armée, quand son chef lui donne l'exemple?

— Quelques mots que j'ai entendus en rentrant dans les logis, et qu'ont échangés entre eux les soldats de garde à qui j'ai été forcé de me faire connaître.

— Et ces mots?...

— Promettaient une révolte pour demain, si, au point du jour, les troupes ne touchaient pas la solde qu'elles attendent depuis cinq mois.

— Une révolte? s'écria Artus en bondissant de son lit. Une révolte? tu as mal entendu, Guillaume.

— Non, monseigneur; je suis sûr de ce que je dis; ainsi, prenez toute précaution, je vous prie.

— Une révolte! continua Artus en souriant dédaigneusement et en se promenant à grands pas; une révolte! ce serait une chose curieuse à voir. Quant à la précaution que je prendrai, ce sera de ne point sortir sans mon épée.

— Mais, monseigneur, ne vaudrait-il pas mieux faire attendre les marchands et donner un à-compte aux troupes?

— Les marchands ont livré leurs marchandises sur ma parole, et je ferai honneur à ma parole; quant aux soldats, je leur dois le pain, l'eau et le fer, et, tant qu'ils auront à manger, à boire et à se battre, ils n'ont rien à dire.

— Cependant, monseigneur...

— Prends cet or, va régler les comptes des marchands, et, s'il en reste quelque chose, fais-en don de ma part aux familles les plus pauvres, en leur recommandant de prier pour la gloire du roi Charles VII et le salut de la France.

Guillaume regarda son maître et sortit. Il avait reconnu, à l'expression de son visage, que ce n'était point la peine de répliquer. Quant à Artus, il se rejeta sur son lit, et, soit fatigue d'une veille aussi prolongée, soit confiance en lui-même, soit force de volonté, un quart d'heure après il dormait profondément.

Au point du jour, ce sommeil fut interrompu par une grande rumeur qui se faisait dans le camp. Artus se réveilla en sursaut, sauta à bas de son lit, et allait s'élancer hors de sa tente lorsque le Gruel entra.

— Qu'est-ce que ce bruit, Guillaume, et que se passe-t-il donc au dehors?

— Ce que j'avais prévu, monseigneur.

— Une révolte? s'écria Artus en saisissant une masse d'armes accrochée au chevet de son lit.

— Non, pas encore.

— Mais enfin, qu'est-ce donc?

— La garde des portes n'a pas voulu laisser sortir les marchands de bestiaux

— Et pourquoi cela?

— Parce qu'elle a été prévenue, par le soldat qui était en sentinelle devant votre tente, que tout l'argent que j'avais rapporté avait été employé au payement des vivres, et que rien n'était resté pour la solde de l'armée.

— De sorte que?... continua Artus impatiemment.

— De sorte que les troupes veulent reprendre cet or aux marchands, qui, le regardant comme un salaire légitime, ne veulent pas le rendre.

— Ils ont raison, par Notre-Dame! et je vais leur courir en aide, comme à de braves gens.

— Ne prenez-vous point votre casque, monseigneur?

— Non, non; il faut que ces drôles me reconnaissent du plus loin qu'ils me verront, afin que, si l'un d'eux hésite à obéir, il n'ait pas d'excuse. Mon cheval, Jehan! mon cheval!

L'écuyer auquel étaient adressées ces paroles, et qui devait, à toute heure du jour et de la nuit, tenir une monture de guerre prête à tout hasard et à tout besoin, remit la bride aux mains du connétable, et voulut, comme d'habitude, lui présenter le genou; mais Artus, malgré le poids de son armure, s'élança en selle comme s'il n'eût été vêtu que d'un habit de chasse, et, ayant écouté de quel côté venaient les cris, il lança son cheval au galop dans cette direction.

Comme Guillaume l'avait dit, les gardes de la porte, prévenus que les marchands avaient été payés, s'étaient opposés à leur sortie s'ils ne remettaient la moitié de l'argent reçu. On devine qu'une pareille proposition avait été repoussée à l'unanimité, mais les soldats, qui avaient prévu cette résistance, s'étaient promptement décidés à prendre de force ce qu'on ne voulait pas leur donner de bonne volonté.

Alors les marchands, qui comprenaient qu'une fois abandonnés aux mains des gens de guerre la répartition de leur argent ne se ferait pas avec une grande exactitude, s'étaient réunis sous prétexte de délibérer, mais au fait pour se préparer à la défense. En conséquence, ils avaient placé les femmes et les enfants au centre, s'étaient fait un rempart de leurs charrettes, et, armés de bâtons, ils se préparaient à disputer ce que tout digne commerçant a appris dès sa jeunesse à mettre au-dessus de sa propre vie, son argent. Les soldats, de leur côté, pour qui une semblable guerre n'était qu'un jeu, s'y préparaient avec cette joie féroce qu'éprouvent l'homme et le tigre lorsqu'ils savent leur victime, trop faible pour leur résister, se dispose cependant à combattre et donnera, par ce semblant de résistance, une apparence de raison à leur cruauté. Ils étaient, en conséquence, accourus de tous les coins du camp, ignorant pour la plupart ce dont il s'agissait, mais disposés, par esprit de corps, à prendre, sans plus ample information, le parti des gens de guerre contre les manants, et criant : *A mort! à mort!* sans savoir encore ce qu'avaient fait ceux qu'ils condamnaient d'avance à mourir.

Tout à coup, au milieu de ce bruit et de ce désordre, un cri se fit entendre :

— Le connétable ! le connétable!

Au même instant, cette foule, si pressée qu'on n'aurait pas cru qu'un trait d'arbalète eût pu s'y faire jour, se sépara pour faire une route large et libre à son chef, qui, la traversant au galop, ne s'arrêta que lorsque son cheval alla donner de la tête contre les barricades qu'avaient établies les marchands, et au milieu desquelles ils attendaient, plus morts que vifs, ce que Dieu allait décider de leurs personnes et de leur argent. Mais, à la vue du connétable, ils reprirent courage, dérangèrent une charrette pour ouvrir un passage au renfort qui leur arrivait, et, se jetant aux pieds du cheval d'Artus, ils se mirent à crier, les uns, grâce; les autres, justice.

— Pourquoi n'êtes-vous point partis au point du jour, comme je vous l'avais ordonné? dit Artus d'une voix qui couvrit toutes les autres et fut entendue des derniers rangs de l'armée.

— Parce que la garde a refusé de nous ouvrir la porte du camp, répondit d'une voix plus basse celui qui paraissait le chef de la troupe.

Artus fit signe qu'on lui ouvrît un nouveau passage, et, s'avançant vers la porte du camp :

— Pourquoi, dit-il aux sentinelles avec le même accent, n'avez-vous point laissé sortir ces hommes ?

— Parce qu'ils n'avaient pas le mot de passe, monseigneur, répondit un des soldats.

— C'est juste! dit Artus; et il rentra dans les barricades, se pencha à l'oreille de celui qui lui avait parlé : — *Bretagne et Bourgogne,* lui dit-il. Maintenant, allez.

Le marchand alla vers sa charrette, prit son cheval par la bride et s'avança vers la barrière, suivi de tous ses camarades :

— *Bretagne et Bourgogne,* répéta-t-il aux soldats.

— Passez! répondirent les gardes.

Et tout le convoi défila sans obstacle.

Lorsque la dernière charrette eut franchi les portes, Artus, qui avait suivi le convoi des yeux, se retourna et aperçut à quelques pas de lui plusieurs chevaliers de Bretagne qui étaient accourus pour le seconder, si besoin était.

— Messieurs, leur dit Artus, paraissant avoir complètement oublié la cause qui les avait amenés, je suis fort aise de vous voir réunis, car nous allons donner l'assaut. Messire Alain de la Motte, invitez vos archers à visiter leurs arcs et à mettre leurs trousses au complet. Messire de Molac, ordonnez à ceux de Ploermel et du Roc-Saint-André de préparer les fascines et les échelles. Monsieur de Cœtivi, prenez deux cents cavaliers, et faites une reconnaissance du côté d'Avranches et de Pontorson, afin que les Anglais ne viennent pas nous distraire. Quant à vous, Guillaume Eder, nous monterons à l'assaut en même temps, chacun de notre côté; et, maintenant, que chacun rejoigne sa bannière, et que, dès que tout sera prêt, les trompettes sonnent.

A ces mots, chaque capitaine rejoignit son quartier, suivi des hommes qui marchaient sous sa bannière, de sorte que cet emplacement, sur lequel s'agitaient, un quart d'heure auparavant, trois ou quatre mille personnes, se trouva à peu près désert, car il ne restait que les soldats de garde et le connétable, qui, voyant chacun se rendre à son poste, s'achemina vers sa tente pour faire lui aussi, ses préparatifs de combat.

II

ne heure après, l'armée de Bretagne sortait de ses logis et s'avançait en bon ordre pour livrer assaut au château de Saint-James-de-Beuvron.

Les ordres donnés par le connétable avaient été ponctuellement exécutés. M. de Cœtivi, avec vingt-cinq lances, s'était avancé du côté de Pontorson. Messire Alain de la Motte avait divisé ses archers en deux troupes, et, gardant le commandement de l'une, avait confié celui de l'autre à Guillaume, son fils. Monseigneur de Molac avait rassemblé ses écheliers, et Guillaume Eder, selon les ordres du connétable, se préparait à gravir la muraille du côté de l'occident, tandis qu'Artus, prenant avec lui la moitié de l'armée, tournait le château et s'apprêtait à donner l'assaut du côté du midi. Les Anglais, à leur tour, suivaient les mouvements des troupes assiégeantes avec une attention qui prouvait toute l'inquiétude que leur donnaient ces différentes manœuvres, et garnissaient, vers les deux points menacés, les remparts de leurs meilleures troupes.

L'assaut.

Aussi, à peine l'armée du connétable fut-elle à portée de trait, que les assiégés poussèrent de grands cris; un sifflement aigu leur succéda, et trois ou quatre hommes tombèrent percés de part en part par les longues flèches des archers anglais.

Artus ordonna à ses hommes de serrer le front de la bataille en se couvrant de leurs boucliers, et continua de s'avancer vers les murailles. A peine avaient-ils fait trente pas que de nouveaux messagers de mort pénétrèrent dans ses rangs. Quelques blasphèmes se firent entendre; cependant la troupe ne continua pas moins sa marche, laissant derrière elle ses morts et ses blessés se débattre sur un chemin de sang. Enfin, arrivé à une demi-portée de trait des remparts, Artus donna l'ordre de faire halte, et échelonna ses hommes sur une triple ligne; alors les archers bretons plantèrent devant eux leurs boucliers à pointe, et, s'agenouillant derrière, ils s'apprêtèrent à renvoyer aux Anglais flèche pour flèche, mort pour mort.

Lorsqu'Artus vit le combat ainsi engagé, il donna l'ordre aux porteurs de fascines de s'avancer vers les fossés, en se faisant un bouclier de leur fardeau, et aux écheliers de les suivre; puis lui-même, prenant un arc aux mains d'un archer breton qui venait de tomber, il protégea leur entreprise. Plusieurs chevaliers vinrent alors se ranger près de lui, comme, de nos jours, quelques officiers impatients se mêlent aux tirailleurs pour peloter en attendant partie; ce jeu, du reste, était d'autant moins dangereux, que leur armure les mettait à l'abri des traits, qui venaient s'émousser sur leurs cuirasses flamandes, que la lance elle-même avait peine à percer.

Cependant, parmi ces volées de flèches qui cliquetaient contre son armure comme la grêle sur un toit, Artus en sentit une le frapper plus violemment que les autres, et une légère douleur à l'épaule gauche lui prouva que, si éprouvée que fût sa cuirasse, la pointe de l'arme ennemie avait pénétré jusqu'à la chair. Il l'arracha aussitôt, et, l'examinant avec soin, il reconnut dans l'enpennure le chiffre de Mathieu de Duncaster, fameux ouvrier anglais, qui s'était rendu célèbre par le choix du bois qu'il employait dans la fabrication de ses arcs, et la qualité du fer dont il garnissait ses flèches. A peine avait-il fini cet examen, qu'il se sentit de nouveau frappé à la cuisse. La flèche, cette fois encore, avait entamé la cuirasse, mais n'avait pu la traverser

— Seriez-vous blessé, monseigneur? s'écria avec inquiétude Guillaume de la Motte, qui était à ses côtés.

—Non point, grâce à ma bonne armure de Gand, reprit Artus. Mais il est urgent que je reconnaisse le drôle qui nous envoie de pareils cadeaux, et que j'en fasse promptement justice, car chacune de ces flèches tirées sur les gens des communes serait la mort d'un homme; et vous-même, Guillaume, s'il vous apercevait au milieu de nous, armé à la légère comme vous l'êtes, votre jaquette de maille ne vous protégerait guère plus qu'un filet de pêcheur, et vous seriez bientôt criblé de flèches comme une pelote d'épingle.

— Mon Dieu, Seigneur, ayez pitié de moi! murmura Guillaume de La Motte en tombant sur un genou.

— Qu'y a-t-il, Guillaume, mon pauvre enfant? dit Artus.

— Il y a que je suis fortement frappé, monseigneur, mais, voyez-vous ce damné Gallois qui se penche sur le rempart pour me montrer à ses camarades? c'est celui-là, c'est celui-là qui m'a tué.

Artus jeta les yeux sur l'archer, puis les reporta vers le blessé, et vit qu'en effet une de ces longues flèches anglaises qui avaient près de trois pieds de long, lui entrait au-dessous du sein droit et lui sortait entre les deux épaules. Artus comprit du premier coup d'œil que le pauvre Guillaume ne se trompait pas et que sa blessure était mortelle.

— Eh bien! que désires-tu, Guillaume? lui répondit Artus, et si l'accomplissement de ton désir est au pouvoir de l'homme, ta dernière volonté sera faite.

Guillaume ne pouvait plus parler, des flots de sang sortaient de sa bouche; mais il montrait de la main l'archer qui l'avait blessé et qui s'applaudissait de sa victoire.

— Oui, oui, je te comprends, murmura Artus en ajustant sa meilleure flèche sur son arc; et quoique ton dernier désir ne soit peut-être pas celui d'un bon chrétien, il n'en sera pas moins accompli. Meurs en paix, Guillaume.

La flèche d'Artus parcourut l'espace en sifflant, et, allant frapper le but où l'œil de son maître l'avait dirigée, elle traversa les deux tempes de l'archer, malgré le casque de cuir qui lui protégeait la tête. L'Anglais étendit les bras, laissa échapper son arc, et, se renversant en arrière, tomba entre les bras de ses camarades. Artus se retourna vers Guillaume. Un rayon de sanglante joie passait comme un éclair dans les yeux du mourant, qui poussa presque aussitôt un gémissement, se tordit, et expira.

— Aux murailles! aux murailles! s'écria Artus, profitant du désir de vengeance dont ce spectacle venait d'animer les chevaliers; aux murailles! Les fossés sont comblés et les échelles sont prêtes. Et, donnant l'exemple, il s'élança aussitôt vers les remparts, suivi de ses capitaines et de ses hommes d'armes. Les archers restèrent en arrière pour protéger l'assaut en écartant les Anglais de la muraille.

En un instant cinquante échelles furent dressées, et, animé par l'exemple du connétable, chacun s'élança pour combattre main à main.

Déjà les assiégeants étaient arrivés à la moitié de la hauteur des remparts, lorsque le cri: *les Anglais! les Anglais!* se fit entendre derrière eux. Aussitôt, les archers chargés de protéger l'attaque, se croyant surpris, arrachèrent leurs boucliers du sol, et, les jetant sur leurs épaules, se prirent à fuir en répétant eux-mêmes le cri qui les avait alarmés. Alors les assiégés, voyant qu'ils n'avaient plus à combattre que les chevaliers et les hommes d'armes, commencèrent à faire pleuvoir sur leurs têtes, du haut des remparts, des pierres, des charpentes, des poutres, et enfin tous ces projectiles que la tactique des sièges a l'habitude d'amasser sur les murailles lorsqu'un assaut se prépare; en même temps, un corps de cavalerie se fit ouvrir la porte la plus voisine, et, se déployant dans la plaine, vint charger par derrière cette armée, qui, d'assaillante qu'elle était tout à l'heure, avait grand'peine maintenant à garder la défensive.

Artus s'était jeté un des premiers au bas de l'échelle pour faire face à cette nouvelle attaque, et chacun, le reconnaissant à son cri de guerre et aux coups qu'il portait, s'était rallié autour de lui. Le combat s'était donc bientôt rétabli avec un nouvel acharnement au bas des murailles; mais les chevaliers bretons, à pied et couverts de leurs lourdes armures, écrasés comme ils l'étaient par les pierres lancées du haut des remparts, percés sur les flancs par les flèches des archers, et attaqués de face par la cavalerie, ne pouvaient espérer ressaisir l'avantage qu'ils avaient perdu; c'était donc plutôt pour mourir que pour vaincre qu'ils continuaient de se défendre, et parce que, voyant le connétable engagé de sa personne, ils avaient honte de l'abandonner. Mais il était évident que sa chute aurait mis à l'instant même fin au combat : aussi tous les efforts des Anglais se dirigeaient-ils contre lui, d'autant plus aisément que lui-même les rappelait sur sa tête en jetant son cri de guerre aussitôt qu'ils semblaient s'égarer d'un autre côté.

Tout à coup le cri de *Bretagne et Richemont*, poussé par des voix amies, retentit de l'autre côté de cette masse qui pressait les assiégeants contre la muraille; les cris *les Bretons! les Bretons!* se firent entendre. A leur tour, les soldats des remparts les répétèrent avec inquiétude; un désordre visible se mit dans les rangs des Anglais; hommes et chevaux s'écartaient ou étaient renversés devant une puissance invisible encore, mais qui se rapprochait de plus en plus. Enfin, comme des mineurs qui se rencontrent, le faible rempart qui séparait Artus du secours qui lui arrivait fut renversé, et monseigneur de Cœtivi, sanglant et mutilé, vint tomber expirant aux pieds du connétable.

C'était cette troupe, destinée à battre la campagne, qui avait donné l'alarme aux archers bretons, et qui, voyant que, dans la terreur panique qui les avait saisis, ils avaient abandonné leur général, s'était précipitée à son secours et venait effectivement de le sauver.

Artus s'élança sur le premier cheval qu'on lui présenta, renfonça dans son fourreau le tronçon de son épée de connétable, et, s'emparant d'une hache d'armes qu'il trouva par hasard à l'arçon de la selle, il poursuivit la cavalerie anglaise jusqu'à la porte de la ville, qui se referma derrière elle. Alors il revint à l'endroit où l'assaut avait été donné; mais les échelles avaient été brisées par les assiégés; des torches résineuses jetées sur les fascines les avaient enflammées; ses troupes elles-mêmes, harassées de fatigue, indiquaient, par leur contenance, que l'obéissance seule les entraînait sur les pas de leur connétable. Artus comprit que la journée était perdue, et, tout en pleurant de rage, donna le signal de la retraite, que ne songèrent point à troubler les Anglais.

En arrivant au camp, il apprit que l'attaque commandée par Guillaume Eder n'avait pas été plus heureuse que la sienne; dès le commencement de l'assaut, Guillaume avait été écrasé par un quartier de rocher que les Anglais avaient fait rouler sur les échelles. Monseigneur de Molac avait été tué d'un coup de flèche. Messire Alain de La Motte, acculé contre un étang, s'y était précipité avec son cheval, et n'avait plus reparu. Enfin, cette escarmouche avait été aussi fatale à la chevalerie bretonne qu'aurait pu l'être une grande bataille perdue.

Artus donna les mots de garde, et, se retirant dans sa tente, défendit que personne vint l'y troubler.

Il resta ainsi sans prendre aucune nourriture jusqu'à dix heures du soir. Enfin, mourant de besoin, il appela la sentinelle qui devait veiller devant sa tente. La sentinelle ne répondit point.

Ne comprenant rien à ce silence, il s'avança jusqu'à la porte : la porte n'était point gardée. Alors il appela son secrétaire, ses écuyers, ses pages, et les interrogea. Mais il n'en put rien apprendre, si ce n'est que quelque chose d'étrange s'était préparé toute la soirée dans le camp. Ils avaient vu des figures sinistres, ils avaient questionné sans obtenir de réponse. Enfin ils étaient rentrés à l'heure du couvre-feu, et depuis lors, s'étant tenus cois et couverts, ils n'en savaient pas plus que lui.

En ce moment, une lueur sanglante commença de paraître vers l'extrémité orientale du camp : les étoiles rougirent; le ciel se ternit de pourpre; le feu venait de prendre aux logis des archers, et cependant aucun signe d'alarme n'en avait donné connaissance.

Artus regardait avec stupéfaction cet incendie silencieux qui s'approchait rapidement, sans qu'aucun effort s'opposât à sa violence. A tout moment il s'attendait à entendre jeter des clameurs de détresse, à voir ses soldats apparaître au milieu des flammes. Mais tout, au contraire, restait muet et mort, comme si, depuis un siècle, ces logis avaient cessé d'être la demeure des hommes. Enfin, ne pouvant plus résister à son impatience, il poussa lui-même un grand cri d'alarme.

Un cheval à demi brûlé qui s'élança d'une baraque croulante, et qui passa rapidement près de lui en hennissant de douleur, fut la seule créature vivante qui lui répondit.

Alors la vérité lui apparut hideuse comme un fantôme. Ses genoux tremblèrent sous lui, et la sueur de la honte coula sur son visage.

L'armée tout entière s'était retirée en mettant le feu à ses logis, et avait abandonné son connétable.

III

C ette défection inattendue, et qui avait pour cause le défaut de solde des gens de guerre, conduisait les affaires du roi Charles VII plus bas qu'elles n'avaient jamais été. C'était à grand-peine que le comte de Richemont avait levé, dans le duché de son frère, les vingt mille hommes avec lesquels il était venu mettre le siége devant Saint-James-de-Beuvron ; il les avait soutenus de ses propres ressources tant qu'il avait pu, et comptant toujours sur une somme de 100,000 écus que lui avait positivement promis le roi, et qui avaient même été levés par une taille extraordinaire qu'avaient votée les trois états assemblés à Meun-sur-Yèvre; mais enfin ces 100,000 écus avaient manqué, on ne savait par quelle cause, et ce nouvel effort d'un des grands vassaux de la couronne s'était encore épuisé dans sa lutte contre l'apathie royale.

Les Anglais occupaient la Normandie, la Champagne, l'Ile-de-France et la Guyenne; ils avaient la Bourgogne pour alliée; ils possédaient tous les ports de France, et recevaient éternellement des secours d'hommes et d'argent de la mère patrie, qui, éloignée du théâtre de la guerre, s'était maintenue riche et populeuse. On ne comprendrait donc pas comment le dauphin conservait, même en France, les dernières provinces qui lui servaient, non pas de royaume, mais de refuge, si l'on ne songeait que les guerres de cette époque n'avaient point encore pris l'aspect unitaire et régulier qu'elles ont de nos jours.

Au contraire, chaque capitaine marchait à sa fantaisie, et selon la direction qui lui plaisait; son armée s'augmentait ou diminuait avec ses moyens de la payer. La solde manquait-elle, les soldats se dispersaient et allaient chercher un autre capitaine, que le besoin ou la cupidité leur faisait choisir parfois dans le camp ennemi; les campagnes étaient dévastées ; les villes, prises et reprises, changeaient souvent de maître trois ou quatre fois dans la même année : partout ce n'était qu'une guerre de partisans, qui n'avait d'autre résultat que la désolation des provinces, aussi maltraitées par leurs défenseurs que par leurs conquérants. Au milieu de tout cela, les Anglais faisaient, comme nous l'avons dit, des progrès; mais ces progrès étaient lents, parce que leurs capitaines songeaient beaucoup

plus à leur fortune ou à leur honneur particulier, qu'à la fortune ou à l'honneur de la cause qu'ils avaient embrassée.

Charles VII, que nous avons laissé enfant dans nos dernières chroniques de France, s'était, pendant les quatre ans qui se sont écoulés entre la mort de son père et le moment où nous reprenons cette histoire, fait homme par l'âge, mais non par le caractère. Il avait les qualités qui font aimer un souverain de son peuple, mais non celles qui font respecter un roi de ses voisins. Toujours au-dessous des grandes circonstances au milieu desquelles il était jeté, il n'avait point encore essayé de lutter de sa personne, et il avait éternellement appelé à son secours de nouveaux alliés, les choisissant parfois même plutôt selon la nécessité que selon la prudence.

C'est ainsi que l'épée de connétable, qui se trouvait, depuis le 7 mars 1424, au côté de Richemont, et qui portait sur son fourreau les fleurs de lis de France, s'était égarée un moment entre les mains d'un Ecossais. C'est ainsi que le comte de Douglas avait été nommé *lieutenant général, sur le fait de guerre, dans tout le royaume de France.* C'est encore ainsi que Stuart, qui avait été battu et fait prisonnier à Crevant, fut échangé contre un frère du comte de Suffolk, et avait reçu, en récompense de ses bons services, le comté de Dreux, tandis qu'en même temps son beau-frère entrait en possession du duché de Touraine. La confiance de Charles dans ses alliés d'outre-mer avait même été si grande, qu'il en avait formé une compagnie d'élite à laquelle il avait confié la garde de sa personne, et que de cette formation est venu le titre de Compagnie Ecossaise, que portait encore, en 1829, la première section des gardes du corps des rois de France.

On comprendra dans quelle situation toujours plus précaire les changements de politique, si souvent renouvelés, plongeaient la fortune de la France. Chaque nouveau protecteur arrivait avec des prétentions, des amitiés et des haines qu'il fallait que le roi satisfît et partageât. Ainsi Richemont, loin de recevoir l'épée de connétable comme une faveur, avait dicté lui-même les conditions moyennant lesquelles il consentirait à l'accepter. Ces conditions étaient : le renvoi des ministres qui avaient pris part à l'entreprise de Champtonceaux, et l'exil de tous ceux qui avaient trempé dans l'assassinat du duc Jean ; c'est que le nouveau connétable, arrivant au pouvoir avec des vues plus grandes et des rela-

Le sire de Giac.

tions plus étendues que ceux qui l'avaient précédé, avait rêvé tout d'abord la réconciliation des ducs de Bretagne et de Bourgogne avec le roi de France; déjà même il avait réalisé une partie de ce rêve, en détachant le duc Jean, son frère, de l'alliance des Anglais, et, encouragé par cette réussite, il avait incontinent ouvert des pourparlers avec Philippe le Bon, donnant pour preuve de repentir de la part du roi le renvoi de Tanneguy Duchâtel, nommé sénéchal à Beaucaire, et l'exil du président Louvet, qui s'était retiré à Avignon. Quant au vicomte de Narbonne, il avait été tué à Verneuil, et les Anglais,

en vertu de leurs promesses au duc de Bourgogne, avaient fait écarteler et suspendre à un gibet le cadavre retrouvé sur le champ de bataille. Il n'était donc resté près du roi, et comme président de ses conseils, que le sire de Giac, dont les crimes passés étaient restés ignorés, et qu'on croyait toujours le fidèle de la maison de Bourgogne.

Cependant une puissance inconnue et malfaisante neutralisait les uns après les autres les efforts que tentait Artus : le roi, plein de force et de bonne volonté tant qu'il était soutenu par la présence du connétable, retombait, dès qu'il l'avait quitté, dans son apathie habituelle. Retiré à Issoudun, ayant pour titre celui de *roi de Bourges* que lui donnaient en riant les Anglais, il passait les journées à la chasse à courre ou au vol, les soirées au jeu de cartes et de dés, et ses nuits entre son amour expirant pour Marie d'Anjou et son amour naissant pour Agnès Sorel.

A la fin d'une de ces journées futiles, qui faisaient dire à La Hire que *jamais il ne s'estoit trouvé roy qui perdist si joyeulsement son royaulme*, Charles, qui mérita depuis le nom de *Victorieux*, mais que l'on ne pouvait raisonnablement appeler à cette époque que l'*Insouciant*, jouait aux dés avec le sire de Giac, son favori, dans l'une des salles du château d'Issoudun ; encore, ce jeu, tout à la mode qu'il fût alors, paraissait-il avoir été adopté par le roi plutôt comme une distraction contre l'ennui que comme un plaisir réel : aussi de temps en temps une de ses mains, pendant le long de son fauteuil, allait-elle chercher la tête d'un magnifique lévrier blanc couché à ses pieds, et qui répondait à cet appel en cambrant son long cou de serpent et en entr'ouvrant à demi ses yeux expressifs comme des yeux humains. Enfin le roi laissa tomber le cornet d'ivoire qu'il tenait, fit tourner son fauteuil sur lui-même, et, se penchant vers son chien favori, il fit entendre un faible sifflement auquel l'animal était habitué ; car aussitôt, se levant sur ses pattes de derrière, il posa celles de devant sur la cuisse du roi.

— Bien, Fido, bien! dit Charles ; vous êtes une belle bête, bien dévouée, comme votre nom le dit, et je sais plus gré au duc de Milan de ce cadeau que de ses trois mille Lombards, qui ont commencé par piller mes provinces, et qui ont fini par me faire perdre la bataille de Verneuil : aussi vous aurez un beau collier d'or tant que j'aurai une couronne sur la tête.

— Entendez-vous cette promesse, Fido? dit de Giac en se mêlant de la conversation. Elle veut dire que vous mourrez avec les armes de France au cou.

Fido fit entendre un léger grognement.

— Ce n'est pas sûr, de Giac, reprit mélancoliquement Charles en continuant de caresser son lévrier ; car cette couronne est cruellement convoitée, et déjà les plus beaux fleurons y manquent. Il faut que nos fautes aient grandement courroucé contre nous monseigneur saint Denis, qui est le patron de la France, ou Dieu, qui est le juge des rois, pour que tout aille ainsi de mal en pire dans le royaume.

En achevant ces paroles, le roi poussa un soupir, auquel Fido répondit par un gémissement.

— Tenez, de Giac, continua le roi, depuis que j'ai été si souvent trahi par les hommes, il m'a plus d'une fois pris l'envie de choisir mon chien pour conseiller, et de me fier à son instinct dans mes amitiés ou dans mes haines.

— A ce compte, je ne serais pas longtemps le chef des conseils de Votre Altesse, dit de Giac, car je ne suis pas dans les bonnes grâces de Fido.

— On a vu de pareils miracles, continua le roi, répondant à sa pensée plutôt qu'à l'observation de son favori, et souvent Dieu a chargé des animaux de servir de guide aux hommes. L'autre jour, dans la forêt de Dun-le-Roy, n'étions-nous pas perdus, et toute la chasse n'était-elle pas à se demander quel chemin il fallait prendre, sans que personne osât indiquer une route? Eh bien! j'eus l'idée de lâcher Fido et de le suivre. Un quart d'heure après, nous avions rejoint les chevaux et les pages qui nous attendaient à la lisière du bois.

— Votre Altesse confond l'instinct avec la pensée, le cœur de l'animal avec l'âme de l'homme.

— C'est vrai ; et cependant regardez ces yeux magnifiques, Pierre. Ne dirait-on pas vraiment qu'on y voit briller un rayon d'intelligence humaine? Examinez ces oreilles qui se dressent pour écouter ce que je dis ; ne croirait-on pas qu'elles s'ouvrent ainsi pour entendre? Elles entendent, d'ailleurs. Je n'ai qu'à chasser Fido, pour qu'il parte ; qu'à le rappeler, pour qu'il revienne ; qu'à faire un signe, pour qu'il se couche. Mes courtisans ne savent pas faire autre chose, et cependant on leur donne le titre d'hommes. Il est vrai qu'il y a une chose qui les séparera toujours de cette belle race canine : c'est qu'ils ne savent pas retrouver leur maître quand il se perd, et qu'ils le mordent quand il tombe.

Le silence qui succéda à cette boutade misanthropique se serait indéfiniment prolongé peut-être, grâce aux réflexions différentes qu'elle avait fait naître dans l'esprit des deux interlocuteurs, si Fido, par un mouvement brusque et inquiet, n'eût annoncé qu'il se passait quelque chose d'extraordinaire dans la chambre voisine. Le roi suivait la direction des yeux l'intelligent animal ; il vit qu'ils étaient fixés vers la porte des gardes.

— Tenez, Pierre, dit le roi, voici un étranger qui nous arrive ; voyons comment le recevra Fido : je réglerai ma conduite sur la sienne, et je le fais pour cette fois chef de mes conseils.

En ce moment la tapisserie se souleva, et un page annonça : *Monseigneur Artus, comte de Richemont, connétable de France.*

Le roi tressaillit, de Giac devint pâle ; Fido courut à la porte. Au même instant le connétable parut : le lévrier, qui le voyait pour la première fois, lui lécha la main.

— C'est vous, mon cousin! dit le roi d'une voix légèrement altérée. Mais c'est vraiment merveille de vous voir. Je vous croyais à cette heure occupé à guerroyer sur les côtes de Normandie, pour le plus grand intérêt de la couronne et la plus grande gloire de la France.

— Ainsi faisais-je, sire, répondit Artus en caressant du bout des doigts le lévrier, dont, au premier coup d'œil, il avait apprécié la race et la beauté. Et ce n'est point ma faute si je suis ici à cette heure, au lieu de planter les trois fleurs de lis de France sur les murailles de Saint-James-de-Beuvron.

— Et qui vous ramène sans notre congé, mon cousin?

— Plusieurs demandes que j'ai à vous adresser, sire.

— Parlez, dit le roi.

Artus se rapprocha de quelques pas. Charles lui offrit un siége de la main; mais le connétable fit signe qu'il désirait rester debout.

— Sire, dit gravement Artus, je ne vous parlerai pas de la maison de Bretagne; vous la connaissez, car elle est de noblesse égale à la maison de France. Je suis fils, vous le savez, du bon et vaillant duc Jehan, qui recouvra son pays de Bretagne à l'épée, tandis que le roi votre père perdait le sien.

— Monsieur mon cousin! interrompit Charles VII en fronçant le sourcil.

Fido se coucha aux pieds du connétable.

— Sire, continua Artus, laissez-moi dire; lorsque j'aurai dit, vous me punirez si j'ai tort. Le noble duc mon père mourut, que nous étions encore bien jeunes; le duc Philippe le Hardi, qui était comme vous fils de roi, sire, se chargea de notre tutelle et nous emmena dans le pays de Picardie; mais bientôt il mourut à son tour, et je passai aux mains de monseigneur le duc de Berry, autre fils du roi, lequel chargea un brave écuyer, qui était du pays de Navarre, et qui avait nom Peronit, de faire mon éducation militaire, que le duc votre oncle surveilla lui-même avec le même soin que si j'eusse été son enfant. C'est pour cela que, lors de l'assassinat du duc d'Orléans, en 1407, je fus du parti opposé au duc de Bourgogne; c'était mon premier engagement, et ce fut de cette époque que je pris l'habitude de tenir les promesses que je faisais.

— Oui, je sais que vous êtes un loyal serviteur, mon cousin.

Artus s'inclina froidement et continua sans répondre à l'éloge du roi.

— De sorte qu'en 1413, lorsque monseigneur le duc de Bourgogne et le roi Charles VI, votre père, contrairement aux intérêts du royaume, mirent le siége devant Bourges, je courus en Bretagne chercher du secours, et cela à telles enseignes que je m'y pris de querelle avec Gilles, mon frère cadet, qui était bourguignon. Je n'en obtins pas moins du duc Jehan, mon frère aîné, seize cents chevaliers et écuyers, parmi lesquels étaient le vicomte de La Belière, messire Armel de Châteaugiron et messire Eustache de La Monnaye : assemblée si formidable, et capitaines si vaillants, qu'en passant nous prîmes Sillé-le-Guillaume, Beaumont et Laigle d'assaut.

— Je me rappelle ces exploits, quoique je fusse bien jeune, mon cousin, interrompit une seconde

fois le roi avec un mouvement marqué d'impatience; mais Artus ne parut aucunement le remarquer, et continua.

— En 1415, à la première requête du roi Charles VI, et quoique j'assiégeasse Parthenay, je levai le camp de devant la ville pour aller à la rencontre du roi Henri d'Angleterre, qui assiégeait Harfleur. Monseigneur de Guyenne me donna pour cette entreprise tous les gens de sa maison et ses écuyers. J'y joignis cinq cents chevaliers et écuyers, parmi lesquels étaient Bertrand de Montauban, le sire de Combour et Edouard de Rohan, qui portait ma bannière. Je rejoignis sur les bords de la Somme messeigneurs d'Orléans, de Bourbon, d'Albret, d'Alençon, de Brabant, de Nevers et d'Eu. Le vendredi 26 octobre 1415, nos bataillons s'assemblèrent près d'Azincourt, dans une place trop étroite pour combattre tant de vaillants hommes. Voilà pourquoi nous perdîmes la journée. J'y fus fait prisonnier de la propre main du roi Henri, dont je brisai la couronne royale d'un coup de hache, après avoir abattu à ses pieds son frère Clarence. Je lui jurai d'être son captif, secouru ou non secouru, tant qu'il serait vivant. Je restai prisonnier cinq ans en Angleterre. Je revins sur parole en Normandie, où je devins amoureux de madame de Guyenne, que je demandai pour femme, mais qui me fit répondre qu'elle ne voulait pas épouser un prisonnier. Je pris patience et tins ma parole, quoique je l'aimasse fort, je vous jure, jusqu'au 31 août 1422, époque à laquelle le roi mourut au château de Vincennes, près Paris. Dès lors je devins libre, car homme vivant n'avait plus rien à me demander. J'épousai madame de Guyenne et vins offrir mes services à Votre Altesse.

— Oui, mon cousin; nous nous vîmes à Angers, et c'est alors que je vous offris l'épée de connétable, libre depuis la mort de Buchan.

— Le 7 mars 1424, je la reçus de votre main, sire, dans les prés de Chinon, et, en la recevant, je pris l'engagement de lever à mes frais sur mes terres vingt mille hommes de troupes; en échange, sire, vous prîtes celui de m'envoyer cent mille écus pour les solder pendant la campagne. Est-ce vrai?

— Oui, mon cousin.

— J'ai levé ces vingt mille hommes à mes frais et sur mes terres, je les ai conduits en Normandie, j'ai pris Pontorson, dont j'ai passé la garnison au fil de l'épée, et de là j'ai été mettre le siége devant Saint-James-de-Beuvron.

— Je connais tous ces exploits, mon cousin, et voilà pourquoi je m'étonne de vous voir ici.

— C'est que je vous rapporte votre épée de connétable, sire, car j'ai tenu toutes mes promesses, tandis que vous avez manqué aux vôtres. Pardon de vous la rendre en si mauvais état, continua Artus en la tirant du fourreau, mais elle s'est ainsi ébréchée et tronquée à force de frapper sur des armures anglaises.

— J'ai manqué à mes promesses! dit le roi en regardant le tronçon d'épée que lui présentait le connétable; et auxquelles, mon cousin?

De Giac fit un mouvement pour se lever et sortir.

— Restez, dit le roi en lui faisant signe de s'asseoir. Vous voyez qu'on nous accuse, restez pour nous défendre.

De Giac retomba sur son fauteuil.

— Il n'y a pas de ma faute, sire; j'ai fait tout ce que j'ai pu pour soutenir ma troupe; j'ai fait vendre chez des marchands de Rennes toutes mes orfèvreries et toutes mes vaisselles d'argent. J'ai fait vendre jusqu'à ma chaîne et à mes éperons d'or, qui prouvaient que j'étais chevalier; jusqu'à la couronne de mon casque, qui prouvait que j'étais comte, et dont les perles m'avaient été données par ma mère, la reine d'Angleterre. Mais cela n'a pu suffire. Aussi mon armée s'est-elle débandée pendant la nuit, faute d'argent, mettant le feu à ses logis, abandonnant ses bagages, son artillerie, ses machines. J'ai couru après ces félons et ces couards. Je me suis jeté à la tête de leurs escadrons, priant et menaçant; mais ils n'ont rien écouté, ni menaces ni prières; ils m'ont renversé de cheval, ils m'ont passé sur le corps. Ils m'ont laissé évanoui sur la route; et toute cette honte, sire, ne serait pas arrivée à la maison de Bretagne, qui vaut la maison de France, si Votre Majesté avait tenu sa parole.

— Mais en quoi donc y ai-je manqué, monsieur mon cousin? dit à son tour, en se levant et en pâlissant de colère, le roi Charles VII.

— En ne m'envoyant pas les cent mille écus que Votre Majesté m'avait promis.

— Ce que vous dites là est étrange, mon cousin, dit Charles en se rasseyant et en jetant un regard sur Pierre de Giac; car les cent mille écus ont été décrétés à Meun-sur-Yèvre par les trois états du royaume, à telles enseignes qu'un évêque, nommé maire Hugues Comberel, a soutenu que cette taxe était encore une nouvelle pillerie, et passerait aux mains de mes favoris, au lieu d'être employée à l'honneur du royaume. Ces cent mille écus ont été levés sur les bonnes villes, et ne sont certes pas restés dans notre caisse, où il n'y a que quatre écus à cette heure: et la preuve, c'est que nous avons été forcé de faire crédit pour quarante livres au chapelain qui a baptisé le dauphin Louis.

— Mais alors, où donc est passée cette somme? dit Artus avec étonnement.

— Demandez au chevalier de Giac, mon cousin, répondit timidement le roi; il doit en savoir quelque chose, car je crois que c'est à lui qu'elle a été remise.

— Mais je crois, dit négligemment le chevalier en jouant avec sa chaîne d'or et sans attendre l'interrogation de Richemont, je crois qu'elle sera passée, une partie à acheter ces six magnifiques gerfauts blancs que des marchands de Hongrie nous

ont apportés, l'autre à remonter à neuf nos équipages de chasse, qui étaient dans un état indigne d'un grand roi, et le reste...

— Et le reste, continua Artus en tremblant de colère, à remettre à neuf la maison de madame Catherine de l'Ile-Bouchard, laquelle était indigne de la veuve du comte de Turenne et de la maîtresse de M. de Giac.

— Peut-être, répondit le chevalier d'un air moitié embarrassé, moitié indolent.

Artus s'agenouilla aux pieds du roi, y déposa le tronçon d'épée qu'il avait tenu à la main, et, se relevant avec dignité, fit un mouvement pour sortir.

— Arrêtez, mon cousin! lui dit Charles en le retenant. Nous ne reprenons pas votre parole.

— Sire, prenez-y garde, répondit Artus; vous savez quelles sont les prérogatives du connétable du royaume.

— Oui, mon cousin, nous savons qu'elles sont presque égales à celles du roi.

— Vous savez que, parmi mes droits, est le droit de justice basse et haute, et que les sénéchaux, baillis, prévôts, maires, échevins, gardes et gouverneurs de bonnes villes, châteaux et forteresses, ponts, ports et passages, et généralement tous vos justiciers, doivent nous obéir comme à vous-même.

— Je le sais.

— Et Votre Altesse me confirme dans ces droits qu'elle m'a donnés, au reste, par sa lettre-patente du 7 mars 1424.

Le roi ramassa l'épée qui était restée à ses pieds, et la présentant à Richemont:

— Remettez cette épée en son fourreau, mon cousin, lui dit-il; nous nous chargeons seulement d'y faire mettre une autre lame et de la choisir plus solide.

Richemont s'inclina.

— Maintenant Votre Altesse veut-elle me faire remettre les clefs de la ville?

— Et pourquoi cela, mon cousin?

— Parce que je désire aller faire mes dévotions à Notre-Dame du bourg de Deolz, demain dès la pointe du jour, répondit Artus.

— Vous pouvez les prendre, dit le roi.

— Et maintenant que je n'ai plus rien à dire à Votre Altesse, permettra-t-elle que je me retire?

— Allez, mon cousin, et que Dieu vous garde.

Le connétable salua profondément le roi, et se retira, reconduit jusqu'à la porte par Fido, qui l'avait pris en amitié.

Le lendemain, au point du jour, comme monseigneur Artus de Richemont était dans l'église de Notre-Dame de Deolz, et que le prêtre montait à l'autel, un écuyer vint lui dire que M. de Giac était arrêté, selon ses ordres, et qu'on attendait son bon plaisir pour savoir ce qu'il en fallait faire.

— Qu'Alain Giron et Robert de Montauban l'ac-

Remettez cette épée en son fourreau, mon cousin ; nous nous chargeons seulement d'y faire mettre une autre lame et de la choisir plus solide. — Page 12.

compagnent jusque dans les prisons de Dun-le-Roi, avec cent lances; une fois qu'il y sera déposé, mon bailli sait quel est son office. Allez Quant à vous, Jehan de la Boissière, ajouta le connétable en se tournant vers un autre écuyer, partez pour Bourges, et prévenez le bourreau qu'il se rende en diligence à Dun-le-Roi, où l'attend de la besogne qui sera bien payée.

Ces ordres donnés, Richemont se mit à genoux, et écouta dévotement la messe.

IV

aintenant nos lecteurs comprennent facilement pourquoi Artus de Richemont avait demandé au roi les clefs de la ville. C'était de peur que le chevalier de Giac ne prît la fuite pendant la nuit. Mais le chef des conseils se reposait trop sur la faveur dont l'honorait Charles, pour concevoir aucune crainte et pour chercher, par conséquent, à se soustraire au sort qui l'attendait. Aussi, lorsque les gens du connétable pénétrèrent dans sa maison, après avoir enfoncé sa porte à coups de hache, ils le trouvèrent tranquillement couché et endormi. Les soldats le forcèrent de se lever, sans lui donner le temps de passer d'autres vêtements qu'une longue robe de velours, et, l'entraînant jusqu'à la porte de la rue, ils le firent monter sur une petite haquenée qui avait, d'avance, été amenée pour lui. Alors arriva l'écuyer qui apportait les nouveaux ordres du connétable. La troupe se mit en marche pour Dun-le-Roi. Trois heures après, le chevalier était écroué dans les prisons de la ville, et, le soir du même jour, le bailli lui lisait sa sentence de mort.

De Giac l'écouta, assis dans un coin, les pieds nus sur la dalle, les coudes appuyés sur ses genoux, et la tête dans ses deux mains. Lorsque la lecture fut finie, le bailli lui demanda s'il désirait quelque chose.

— Un prêtre, répondit sourdement de Giac.

C'était la seule parole qu'il avait prononcée depuis son arrestation, ayant refusé obstinément de répondre aux interrogatoires. Le bailli sortit.

L'homme de Dieu trouva, en entrant, le chevalier dans la même position, et, voyant qu'une sueur abondante tombait du front du patient, il commença de l'exhorter à supporter la mort avec courage.

— Ce n'est pas la mort que je crains, dit de Giac; nous nous sommes trop souvent vus de près pour que j'en aie peur. Je la connais; c'est une vieille amie, et, si elle venait seule, je la bénirais.

— La mort vient avec la miséricorde de Dieu, mon fils, dit le prêtre.

— Ou avec sa vengeance, mon père, répondit de Giac.

— Ayez confiance en celui qui est mort pour la désarmer, continua le moine tirant de sa poitrine un crucifix qu'il présenta au chevalier.

Celui-ci étendit la main droite pour le prendre, mais à peine l'eut-il touché qu'il jeta un cri comme s'il eût été de fer rouge. Le crucifix tomba à terre.

— Sacrilége! s'écria le moine.

— Ce n'est point un sacrilége, mon père; c'est un oubli, répondit de Giac. J'aurais dû prendre ce crucifix de la main gauche, puisque la droite est déjà damnée; et vous voyez, ajouta-t-il en le ramassant, en effet, de la main qu'il avait dite, et en baisant l'image sainte avec amour, que je n'ai point voulu insulter au symbole sacré de notre rédemption.

— Vous devez être un grand pécheur, mon fils, répondit le moine.

— Si grand, que je crains qu'il n'y ait pas de pardon pour mes crimes.

— Vous êtes cependant bien jeune?

— Jeune d'âge, vieux de cœur. Les années font marcher la vie, les douleurs la font courir. Le temps n'a pas de durée par lui-même; c'est le bonheur et le malheur qui le divisent en minutes ou en siècles. Et, croyez-moi, mon père, quoique je n'aie pas un cheveu blanc sur la tête, peu de vieillards ont vécu autant que moi.

— Nos douleurs dans ce monde no s sont parfois comptées dans l'autre, mon fils. Rien n'est perdu pour qui se repent, et cette demande que vous avez faite d'un prêtre commence à me faire espérer que cette eau qui coule sur votre face, et que j'ai prise pour la sueur de la crainte, était celle du remords.

— Je vous ai fait demander comme un malade fait demander un médecin, quoiqu'il sache que sa maladie est mortelle. Je vous ai fait demander, parce que l'espoir est une chose si profondément enracinée au cœur de l'homme, que, lorsqu'il s'éteint dans cette vie, on espère le voir se rallumer dans l'autre. Je vous ai fait demander, enfin, parce que, depuis dix ans, mon sein renferme des secrets si terribles, qu'il faut que je m'habitue à les dire à un homme, afin d'avoir le courage de les répéter à Dieu.

Le moine chercha des yeux un siége.

— Asseyez-vous sur cette pierre, lui dit de Giac en se laissant tomber sur ses genoux et lui donnant sa place.

Le prêtre s'assit.

— J'ai été heureux, mon père. Les vingt-cinq premières années de ma vie se sont passées dans la joie et le plaisir. J'étais riche, noble, brave. J'étais le favori du duc Jean-sans-Peur, qui, comme vous le savez, était le plus puissant duc de la chrétienté.

— Oui, murmura le prêtre, pour le malheur de ce pauvre pays de France.

— Ah! vous êtes dauphinais, mon père?

— J'ai été élevé dans l'amour de mes princes et dans la haine des Anglais.

— Moi, je n'avais ni amour ni haine. Je me trompe : j'avais de l'amour, mais non point de cet amour dont vous me parlez; peu m'importait qui tenait le royaume de France, de ses rois légitimes ou du roi conquérant, pourvu que le bras de Catherine s'appuyât sur le mien, pourvu que ses yeux me regardassent avec tendresse, pourvu que sa bouche me dît : Je t'aime!... Je devins son époux; toute ma vie était dans cette femme, mon père, joie et douleur, depuis le sourire jusqu'au sanglot; j'aurais donné pour elle, je ne dirai pas mon rang, mon bien, mes richesses, mais ma vie, mon honneur, mon âme. Mon père, cette femme me trompait. Un jour, je surpris une lettre : cette lettre indiquait un rendez-vous. Je ne voulus croire que mes yeux; je me cachai, et je vis Catherine s'avancer, appuyée au bras de son amant, ses yeux perdus dans ceux de son amant; je l'entendis échanger le mot *je t'aime* avec son amant, et cet amant, c'était celui que je respectais comme mon prince, que j'aimais comme mon père; cet amant, c'était le duc Jean de Bourgogne.

— Sa plus grande trahison n'est point celle que vous lui reprochez, mon fils.

— Grande et petite, il les a payées toutes deux ensemble; c'est moi qui le décidai à l'entrevue de Montereau, mon père; c'est moi qui fis établir les tentes de manière à ce qu'il n'y eût point de barrière; c'est moi qui donnai le signal à Tanneguy Duchâtel, à Narbonne et à Robert de Loire, et, si je ne le frappai pas après eux, c'est qu'une dernière blessure aurait terminé son agonie et m'aurait volé la volupté de ses dernières douleurs.

— Le duc méritait la mort, dit le prêtre en fronçant les sourcils; que l'absolution du Seigneur descende donc sur ceux qui l'ont frappé, car ils ont sauvé la France!

— Ce n'est pas tout, mon père : je n'avais puni que l'un des coupables; restait encore sa complice; j'allai la trouver. Faut-il tout vous dire, et ne savez-vous pas à quels excès de vengeance la jalousie peut porter le cœur de l'homme? Je versai, oui, je versai de ma main du poison dans le verre de cette femme, pour laquelle, deux ans auparavant, j'aurais donné ma vie; puis, quand elle eut avalé le poison, je la fis monter à cheval derrière moi, liée autour de moi, enchaînée à moi, et je lançai mon cheval par la solitude, l'espace et la nuit. Pendant deux heures, je sentis se tordre dans les douleurs ce corps que j'avais si souvent porté avec délices dans mes bras pour lui épargner une fatigue. Pendant deux heures, j'entendis se lamenter cette voix dont le son m'avait si souvent fait tressaillir de joie et de bonheur. Enfin, au bout de deux heures, je ne sentis plus rien, je n'entendis plus rien. Mon cheval s'était arrêté sur les bords de la Seine; je descendis : Catherine était

morte. Cheval et cadavre, je poussai tout dans la rivière, et tout disparut.

— Quelque grande que fût sa faute, vous avez outrepassé vos droits en vous faisant justice. En état de vie ordinaire, c'est un crime qui ne peut être remis que par le saint-père; mais, à l'heure de la mort, tout prêtre a les mêmes pouvoirs : espérez donc, mon fils, car la miséricorde de Dieu est grande.

— Alors, mon père, je me jetai dans tout ce que l'homme appelle les joies, les plaisirs, les honneurs de la vie : débauches, gloire, richesses, j'épuisai tout. Les hommes avaient été sans foi et sans honneur pour moi, je fus sans foi et sans honneur pour eux. Je trahis qui m'aimait, comme j'avais été trahi de ceux que j'avais aimés : amis, maîtresses, pays, ne furent plus que de vains mots que je sacrifiai à un caprice. Et cela dura dix ans, mon père; dix ans de damnation, que les hommes crurent dix ans de bonheur; dix ans pendant lesquels il ne se passa pas une minute du jour et une heure de la nuit sans que je visse le duc et Catherine dans les bras l'un de l'autre; veille ou sommeil n'y faisaient rien, tant ce souvenir était passé dans mon cœur et faisait partie de ma vie; et, cependant, j'entendais dire quand je passais : Voilà le favori! voilà le puissant! voilà l'heureux!...

— Et comment ces crimes restèrent-ils cachés aux yeux des hommes?

— C'est qu'une puissance supérieure à la puissance humaine m'avait pris sous sa protection fatale; car, je ne vous ai pas tout dit, mon père : dans un moment de douleur, de désespoir, dans un moment où je souffrais tant, que je croyais que j'allais mourir, j'offris ma main droite à qui m'offrirait les moyens de me venger.

— Eh bien? dit le prêtre.

— Le pacte fut accepté, mon père, murmura de Giac en devenant plus pâle encore. Voilà pourquoi je me suis si bien vengé; voilà pourquoi ma vengeance est restée cachée aux regards des hommes, voilà pourquoi, lorsque vous m'avez présenté le crucifix et que j'ai voulu le prendre, il m'a brûlé comme une flamme.

— Arrière! s'écria le prêtre en frissonnant de terreur et en se dressant dans l'angle du mur, arrière! toi qui as fait alliance avec Satan!

— Mon père!...

— Ne m'approche pas, maudit! Notre saint-père le pape lui-même voudrait t'absoudre qu'il ne le pourrait pas, car, ouvrît-il à ton corps les portes du ciel, ta main n'en brûlerait pas moins éternellement en enfer. Laisse-moi donc sortir, car je n'ai plus besoin ici.

De Giac fit place, et le prêtre s'avança vers la porte, qu'il ouvrit.

— Ainsi, malgré mes prières, mon repentir, mes

remords, tu refuses de m'absoudre, prêtre? continua de Giac.

— Je ne le puis, répondit le moine, tant que ta
main tiendra à ton corps.

— Eh bien! s'écria de Giac, prêtre, rends-moi un
dernier service.

— Lequel? dit le moine en ouvrant la porte.

— Envoie-moi le bourreau, et, quand tu le verras
sortir, rentre.

Et de Giac se rassit avec tranquillité sur la pierre
où le moine l'avait trouvé.

— La chose sera faite comme vous le désirez, dit
le prêtre en refermant la porte.

Et l'on entendit le bruit de ses sandales se perdre
dans le corridor.

De Giac, resté seul, tira les bagues qu'il portait à
la main gauche et les passa aux doigts de la main
droite. A peine avait-il achevé cette mutation, que
le bourreau entra. De Giac marche à lui.

— Écoute! lui dit-il; voici à cette main pour
plus de deux cents écus d'or de bagues et de pierreries, que je pourrais donner à un prêtre, afin qu'il
dise des messes pour le salut de mon âme.

De Giac fit une pose, regarda le bourreau dont
les yeux étincelaient de cupidité.

— Eh bien! continua de Giac en relevant la manche de sa robe, en posant son bras sur une colonne
tronquée qui s'élevait au milieu du cachot, prends
ton épée, coupe cette main, et les bagues sont à toi.

Le bourreau tira son épée sans dire une parole,
lui fit faire deux tours pour prendre sa mesure, et,
du troisième, abattit la main du sire de Giac; puis,
ramassant cette main, il la mit dans sa poche de
cuir et sortit. Un instant après, le moine rentra.

— Maintenant, lui dit de Giac en marchant à lui
et en lui montrant son poignet sanglant et mutilé;
tu peux me donner l'absolution, prêtre, je n'ai plus
ma main.

Le lendemain, le sire de Giac fut jeté à l'eau et
noyé.

FIN.

HISTOIRE D'UN MORT

RACONTÉE PAR LUI-MÊME

— INVRAISEMBLANCE —

PAR

ALEXANDRE DUMAS

Un matin, à peine étais-je réveillé que mon domestique entra dans ma chambre, m'apportant une lettre sur laquelle il y avait *pressée*. Il ouvrit le rideau; le jour, qui s'était probablement trompé, était beau, et le soleil entra chez moi splendide comme un conquérant. Je me frottai les yeux pour voir de qui pouvait venir cette lettre, tout en m'étonnant de n'en recevoir qu'une. L'écriture m'était complétement inconnue. Après l'avoir longtemps retournée pour deviner la signature, je l'ouvris, et voici ce qu'il y avait.

« Monsieur, j'ai lu *les Trois Mousquetaires*, car « je suis riche, et j'ai beaucoup de temps à moi...»

— Voilà un monsieur bien heureux ! me dis-je, et je continuai :

« Je vous avouerai que cela m'a assez amusé ; mais j'ai eu la curiosité de savoir, ayant beaucoup de temps devant moi, si vous les aviez réellement pris dans les *Mémoires de M. de la Fère*. Comme j'étais à Carcassonne, j'écrivis à l'un de mes amis demeurant à Paris d'aller à la Bibliothèque, de demander ces *Mémoires*, et de m'écrire si réellement vous leur avez emprunté ces détails. Mon ami, qui est un homme sérieux, me répondit que vous les aviez copiés mot à mot, et que, vous autres auteurs, vous n'en faisiez jamais d'autres. Je vous préviens donc, monsieur, que j'ai dit cela à Carcassonne, et que nous nous désabonnerons au *Siècle* si cela continue.

« J'ai l'honneur de vous saluer,

« ***. »

Je sonnai.

— S'il me vient des lettres aujourd'hui, vous les garderez, dis-je au domestique, et vous ne me les donnerez que le jour où vous me verrez trop gai.

— Les manuscrits en sont-ils, monsieur ?

— Pourquoi cela ?

— C'est qu'on vient d'en apporter un à l'instant.

— Bien ! il ne manquait plus que cela ! Mettez-le dans un endroit où il ne puisse pas se perdre ; mais ne me montrez pas cet endroit.

Il le mit sur la cheminée, ce qui me prouva que, décidément, mon domestique était plein d'intelligence.

Il était dix heures et demie ; je me mis à la fenêtre : le jour, comme je l'ai dit, était superbe ; le soleil semblait pour jamais vainqueur des nuages ; tous les gens qui passaient avaient l'air heureux ou du moins contents.

J'éprouvai, comme tout le monde, le désir de prendre l'air autre part qu'à ma fenêtre ; je m'habillai et je sortis.

Le hasard fit, car, lorsque je prends l'air, peu m'importe que ce soit dans une rue ou dans une autre, le hasard fit, dis-je, que je passai devant la Bibliothèque.

Je montai ; je trouvai, comme toujours, Pàris, qui vint à moi avec un sourire charmant.

— Donnez-moi donc, lui dis-je, les *Mémoires de la Fère.*

Il me regarda un instant, comme s'il eût eu à répondre à un fou ; puis, avec le plus grand sang-froid, il me dit :

— Vous savez bien qu'ils n'existent pas, puisque c'est vous qui avez dit qu'ils existaient !

Ce discours, tout concis qu'il était, me parut plein de sève, et, pour remercier Pàris, je lui fis don de l'autographe que j'avais reçu de Carcassonne.

Quand il eut fini de lire :

— Consolez-vous ! me dit-il, vous n'êtes pas le premier qui venez demander les *Mémoires de la Fère ;* j'ai déjà vu au moins trente personnes qui ne sont venues que pour cela, et qui doivent vous haïr de les avoir dérangées pour rien.

J'avais besoin d'une nouvelle, et, puisque j'étais à la Bibliothèque, et qu'il y a des gens qui affirment qu'on y trouve des romans tout faits, je demandai le catalogue.

Il n'y avait rien, bien entendu.

Le soir, quand je rentrai, je trouvai au beau milieu de ma table et de mes papiers le manuscrit du matin. Puisque c'était une journée perdue, j'ouvris ce manuscrit.

Il y avait une lettre qui l'accompagnait. C'était le jour aux lettres anonymes ; mais celle-là était encore plus étrange que les autres.

« Monsieur,

« Quand vous lirez ces quelques feuilles, celui qui les a écrites aura pour jamais disparu. Je ne laisse rien que ces pages, et je vous les donne : faites-en ce que vous voudrez… »

C'était intitulé : *Invraisemblance.*

Je ne sais si c'est parce qu'il faisait nuit, mais la première chose que je lus me frappa ; et voici ce que je lus :

HISTOIRE D'UN MORT

RACONTÉE PAR LUI-MÊME.

Un soir de décembre, nous étions trois dans l'atelier d'un peintre ; il faisait un temps sombre et froid, et la pluie battait les vitres de son bruit continuel et monotone.

L'atelier était immense et faiblement éclairé par la lueur d'un poêle, autour duquel nous étions groupés.

Quoique nous fussions tous jeunes et gais, la conversation avait pris, malgré nous, un reflet de cette soirée triste, et les paroles joyeuses avaient été vite épuisées.

L'un de nous irritait sans cesse une belle flamme de punch bleue, qui jetait sur tous les objets environnants une clarté fantastique ; les grandes ébauches, les christs, les bacchantes, les madones, semblaient se mouvoir et danser contre les murs comme de grands cadavres, confondus dans le même ton verdâtre. Cette vaste salle, rayonnante, dans le jour, des créations du peintre, étoilée de ses rêves, avait pris, ce soir-là, dans l'obscurité, un caractère étrange.

Chaque fois que la cuiller d'argent retombait dans le bol plein de la liqueur allumée, les objets se dessinaient sur les murailles avec des formes inconnues, avec des teintes inouïes, depuis les vieux prophètes à la barbe blanche jusqu'à ces caricatures dont les murs des ateliers se peuplent, et qui semblaient une armée de démons comme on en voit en rêve, ou comme en groupait Goya. Enfin, le calme brumeux et frais du dehors complétait le fantastique du dedans.

Ajoutez à cela que, chaque fois que nous nous regardions à cette clarté d'un moment, nous nous apparaissions avec des figures d'un gris vert, les yeux fixes et luisants comme des escarboucles, les lèvres pâles et les joues creuses ; mais ce qu'il y avait de plus affreux, c'était un masque en plâtre, moulé sur un de nos amis mort depuis quelque temps ; lequel masque, accroché près de la fenêtre, recevait aux trois quarts le reflet du punch, ce qui lui donnait une physionomie étrangement railleuse.

Tout le monde a subi comme nous l'influence des salles vastes et ténébreuses, comme les dépeint Hoffmann, comme les peint Rembrandt ; tout le monde a éprouvé, au moins une fois, de ces peurs sans cause, de ces fièvres spontanées, à la vue d'objets à qui le rayon blafard de la lune ou la lumière douteuse d'une lampe prêtent une forme mystérieuse ; tout le monde s'est trouvé dans une chambre grande et sombre, à côté de quelque ami, écoutant quelque conte invraisemblable, éprouvant cette terreur secrète que l'on peut faire cesser tout à coup en allumant une lampe ou en causant d'autre chose : ce qu'on se garde bien de faire, tant notre pauvre cœur a besoin d'émotions, qu'elles soient vraies ou fausses.

Enfin, ce soir-là, comme nous l'avons dit, nous étions trois. La conversation, qui ne prend jamais une ligne droite pour arriver à son but, avait suivi toutes les phases de nos pensées de vingt ans : tantôt légère comme la fumée de nos cigarettes, tantôt joyeuse comme la flamme du punch, tantôt sombre comme le sourire de ce masque de plâtre.

Nous étions arrivés à ne plus causer du tout ; les cigares, qui suivaient le mouvement des têtes et des mains, brillaient comme trois auréoles voltigeant dans l'ombre.

Il était évident que le premier qui allait ouvrir la bouche et qui troublerait le silence, fût-ce même par une plaisanterie, causerait un effroi d'un moment aux deux autres, tant nous étions enfoncés, chacun de notre côté, dans une rêverie peureuse.

— Henri, dit celui qui brûlait le punch en s'adressant au peintre, as-tu lu Hoffmann ?

— Je crois bien ! répondit Henri.

— Et qu'en penses-tu ?

— Je pense que c'est tout bonnement admirable, et d'autant plus admirable, que celui qui écrivait cela croyait évidemment à ce qu'il écrivait. Et je sais, quant à moi, que, comme je le lisais le soir, je suis allé me coucher bien souvent sans fermer mon livre et sans oser regarder derrière moi.

— Ainsi, tu aimes le fantastique ?

— Beaucoup

— Et toi ? dit-il en s'adressant à moi.

— Moi aussi.

— Eh bien ! je vais vous raconter une histoire fantastique qui m'est arrivée.

— Cela ne pouvait pas finir autrement ; raconte.

— C'est une histoire qui t'est arrivée à toi-même ? repris-je.

— A moi-même.

— Eh bien ! raconte ; je suis disposé à tout croire aujourd'hui.

— D'autant plus que, sur l'honneur, je vous garantis que j'en suis le héros.

— Eh bien ! va ; nous t'écoutons.

Il laissa tomber la cuiller dans le bol. La flamme s'éteignit peu à peu, et nous restâmes dans une obscurité complète, ayant les jambes seules éclairées par le feu du poêle.

Il commença.

« ..... Un soir, voilà à peu près un an, il faisait exactement le même temps qu'aujourd'hui, même froid, même pluie, même tristesse. J'avais beaucoup de malades, et, après avoir fait ma dernière visite, au lieu d'aller un instant aux Italiens, comme j'en ai l'habitude, je me fis ramener chez moi. J'habitais une des rues les plus désertes du faubourg Saint-Germain. J'étais très-fatigué, et je fus bien vite couché. J'éteignis ma lampe, et, pendant quelque temps, je m'amusai à regarder mon feu, qui brûlait et faisait danser de grandes ombres sur le rideau de mon lit ; puis, enfin, mes yeux se fermèrent, et je m'endormis.

« Il y avait environ une heure que je dormais quand je sentis une main qui me secouait vigoureusement. Je me réveillai en sursaut, comme un homme qui espérait dormir longtemps, et je remarquai avec étonnement mon nocturne visiteur. C'était mon domestique.

« — Monsieur, me dit-il, levez-vous tout de suite ; on vient vous chercher pour une jeune dame qui se meurt.

« — Et où demeure cette jeune dame ? lui dis-je.

« — Presque vis-à-vis ; du reste, il y a là celui qui vient vous demander qui vous y conduira.

« Je me levai et m'habillai à la hâte, pensant que l'heure et la circonstance feraient excuser mon costume ; je pris ma lancette et suivis l'homme qu'on m'avait envoyé.

« Il pleuvait à torrents

« Heureusement, je n'avais que la rue à traverser, et je fus tout de suite chez la personne qui réclamait mes soins. Elle habitait un hôtel vaste et aristocratique. Je traversai une grande cour, montai quelques marches d'un perron, passai par un vestibule où se trouvaient des domestiques qui m'attendaient ; on me fit monter un étage, et je me trouvai bientôt dans la chambre de la malade. C'était une grande pièce toute meublée de vieux meubles en bois noir sculpté. Une femme m'introduisit dans cette chambre, où personne ne nous suivit. J'allai droit à un grand lit à colonnes, tendu d'une ancienne et riche étoffe de soie, et je vis sur l'oreiller la plus ravissante tête de madone qu'ait jamais rêvée Raphaël. Elle avait des cheveux dorés comme un flot du Pactole, se déroulant autour de son visage d'un galbe angélique ; elle avait les yeux à demi fermés, la bouche entr'ouverte et laissant voir une double rangée de perles. Son cou était éblouissant de blancheur, pur de lignes ; sa chemise, entr'ouverte, laissait voir une poitrine belle à tenter saint Antoine, et, quand je pris sa main, je me rappelai ces bras blancs qu'Homère donne à Junon. Enfin, cette femme était le type de l'ange chrétien et de la déesse païenne ; tout en elle révélait la pureté de l'âme et la fougue des sens. Elle eût pu poser à la fois pour la Vierge sainte ou pour une bacchante lascive, donner la folie à un sage et la foi à un athée ; et, quand je m'approchai d'elle, je sentis à travers la chaleur de la fièvre ce parfum mystérieux, fait de tous les parfums de fleurs, qui émane de la femme.

« Je restais, oubliant quelle cause m'avait amené, la regardant comme une révélation, et ne retrouvant rien de pareil ni dans mes souvenirs ni dans mes rêves, lorsqu'elle tourna la tête vers moi, ouvrit ses grands yeux bleus et me dit :

« — Je souffre beaucoup.

« Elle n'avait cependant presque rien. Une saignée, et elle était sauvée. Je pris ma lancette ; mais, au moment de toucher ce bras si blanc et si beau, ma main tremblait. Cependant le médecin l'emporta sur l'homme. Dès que j'eus ouvert la veine, il en coula un sang pur comme du corail en fusion, et elle s'évanouit.

« Je ne voulus plus la quitter. Je restai auprès d'elle. J'éprouvais un secret bonheur à tenir la vie de cette femme entre mes mains ; j'arrêtai le sang, elle rouvrit peu à peu les yeux, porta la main qu'elle avait libre à sa poitrine, se tourna vers moi, et, me regardant d'un de ces regards qui damnent ou qui sauvent :

« — Merci, me dit-elle, je souffre moins.

« Il y avait tant de volupté, d'amour et de passion autour d'elle, que j'étais cloué à ma place, comptant chaque battement de mon cœur aux battements du sien, écoutant sa respiration encore un peu fiévreuse, et me disant que, s'il y avait quelque chose du ciel sur cette terre, ce devait être l'amour de cette femme.

« Elle s'endormit.

« J'étais presque agenouillé sur les marches de son lit, comme un prêtre à l'autel. Une lampe d'albâtre, suspendue au plafond, jetait une clarté charmante sur tous les objets. J'étais seul auprès d'elle. La femme qui m'avait introduit était sortie pour annoncer que sa maîtresse allait bien et n'avait plus besoin de personne. En effet, sa maîtresse était là, calme et belle comme un ange endormi dans sa prière. Quant à moi, j'étais fou...

« Cependant je ne pouvais demeurer dans cette chambre toute la nuit. Je sortis donc à mon tour sans faire de bruit, pour ne pas la réveiller. J'ordonnai quelques soins en m'en allant, et je dis que je reviendrais le lendemain.

« Quand je fus rentré chez moi, je veillai avec son souvenir. Je comprenais que l'amour de cette femme devait être un enchantement éternel fait de rêverie et de passion, qu'elle devait être pudique comme une sainte et passionnée comme une courtisane ; je conçus qu'au monde elle devait cacher tous les trésors de sa beauté, et qu'à son amant elle devait se livrer nue et tout entière. Enfin sa pensée brûla ma nuit, et lorsque vint le jour j'en étais amoureux fou.

« Cependant, après les pensées folles d'une nuit agitée, vinrent les réflexions : je me dis que peut-être un abîme infranchissable me séparait de cette femme ; qu'elle était trop belle pour ne pas avoir un amant ; qu'il devait être trop aimé pour qu'elle l'oubliât, et je me mis à le haïr sans le connaître, cet homme à qui Dieu donnait assez de félicité dans ce monde pour qu'il pût souffrir, sans murmurer, une éternité de douleurs.

« J'attendais impatiemment l'heure à laquelle je pouvais me présenter chez elle, et le temps que je passai à l'attendre me parut un siècle.

« Enfin l'heure vint et je partis.

« Quand j'arrivai, on me fit entrer dans un boudoir d'un goût exquis, d'un rococo enragé, d'un pompadour étourdissant ; elle était seule et lisait ; une grande robe de velours noir l'enfermait de toutes parts, ne laissant voir, comme aux vierges du Pérugin, que les mains et la tête ; elle tenait coquettement en écharpe le bras que j'avais saigné, étalait devant le feu ses deux petits pieds, qui ne semblaient pas faits pour marcher sur notre terre ; enfin cette femme était si complètement belle, que Dieu semblait l'avoir donnée au monde comme esquisse de ses anges.

« Elle me tendit la main et me fit asseoir à côté d'elle.

« — Sitôt levée, madame ! lui dis-je, vous êtes imprudente.

« — Non, je suis forte, me dit-elle en souriant, j'ai fort bien dormi, et d'ailleurs je n'étais pas malade.

« — Vous disiez souffrir, cependant ?

« — Plus de la pensée que du corps, fit-elle avec un soupir.

« — Vous avez un chagrin, madame ?

« — Oh ! profond. Heureusement que Dieu est médecin aussi, et qu'il a trouvé la panacée universelle, l'oubli.

« — Mais il y a des douleurs qui tuent, lui dis-je.

« — Eh bien ! la mort ou l'oubli, n'est-ce pas la même chose ? l'une est la tombe du corps, l'autre est la tombe du cœur : voilà tout.

— Aux uns je conseillerais la foi, aux autres je conseillerais l'amour.

« — Mais vous, madame, dis-je, comment pouvez-vous avoir un chagrin ? Vous êtes trop haut pour qu'il vous atteigne, et les douleurs doivent passer sous vos pieds comme les nuages sous les pieds de Dieu ; à nous les orages, à vous la sérénité !

« — C'est ce qui vous trompe, reprit-elle, et ce qui prouve que toute votre science s'arrête là, au cœur.

« — Eh bien ! lui dis-je, tâchez d'oublier, madame. Dieu permet quelquefois qu'une joie succède à la douleur, que le sourire succède aux larmes, c'est vrai ; et, quand le cœur de celui qu'il éprouve est trop vide pour se remplir tout seul, quand la blessure est trop profonde pour se fermer sans secours, il envoie sur la route de celle qu'il veut consoler une âme autre qui la comprend ; car il sait qu'on souffre moins en souffrant à deux ; et il arrive un moment où le cœur vide se remplit de nouveau, et où la blessure se cicatrise.

« — Et quel est le dictame, docteur, me dit-elle, avec lequel vous panseriez une pareille blessure ?

« — C'est selon le malade, lui répondis-je ; aux uns, je conseillerais la foi ; aux autres, je conseillerais l'amour.

« — Vous avez raison, me dit-elle ; ce sont les deux sœurs de charité de l'âme.

« Il se fit un silence assez long pendant lequel j'admirai ce visage divin, sur lequel le demi-jour qui filtrait à travers les rideaux de soie jetait des teintes charmantes, et ces beaux cheveux d'or, non plus déroulés comme la veille, mais lissés sur les tempes et s'emprisonnant eux-mêmes derrière la tête.

« La conversation avait pris, dès le commencement, cette tournure triste; aussi cette femme m'apparaissait-elle plus radieuse encore que la première fois, avec sa triple couronne de beauté, de passion et de douleur. Dieu l'avait complétée par le martyre, et il fallait que celui à qui elle donnerait son âme acceptât la double mission, doublement sainte, de lui faire oublier le passé et de lui faire espérer l'avenir.

« Aussi restai-je devant elle, non plus fou comme je l'étais la veille, devant sa fièvre, mais recueilli devant sa résignation. Si elle se fût donnée à moi dans ce moment, je serais tombé à ses pieds, je lui aurais pris les mains, et j'aurais pleuré avec elle comme avec une sœur, respectant l'ange, consolant la femme.

« Mais quelle était cette douleur à faire oublier qui avait fait cette blessure saignante encore? c'est ce que j'ignorais, c'est ce qu'il fallait deviner, car il y avait entre la malade et le médecin assez d'intimité déjà pour qu'elle m'avouât un chagrin, mais il n'y en avait pas encore assez pour qu'elle m'en dît la cause. Rien autour d'elle ne pouvait me mettre sur la voie : la veille, personne n'était venu à son chevet s'inquiéter d'elle; le lendemain, personne ne se présentait pour la voir. Cette douleur devait donc déjà être dans le passé et se refléter seulement dans le présent.

« — Docteur, me dit-elle tout à coup en sortant de sa rêverie, je pourrai bientôt danser?

« — Oui, madame, lui dis-je, un peu étonné de cette transition.

« — C'est qu'il faut que je donne un bal depuis longtemps attendu, reprit-elle; vous y viendrez, n'est-ce pas? Vous devez avoir bien mauvaise opinion de ma douleur, qui, tout en me faisant rêver le jour, ne m'empêche pas de danser la nuit. C'est que, voyez-vous, il est des chagrins qu'il faut refouler au fond de son cœur pour que le monde n'en apprenne rien; il est des tortures qu'il faut masquer d'un sourire pour que personne ne les devine : et je veux garder pour moi seule ce que je souffre, comme un autre garderait sa joie. Ce monde, qui me jalouse et m'envie en me voyant belle, me croit heureuse, et c'est une conviction que je ne veux pas lui retirer. C'est pour cela que je danse, risque à pleurer le lendemain, mais à pleurer seule.

« Elle me tendit la main avec un regard indéfinissable de candeur et de tristesse, et me dit :

« — A bientôt, n'est-ce pas?

« Je portai sa main à mes lèvres, et je partis.

« J'arrivai chez moi stupide.

« De ma fenêtre je voyais les siennes; je restai tout le jour à les regarder, tout le jour elles furent sombres et silencieuses. J'oubliais tout pour cette femme; je ne dormais plus, je ne mangeais plus. le soir, j'avais la fièvre, le lendemain matin le délire, et le lendemain soir j'étais mort. »

— Mort! nous écriâmes-nous.

— Mort! reprit notre ami avec un accent de conviction qu'on ne peut rendre, mort comme Fabien, dont voici le masque.

— Continue, lui dis-je.

La pluie battait toujours contre les vitres. Nous remîmes du bois dans le poêle, dont la flamme rouge et vive éclaircit un peu l'obscurité dans laquelle l'atelier disparaissait.

Il reprit :

« A partir de ce moment, je n'éprouvai plus rien qu'une commotion froide. Ce fut sans doute le moment où l'on me jeta dans la fosse.

« J'ignore depuis combien de temps j'étais enseveli quand j'entendis confusément une voix qui m'appelait par mon nom. Je tressaillis de froid sans pouvoir répondre. Quelques instants après, la voix m'appela encore; je fis un effort pour parler, mais mes lèvres, en remuant, sentirent le linceul qui me recouvrait de la tête aux pieds. Cependant je parvins à articuler faiblement ces deux mots :

« — Qui m'appelle?

« — Moi, répondit-on.

« — Qui, toi?

« — Moi.

« Et la voix allait s'affaiblissant comme si elle se fût perdue dans la bise, ou comme si ce n'eût été qu'un bruissement passager de feuilles.

« Une troisième fois encore mon nom frappa mes oreilles, mais cette fois ce nom sembla courir de branche en branche, si bien que le cimetière tout entier le répéta sourdement, et j'entendis un bruit d'ailes, comme si ce nom, prononcé tout à coup dans le silence, eût fait envoler une troupe d'oiseaux de nuit.

« Mes mains se portèrent à mon visage comme mues par des ressorts mystérieux. J'écartai silencieusement le linceul dont j'étais recouvert, et je tâchai de voir. Il me sembla que je me réveillais d'un long sommeil. J'avais froid.

« Je me rappellerai toujours l'effroi sombre dont j'étais entouré. Les arbres n'avaient plus de feuilles et tordaient douloureusement leurs branches décharnées comme de grands squelettes. Un rayon faible de la lune, qui perçait à travers de longs nuages noirs, éclairait devant moi un horizon de tombes blanches qui semblaient un escalier du ciel, et toutes ces voix vagues de la nuit qui présidaient à mon réveil étaient pleines de mystère et de terreur.

« Je tournai la tête et je cherchai celui qui m'avait appelé. Il était assis à côté de ma tombe, épiant tous mes mouvements, la tête appuyée sur les mains avec un sourire étrange, avec un regard horrible.

« J'eus peur.

« — Qui êtes-vous? lui dis-je en réunissant toutes mes forces; pourquoi m'éveiller?

« — Pour te rendre un service, me répondit-il.

« — Où suis-je?

« — Au cimetière.

« — Qui êtes-vous?

« — Un ami.

« — Laissez-moi mon sommeil.

« — Écoute, me dit-il, te souviens-tu de la terre?

« — Non.

« — Tu ne regrettes rien?

« — Non.

« — Depuis combien de temps dors-tu?

« — Je l'ignore.

« — Je vais te le dire, moi. Tu es mort depuis deux jours, et ta dernière parole a été le nom d'une femme au lieu d'être celui du Seigneur. Si bien que ton corps serait à Satan, si Satan voulait le prendre. Comprends-tu?

« — Oui.

« — Veux-tu vivre?

« — Vous êtes Satan?

« — Satan ou non, veux-tu vivre?

« — Seul?

« — Non, tu la reverras.

« — Quand?

« — Ce soir.

« — Où?

« — Chez elle.

« — J'accepte, fis-je en essayant de me lever. Tes conditions?

« — Je ne t'en fais pas, répondit Satan; crois-tu donc que de temps en temps je ne sois pas capable de faire le bien? Ce soir elle donne un bal, et je t'y mène.

« — Partons, alors.

« — Partons.

« Satan me tendit la main, et je me trouvai debout.

« Vous peindre ce que j'éprouvai serait chose impossible. Je sentais un froid terrible qui glaçait mes membres, voilà tout ce que je puis dire.

« — Maintenant, continua Satan, suis-moi. Tu comprends que je ne te ferai pas sortir par la grande porte, le concierge ne te laisserait pas passer, mon cher; une fois ici, on ne sort plus. Suis-moi donc : nous allons chez toi d'abord, où tu t'habilleras; car tu ne peux pas venir au bal dans le costume où te voilà, d'autant plus que ce n'est pas un bal masqué; seulement enveloppe-toi bien dans ton linceul, car les nuits sont fraîches, et tu pourrais avoir froid.

« Satan se mit à rire comme rit Satan, et je continuai de marcher auprès de lui.

« — Je suis sûr, continua-t-il, que, malgré le service que je te rends, tu ne m'aimes pas encore. Vous êtes ainsi faits, vous autres hommes, ingrats pour vos amis. Non pas que je blâme l'ingratitude : c'est un vice que j'ai inventé, et c'est un des plus répandus; mais je voudrais au moins te voir moins triste. C'est la seule reconnaissance que je te demande.

« Je suivais toujours, blanc et froid comme une statue de marbre qu'un ressort caché fait mouvoir; seulement, dans les moments de silence, on eût entendu mes dents se heurter sous un frisson glacial, et les os de mes membres craquer à chaque pas.

« — Arriverons-nous bientôt? dis-je avec effort.

« — Impatient! fit Satan. Elle est donc bien belle?

« — Comme un ange.

« — Ah! mon cher, reprit-il en riant, il faut avouer que tu manques de délicatesse dans tes paroles; tu viens me parler d'ange, à moi qui l'ai été, d'autant plus qu'aucun ange ne ferait pour toi ce que je fais aujourd'hui. Je te pardonne encore : il faut bien faire passer chose à un homme mort depuis deux jours. Puis, comme je te le disais, je suis fort gai ce soir; il s'est fait aujourd'hui dans le monde des choses qui me ravissent. Je croyais les hommes dégénérés, je les croyais devenus vertueux depuis quelque temps, mais non : ils sont toujours les mêmes, tels que je les ai créés. Eh bien! mon cher, j'ai rarement vu des journées comme celle-ci : j'ai eu depuis hier soir six cent vingt-deux suicides en Europe seulement, parmi lesquels il y a plus de jeunes gens que de vieillards, ce qui est une perte, parce qu'ils meurent sans enfants; deux mille deux cent quarante-trois assassinats, toujours en Europe seulement; dans les autres parties du monde, je ne compte plus : je suis pour celles-là comme les riches capitalistes, je ne peux pas énumérer ma fortune. Deux millions six cent vingt-trois mille neuf cent soixante-quinze adultères nouveaux; ceci est moins étonnant à cause des bals; douze cents juges qui se sont vendus; ordinairement j'en ai davantage. Mais ce qui m'a fait le plus de plaisir, ce sont vingt-sept jeunes filles, dont l'aînée n'avait pas dix-huit ans, qui sont mortes en blasphémant Dieu. Compte, mon cher, cela me fait une rentrée d'environ deux millions six cent vingt huit mille âmes en Europe seulement. Je ne compte pas les incestes, les fausses monnaies, les viols : ce sont les centimes. Ainsi, calcule, en établissant une moyenne de trois millions d'âmes qui se perdent par jour, dans combien de temps le monde tout entier sera à moi. Je serai forcé d'acheter le paradis à Dieu pour agrandir l'enfer.

« — Je comprends ta gaieté, murmurai-je en hâtant le pas.

« — Tu me dis cela, reprit Satan d'un air sombre et douteux; as-tu donc peur de moi parce que tu me vois en face? Suis-je donc si repoussant? Rai-

Je suivais toujours, blanc et froid comme une statue de marbre qu'un ressort caché fait mouvoir. — Page 7.

sonnons un peu, je te prie : qu'est-ce que deviendrait le monde sans moi, un monde qui aurait des sentiments venus du ciel, et non des passions venues de moi? Mais le monde mourrait de spleen, mon cher ! Qui est-ce qui a inventé l'or? c'est moi ; le jeu? c'est moi ; l'amour? c'est moi ; les affaires ? c'est encore moi. Et je ne comprends pas les hommes, qui semblent tant m'en vouloir ! Vos poëtes, par exemple, qui parlent d'amour pur, ne comprennent donc pas qu'en montrant l'amour qui sauve ils inspirent la passion qui perd ; car, grâce à moi, ce que vous recherchez toujours, ce n'est pas la femme comme la Vierge, c'est la pécheresse comme Ève. Et

toi-même, dans ce moment, toi que je viens de tirer d'une tombe, toi qui as encore le froid d'un cadavre et la pâleur d'un mort, ce n'est pas un amour pur que tu vas chercher près de celle à qui je te conduis, c'est une nuit de volupté. Tu vois bien que le mal survit à la mort, et que, si l'homme avait à choisir, il préférerait l'éternité des passions à l'éternité du bonheur, et la preuve, c'est que, pour quelques années de passions sur la terre, il perd l'éternité du bonheur dans le ciel.

« — Arriverons-nous bientôt ? dis-je ; car l'horizon allait toujours se renouvelant, et nous marchions sans avancer.

C'était une valse enivrante où tous ceux qui nous entourent disparaissen.. — Page **11**.

« — Toujours impatient ! répliqua Satan, et cependant je tâche d'abréger la route le plus que je peux. Tu comprends que je ne puis pas passer par la porte, il y a une grande croix, et la croix c'est ma douane. Comme je voyage ordinairement avec des choses défendues par elle, elle m'arrêterait, je serais forcé de me signer, et je puis bien faire un crime, mais je ne ferais pas un sacrilége; et puis, comme je t'ai déjà dit, on ne te laisserait pas partir. Tu crois qu'on meurt, qu'on vous enterre, et qu'un beau jour on peut s'en aller sans rien dire; tu te trompes, mon cher : sans moi il t'aurait fallu attendre la résurrection éternelle, ce qui aurait été long.

Suis-moi donc, et sois tranquille, nous arriverons. Je t'ai promis un bal, tu l'auras : je tiens mes promesses, et ma signature est connue.

« Il y avait dans toute cette ironie de mon sinistre compagnon quelque chose de fatal qui me glaçait; tout ce que je viens de vous dire, je crois l'entendre encore.

« Nous marchâmes encore quelque temps, puis nous arrivâmes enfin à un mur devant lequel étaient amoncelées des tombes formant escalier. Satan mit le pied sur la première, et, contre son habitude, marcha sur les pierres sacrées, jusqu'à ce qu'il fût au sommet de la muraille

« J'hésitais à suivre le même chemin, j'avais peur.

« Il me tendit la main en me disant :

« — Il n'y a pas de danger; tu peux mettre le pied dessus, ce sont des connaissances.

« Quand je fus auprès de lui :

« — Veux-tu, me dit-il, que je te fasse voir ce qui se passe à Paris?

« — Non, marchons.

« — Marchons, puisque tu es si pressé.

« Nous sautâmes du mur à terre.

« La lune, sous le regard de Satan, s'était voilée comme une jeune fille sous un regard effronté. La nuit était froide, toutes les portes étaient closes, toutes les fenêtres sombres, toutes les rues silencieuses, on eût dit que personne, depuis longtemps, n'avait foulé le sol sur lequel nous marchions : tout, autour de nous, avait un aspect fatal. Il semblait que, quand le jour allait venir, personne n'ouvrirait les portes, qu'aucune tête ne sortirait aux fenêtres, qu'aucun pas ne troublerait le silence : je croyais marcher dans une ville morte depuis des siècles et retrouvée dans des fouilles; enfin la ville semblait s'être dépeuplée au profit du cimetière.

« Nous marchions sans entendre un bruit, sans rencontrer une ombre; le chemin fut long à travers cette ville effrayante de calme et de repos : enfin nous arrivâmes à notre maison.

« — Te reconnais-tu? me dit Satan.

« — Oui, répondis-je sourdement; entrons.

« — Attends, il faut que j'ouvre. C'est encore moi qui ai inventé le vol avec effraction : j'ai une seconde clef de toutes les portes, excepté de celle du paradis, cependant.

« Nous entrâmes. Le calme du dehors se continuait au dedans : c'était horrible.

« Je croyais rêver; je ne respirais plus. Vous figurez-vous rentrant dans votre chambre où vous êtes mort depuis deux jours, retrouvant toutes choses telles qu'elles étaient pendant votre maladie, empreintes seulement de cet air sombre que donne la mort, revoyant tous les objets rangés comme ne devant plus être touchés par vous! La seule chose animée que j'eusse vue depuis ma sortie du cimetière fut ma grande pendule à côté de laquelle un être humain était mort, et qui continuait de compter les heures de mon éternité comme elle avait compté les heures de ma vie.

« J'allai à la cheminée, j'allumai une bougie pour m'assurer de la vérité, car tout ce qui m'entourait m'apparaissait à travers une clarté pâle et fantastique qui me donnait pour ainsi dire une vue intérieure. Tout était réel : c'était bien ma chambre; je vis le portrait de ma mère, me souriant toujours; j'ouvris les livres que je lisais quelques jours avant ma mort; seulement le lit n'avait plus de draps, et il y avait des scellés partout.

« Quant à Satan, il s'était assis au fond, et lisait attentivement la Vie des Saints.

« En ce moment, je passai devant une grande glace, et je me vis dans mon étrange costume, couvert d'un linceul, pâle, les yeux ternes. Je doutai de cette vie que me rendait une puissance inconnue, et je me mis la main sur le cœur.

« Mon cœur ne battait pas.

« Je portai la main à mon front, le front était froid comme la poitrine, le pouls muet comme le cœur : et cependant je reconnaissais tout ce que j'avais quitté; il n'y avait donc que la pensée et les yeux qui vécussent en moi.

« Ce qu'il y avait d'horrible encore, c'est que je ne pouvais détacher mon regard de cette glace qui me renvoyait mon image sombre, glacée, morte. Chaque mouvement de mes lèvres se reflétait comme le hideux sourire d'un cadavre. Je ne pouvais pas quitter ma place; je ne pouvais pas crier.

« L'horloge fit entendre ce ronflement sourd et lugubre qui précède la sonnerie des vieilles pendules, et sonna deux heures; puis tout redevint calme.

« Quelques instants après, une église voisine sonna à son tour, puis une autre, puis une autre encore.

« Je voyais dans un coin de la glace Satan, qui s'était endormi sur la Vie des Saints.

« Je parvins à me retourner. Il y avait une glace en face de celle que je regardais, si bien que je me voyais répété des milliers de fois avec cette clarté pâle d'une seule bougie dans une vaste salle.

« La peur était arrivée à son comble : je poussai un cri.

« Satan se réveilla.

« — Voilà pourtant avec quoi, me dit-il en me montrant le livre, on veut donner la vertu aux hommes! C'est si ennuyeux, que je me suis endormi, moi qui veille depuis six mille ans. Tu n'es pas encore prêt?

« — Si, répliquai-je machinalement, me voilà.

« — Hâte-toi, répliqua Satan, brise les scellés, prends tes habits et de l'or surtout, beaucoup d'or; laisse tes tiroirs ouverts, et demain la justice trouvera bien moyen de condamner quelque pauvre diable pour rupture de scellés; ce sera mon petit bénéfice.

« Je m'habillai. De temps en temps je me touchais le front et la poitrine : tous deux étaient froids.

« Quand je fus prêt, je regardai Satan.

« — Nous allons la voir? lui dis-je.

« — Dans cinq minutes.

« — Et demain?

« — Demain, me dit-il, tu reprendras ta vie ordinaire; je ne fais pas les choses à demi.

« — Sans conditions?

« — Sans conditions.

« — Partons, lui dis-je.

« — Suis-moi.

« Nous descendîmes.

« Au bout de quelques instants nous étions de

vant la maison où l'on m'avait fait appeler quatre jours auparavant.

« Nous montâmes.

« Je reconnus le perron, le vestibule, l'antichambre. Les abords du salon étaient pleins de monde. C'était une fête éblouissante de lumières, de fleurs, de pierreries et de femmes.

« On dansait.

« A la vue de cette joie, je crus à ma résurrection.

« Je me penchai à l'oreille de Satan, qui ne m'avait pas quitté.

« — Où est-elle? lui dis-je.

« — Dans son boudoir.

« J'attendis que la contredanse fût finie. Je traversai le salon; les glaces aux feux des bougies me renvoyèrent mon image pâle et sombre. Je revis ce sourire qui m'avait glacé; mais là ce n'était plus la solitude, c'était le monde; ce n'était plus le cimetière, c'était un bal; ce n'était plus la tombe, c'était l'amour. Je me laissai enivrer, et j'oubliai un instant d'où je venais, ne pensant qu'à celle pour qui j'étais venu.

« Arrivé à la porte du boudoir, je la vis; elle était plus belle que la beauté, plus chaste que la foi. Je m'arrêtai un instant comme en extase; elle était vêtue d'une robe d'une blancheur éblouissante, les épaules et les bras nus. Je revis, plutôt en imagination qu'en réalité, un petit point rouge à l'endroit que j'avais saigné. Quand je parus, elle était entourée de jeunes gens qu'elle écoutait à peine; elle leva nonchalamment ses beaux yeux si pleins de volupté, m'aperçut, sembla hésiter à me reconnaître, puis, me faisant un sourire charmant, quitta tout le monde et vint à moi.

« — Vous voyez que je suis forte, me dit-elle.

« L'orchestre se fit entendre.

« — Et, pour vous le prouver, continua-t-elle en me prenant le bras, nous allons valser ensemble.

« Elle dit quelques mots à quelqu'un qui passait à côté d'elle. Je vis Satan auprès de moi.

« — Tu m'as tenu parole, lui dis-je, merci; mais il me faut cette femme cette nuit même.

« — Tu l'auras, me dit Satan; mais essuie-toi le visage, tu as un ver sur la joue.

« Et il disparut, me laissant encore plus glacé qu'auparavant. Comme pour me rendre à la vie, je pressai le bras de celle que je venais chercher du fond de la tombe, et je l'entraînai dans le salon.

« C'était une de ces valses enivrantes où tous ceux qui nous entourent disparaissent, où l'on ne vit plus que l'un pour l'autre, où les mains s'enchaînent, où les haleines se confondent, où les poitrines se touchent. Je valsais les yeux fixés sur ses yeux, et son regard, qui me souriait éternellement, semblait me dire : « Si tu savais les trésors d'amour et de pas « sion que je donnerais à mon amant! si tu savais « ce qu'il y a de volupté dans mes caresses, ce qu'il « y a de feu dans mes baisers! A celui qui m'ai-

« merait, toutes les beautés de mon corps, toutes « les pensées de mon âme, car je suis jeune, car je « suis aimante, car je suis belle! »

« Et la valse nous emportait dans son tourbillon lascif et rapide.

« Cela dura longtemps. Quand la mesure cessa, nous étions les seuls à valser encore.

« Elle tomba sur mon bras, la poitrine oppressée, souple comme un serpent, et leva sur moi ses grands yeux, qui semblèrent me dire, à défaut de la bouche : « Je t'aime! »

« Je l'entraînai dans le boudoir, où nous étions seuls. Les salons devenaient déserts.

« Elle se laissa tomber sur une causeuse, fermant à demi les yeux sous la fatigue, comme sous une étreinte d'amour.

« Je me penchai sur elle et lui dis à voix basse ·

« — Si vous saviez comme je vous aime!

« — Je le sais, me dit-elle, et je vous aime aussi, moi.

« C'était à devenir fou.

« Je donnerais ma vie, dis-je, pour une heure d'amour avec vous, et mon âme pour une nuit.

« — Écoute, fit-elle en ouvrant une porte cachée dans la tapisserie, dans un instant nous serons seuls. Attends-moi!

« Elle me poussa doucement, et je me trouvai seul dans sa chambre à coucher, éclairée encore par la lampe d'albâtre.

« Tout y avait un parfum de mystérieuse volupté impossible à décrire. Je m'assis près du feu, car j'avais froid; je me regardai dans la glace : j'étais toujours aussi pâle. J'entendais les voitures qui partaient une à une; puis, quand la dernière eut disparu, il se fit un silence morne et solennel. Peu à peu mes terreurs me revinrent; je n'osais plus me retourner; j'avais froid. Je m'étonnais qu'elle ne vînt pas; je comptais les minutes, et je n'entendais aucun bruit. J'avais les coudes sur mes genoux et la tête dans mes mains.

« Alors je me mis à penser à ma mère, ma mère qui pleurait à cette heure son fils mort, ma mère dont j'étais toute la vie, et qui n'avait eu que ma seconde pensée. Tous les jours de mon enfance me repassèrent devant les yeux comme un riant songe. Je vis que partout où j'avais eu une blessure à panser, une douleur à éteindre, c'était toujours à ma mère que j'avais eu recours. Peut-être, à l'heure où je me préparais à une nuit d'amour, se préparait-elle à une nuit d'insomnie, seule, silencieuse, auprès des objets qui me rappellent à elle, ou veillant avec mon seul souvenir. Cette pensée était affreuse; j'avais des remords; les larmes me vinrent aux yeux. Je me levai. Au moment où je regardais la glace, j'aperçus une ombre pâle et blanche derrière moi, me regardant fixement.

« Je me retournai : c'était ma belle maîtresse.

« Heureusement que mon cœur ne battait pas,

car, d'émotion en émotion, il eût fini par se briser.

« Tout était silencieux, au dehors comme au dedans.

« Elle m'attira près d'elle, et bientôt j'oubliai tout. Ce fut une nuit impossible à raconter, avec des plaisirs inconnus, avec des voluptés telles, qu'elles approchent de la souffrance. Dans mes rêves d'amour, je ne retrouvais rien de pareil à cette femme que je tenais dans mes bras, ardente comme une messaline, chaste comme une madone, souple comme une tigresse, avec des baisers qui brûlaient les lèvres, avec des mots qui brûlaient le cœur. Elle avait en elle quelque chose de si puissamment attractif, qu'il y avait des moments où j'en avais peur.

« Enfin, la lampe commença à pâlir quand le jour commença à poindre.

« — Écoute! me dit cette femme, il faut partir; voici le jour, tu ne peux rester ici; mais le soir, à la première heure de la nuit, je t'attends, n'est-ce pas?

« Une dernière fois, je sentis ses lèvres sur les miennes; elle pressa convulsivement mes mains, et je partis.

« C'était toujours le même calme dehors.

« Je marchais comme un fou, croyant à peine à ma vie, n'ayant même pas la pensée d'aller chez ma mère ou de rentrer chez moi, tant cette femme entourait mon cœur.

« Je ne sais qu'une chose qu'on désire plus qu'une première nuit à passer avec sa maîtresse : c'est une seconde.

« Le jour s'était levé, triste, sombre, froid. Je marchai au hasard dans la campagne déserte et désolée, pour attendre le soir.

« Le soir vint de bonne heure.

« Je courus à la maison du bal.

« Au moment où je franchissais le seuil de la porte, je vis un vieillard pâle et cassé qui descendait le perron.

« — Où va monsieur? me dit le concierge.

« — Chez madame de P..., lui dis-je.

« — Madame de P...? fit-il en me regardant étonné et en me montrant le vieillard; c'est monsieur qui habite cet hôtel; il y a deux mois qu'elle est morte.

« Je poussai un cri et je tombai à la renverse. »

— Et après? dis-je à celui qui venait de parler.

— Après? dit-il en jouissant de notre attention et en pesant sur ses mots; après, je me réveillai, car tout cela n'était qu'un rêve.

FIN

UNE AME A NAITRE

l y a six mille ans à peu près...

Le monde était créé depuis un demi-siècle. Dieu avait déjà chassé Adam et Ève du paradis terrestre. Il n'y avait donc dans le ciel que les âmes qui devaient descendre un jour sur la terre et animer successivement les corps qui naîtraient.

La première qui revint à Dieu fut celle d'Abel, et les chants des archanges et la bénédiction du Seigneur accueillirent le retour de l'âme exilée et martyre qui dut le jour à une faute et la mort à un crime.

La seconde fut celle d'Ève, et, lorsque les portes du ciel s'étaient rouvertes devant cette âme pécheresse, flétrie par le péché, mais épurée par la douleur, toutes les âmes de l'avenir s'étaient pressées autour d'elle pour apprendre quelque chose de la terre.

Ève s'était contentée de répondre : « J'ai péché, j'ai souffert, j'ai prié; la vie a beaucoup de passions, beaucoup de douleurs et bien peu de joies. » Puis elle s'était retirée à la droite de Dieu pour achever auprès de lui sa prière commencée ici-bas.

Pour toutes ces âmes qui ne connaissaient que le ciel, c'étaient deux mots bien inconnus que les passions et les douleurs. Elles ne comprenaient qu'une éternité de calme, comme elles ne voyaient qu'une étendue de sérénité; aussi se promenaient-elles toutes rêveuses dans les jardins d'étoiles que Dieu fit éclore sous leurs pas, se demandant les unes aux autres ce que pouvaient être les choses ignorées au ciel qu'on appelait sur la terre passions et douleurs.

Alors elles s'éloignaient quelquefois du groupe que forment les élus auprès du Seigneur, et suivaient mystérieusement une route isolée, jusqu'à ce qu'arrivées dans un endroit où nulle autre ne les avait suivies, elles pussent se pencher sur la voûte du ciel, et chercher à voir ce qui se passait parmi les hommes; mais les ténèbres des passions restaient aussi impénétrables à leurs yeux célestes que les lueurs de l'éternité à notre science humaine.

Or, parmi toutes ces âmes curieuses de cette terre nouvelle, il y en avait une à qui son bon ange avait dit : « Tu naîtras un jour du sein d'une femme; tu quitteras ta forme immortelle pour le monde que le Seigneur vient de faire. »

— Et quand dois-je naître? avait demandé l'âme.

— Attends, et prie en attendant, avait répondu l'ange.

Et il s'était envolé à l'orient du ciel, laissant la pauvre âme encore plus curieuse qu'auparavant.

Un jour, le soleil se voila dans les cieux : une autre âme venait de quitter la terre, et, quand elle s'était présentée à la porte du Seigneur, l'ange de justice l'en avait chassée.

Tout le cortége radieux du Seigneur s'était mis à genoux, redoublant de louanges et de prières, et demandant ce qu'avait fait celui que Dieu chassait.

Dieu répondit :

— Il se nommait Caïn, et il a tué Abel.

Et le ciel se voila pour le premier crime comme il s'était voilé pour la première faute.

— Que peut-il y avoir dans le monde, se demandait l'âme qui devait naître, pour qu'un frère tue son frère?

Et elle attendait toujours, et elle priait en attendant.

Cependant la première faute et le premier crime avaient excité la colère de Dieu, si bien que les morts se succédaient avec rapidité, et qu'il revenait au ciel bien moins d'âmes qu'il n'en était parti. Mais, chaque fois qu'il en arrivait une, on lui demandait des nouvelles de la terre; ce à quoi elle répondait : « Devant Dieu l'on perd le souvenir des hommes; mais tout ce que Dieu fait est beau, et la terre, au milieu de ses douleurs, a bien des joies. »

Et elle allait rendre compte au Seigneur de ce qu'elle avait de douleurs et de prières à opposer à ce qu'elle avait de fautes.

Les siècles se passaient, et l'âme attendait toujours.

Un jour, les anges, courbés devant le trône éternel, virent, non pas de la colère, mais une larme dans les yeux du Seigneur, et cette larme fit le déluge.

Quarante jours le ciel pleura sur les fautes de la terre, et la terre disparut.

Du haut de la voûte céleste, les anges suivaient du regard et de la prière, comme d'ici-bas nous suivons une étoile, quelque chose qui glissait sur les eaux : c'était l'arche de Noé.

La pauvre âme qui attendait sa naissance avait cru un moment que le monde était effacé pour l'éternité, et qu'elle ne naîtrait jamais ; l'arche lui rendit l'espoir : le monde se refit.

Chaque fois qu'une âme quittait le ciel pour la terre, celle qui attendait l'accompagnait le plus loin possible, et lui disait :

— Ma sœur, au retour, tu me raconteras ce qu'on fait dans le monde.

Et elle disparaissait.

Chaque fois qu'à l'heure de la prière l'âme de l'avenir se trouvait auprès de son bon ange, elle lui disait :

— Naîtrai-je bientôt ?

— Attends et prie.

Et les siècles passaient.

Cependant le monde se faisait tout à fait méchant. Les louanges redoublaient au ciel à mesure que le culte se perdait sur la terre. A peine si de temps en temps il revenait une âme exilée ; mais celle-là était reçue avec des chants et des fleurs, et Dieu la bénissait.

Comme le châtiment n'avait pas arrêté les crimes, Dieu voulut essayer du pardon. Il fit une âme à l'image de sa pureté, et il l'envoya sur la terre. Les anges l'accompagnaient en chantant, et ils restèrent longtemps agenouillés derrière elle quand ils l'eurent perdue de vue.

A peine cette âme, à qui Dieu avait donné le nom de son fils, et à qui la terre avait donné le nom de Jésus, eut-elle passé trente ans dans son exil, que les âmes commencèrent à revenir au ciel, épurées par cet homme divin. Chaque jour c'était fête, chaque jour l'éternité de bonheur recommençait radieuse et splendide, et chaque jour le ciel se peuplait de vierges et de martyrs.

Enfin, le fils de Dieu reparut après sa mission, tenant à ses mains déchirées sa couronne d'épines. Dieu lui dit :

— Viens, mon fils ; tes pieds se sont meurtris aux pierres de la route, mais ton cœur est resté pur devant les tentations.

Et il le fit asseoir à sa droite.

— Quel peut être ce monde, se disait l'âme rêveuse, où l'on ose faire mourir le fils de Dieu ?

Il n'était bruit au ciel que d'une grande pécheresse que le Christ avait convertie, et que l'on attendait avec impatience.

Elle arriva.

La première âme qui vint au-devant d'elle fut celle qui attendait toujours sa naissance. Elle lui dit :

— Ma sœur, quel était ton nom ?

— Madeleine, répondit la pécheresse.

— Et la terre, a-t-elle bien des joies ?

— Oui ; mais elles sont passagères, et celles du Seigneur sont éternelles.

Et Madeleine alla s'agenouiller aux pieds de Dieu.

L'âme continuait d'attendre ; elle avait entendu le Seigneur dire à Madeleine : « Il te sera beaucoup remis, parce que tu as beaucoup aimé. » Et elle se demandait ce qu'était cet amour, dont on ne savait rien au ciel, qui avait perdu Ève et qui sauvait Madeleine.

Aussi devenait-elle de plus en plus impatiente de se voir révéler les mystères de ce monde où Dieu exilait tant d'âmes ; de ce monde éloigné et inconnu où, pour quelques années de passions, on sacrifiait une éternité de bonheur. Ce n'était pas du désir, sa nature lui défendait d'en avoir : c'était de l'espérance. Peut-être voulait-elle subir comme les autres son martyre, pour revenir à Dieu ceinte d'une double couronne ; peut-être, après tout, était-elle d'une essence moins divine que ses sœurs, et avait-elle ressenti le souffle de colère qu'en quittant le paradis l'ange tombé jeta sur elles. Toujours est-il qu'au milieu de la béatitude immense, c'était cette joie temporelle qu'elle attendait.

Et, chaque fois qu'elle rencontrait son ange, elle lui faisait la même question, à laquelle il faisait la même réponse.

Les nouvelles qu'on recevait de la terre n'étaient cependant pas bien entraînantes pour une fille du ciel. Les apôtres avaient suivi de près le Christ, et, s'ils arrivaient l'âme pure, ils étaient bien défigurés quant au corps. Les hommes ne paraissaient pas vouloir suivre le chemin tracé par la main divine. Les vierges qui revenaient au ciel remerciaient Dieu de les avoir dépouillées de leur enveloppe terrestre, et, quand elles parlaient de la terre, elles parlaient sans regrets.

L'âme attendait toujours.

Les siècles passaient.

Enfin la loi du Seigneur reprit le dessus. La lumière avait d'abord été trop forte, si bien qu'au lieu d'éclairer elle avait aveuglé ; c'était un moment charmant pour venir sur la terre. Il n'y avait plus d'empereurs cruels ; il n'y avait plus d'apôtres martyrs ; tout semblait marcher selon la volonté éternelle, et, pour l'âme solitaire qui se serait contentée d'ombre et d'amour, la terre aurait eu bien des joies ; c'est du moins ce que disaient certaines âmes dont le premier soin, en arrivant au ciel, était de chercher celles qu'elles avaient perdues sur la terre, et de continuer, sous le regard de Dieu, l'amour commencé parmi les hommes.

— Il n'y a que là-bas qu'on trouve cet amour, se disait l'âme. Quand donc naîtrai-je ?

— Attends et prie, répondait l'ange.

C'était désolant, d'autant plus que le ciel s'était tout à coup illuminé d'un astre merveilleux, qu'on appelait une comète, qui était encore ignorée des hommes, et que l'âme craignait que ce ne fût pour la destruction du monde que Dieu eût fait ce nouvel instrument de justice, puisqu'il avait dit que le monde périrait par le feu.

L'âme comprit qu'il fallait se hâter. Elle alla trouver son ange et lui dit :

— Dieu permettra-t-il bientôt ma naissance ?

— Bientôt, reprit l'ange.

— Et quand ?

— Dans un siècle, un siècle et demi, à peu près. Où serait-on patient si l'on ne l'était au ciel ? L'âme attendit.

Décidément le monde devenait heureux et semblait retourner à l'âge d'or. Le Christ s'était servi de l'amour terrestre pour arriver à la foi. Il avait mis une révélation dans ce premier péché de la première femme, et, grâce à cela, on pouvait passer quelques mois sur la terre sans trop se compromettre.

Cependant l'âme comprenait que cette espérance d'un autre monde que celui de Dieu était déjà un péché, et qu'elle y arriverait souillée d'une faute originelle d'autant plus grande qu'elle était commise au milieu de l'innocence éternelle. Aussi, lorsqu'elle priait pour les autres, elle priait un peu pour elle.

Le temps marchait rapidement, car devant les yeux du Seigneur et devant l'éternité chaque siècle ne met pas plus de temps à passer que le grain de sable qui tombe du sablier.

L'âme voyait arriver avec bonheur le moment tant attendu. Plus il approchait, plus elle questionnait celles qui revenaient de notre monde, plus elle avait hâte de connaître ce monde mystérieux, plus elle avait soif de cet amour terrestre et presque de ces douleurs qui rompaient la monotonie de la béatitude.

Aussi se promenait-elle, à l'heure où la nuit descend sur la terre, dans les chemins les plus cachés du ciel, tâchant de soulever un coin du voile diamanté que chaque soir Dieu étend sur le ciel. Elle suivait en rêvant la voix lactée, se disant : « Quelle punition Dieu me fera t-il subir pour la faute que je commets auprès de lui, quand je ne devrais avoir qu'un désir, sa vue ; qu'un bonheur, la prière ; qu'une joie, l'éternité ? »

De temps en temps l'ange passait auprès d'elle et lui disait : « Patience ! »

L'âme attendait.

Enfin un soir qu'elle rêvait, comme de coutume, en regardant une révolution qui s'opérait dans une étoile, l'ange s'approcha d'elle :

— Ta mère est née aujourd'hui, lui dit-il.

— Ma mère ? s'écria l'âme.

— Oui.

— Alors, je n'ai guère plus que dix-huit ans à attendre ; car j'espère qu'elle se mariera jeune, ma mère ?

— Attends, et prie en attendant.

L'âme était triomphante. Elle quitta sa solitude, elle oublia la révolution de son étoile, et vint se mêler aux autres, faisant part de tous côtés de la naissance de sa mère.

Maintenant qu'elle avait la certitude de naître, une chose l'inquiétait encore : c'était de savoir si elle naîtrait homme ou femme. Mais, pour ceci, les mystères de l'avenir étaient impénétrables : il fallait attendre.

Chaque jour elle demandait à l'ange :

— Comment va ma mère aujourd'hui ?

— Elle vient de faire sa première dent.

— Quel bonheur ! disait l'âme.

Et le lendemain elle recommençait ses questions.

Cependant chaque jour elle entrait de plus en plus dans son péché ; avant même de naître, elle avait déjà à expier.

Un matin l'ange vint au-devant d'elle et lui dit :

— Ta mère s'est mariée aujourd'hui.

— Ma mère s'est mariée ?

— Il y a une heure.

— Et je n'ai plus à attendre...

— Que neuf mois, dit l'ange.

L'âme alla faire part du mariage de sa mère, comme elle avait fait part de sa naissance et de sa première dent ; elle reçut les félicitations de tout le ciel. La chronique dit même qu'elle reçut des commissions de celles qui avaient oublié ou laissé quelque chose sur la terre.

Du reste, comme un péché ne va jamais sans l'autre, elle devenait d'une fierté insupportable : il n'y avait plus moyen de l'approcher, et, depuis qu'elle devait aller sur la terre, cela lui avait tellement tourné la tête qu'elle s'était fait beaucoup d'ennemis, et elle était complétement brouillée avec deux prophètes et cinq martyrs.

Quel châtiment Dieu réservait-il à cette âme qui troublait ainsi la sérénité éternelle du firmament ?

Plus elle approchait du moment tant attendu depuis six mille ans, plus elle voulait savoir quelque chose du monde qu'elle allait habiter ; mais on eût dit qu'à mesure qu'elle approchait de sa naissance, elle avançait dans l'ombre : si bien qu'elle ne se doutait pas de ce qu'elle allait trouver

Sur ces entrefaites, elle rencontra l'ange.

— Eh bien ? lui dit-elle.

— Eh bien ! ta mère est enceinte.

— De moi ?

— De toi.

L'âme poussa une exclamation qui sur la terre serait un péché, et qui dans le ciel serait un crime.

Jamais on n'avait vu une âme plus occupée et plus désireuse de la vie corporelle ; aussi celles qui n'avaient d'autre amour que Dieu la laissaient à ses amours terrestres, et l'on commençait à prier pour elle.

Sa joie augmentait donc à mesure que le temps passait, et un jour qu'elle était plus joyeuse, parce qu'elle venait de calculer qu'elle n'avait plus que quelques jours à attendre, l'ange vint à elle.

— Eh bien ? dit l'âme.

— Hélas! fit l'ange, ta mère est morte en couches.

— Et moi? s'écria l'âme égoïste.

— Toi, tu es morte en venant au monde.

La punition suivit de près la faute

L'âme sentit que le ciel manquait sous ses pieds elle était précipitée dans les limbes.

FIN.

ED. COPPIN.

DON MARTINN DE FREYTAS

PAR

ALEXANDRE DUMAS

I

ais, mon père, dit en souriant Mercédès, d'où vous vient donc ce grand et étrange amour pour le roi Sanche II?

Celui auquel la jeune fille adressait cette question était un vieillard de soixante ans à peu près, couvert d'une cotte de mailles, ajustée avec autant de soin que s'il eût été en son camp devant les Maures d'Ourique ou de Cordoue, et non en son bon château de la Horta, entouré de sa fidèle garnison, en pleine paix. Le casque seul manquait à son armure complète de capitaine : encore était-il posé à quelques pas sur un bahut, près duquel un écuyer se tenait debout et tout prêt à obéir aux ordres de son maître. On pouvait donc voir sa figure vénérable, sur laquelle luttait, comme sur celle du lion, un singulier mélange de force et de calme. Cette figure était encadrée par de longs cheveux qui avaient blanchi plus encore par la fatigue que par l'âge, et portait une ou deux cicatrices qui prouvaient que les coups qui venaient en face étaient les bienvenus. Il était assis près d'une table et le coude appuyé près d'un hanap d'argent plein de vin cuit, auquel de temps en temps il donnait une large accolade ; entre ses jambes était, à demi couché, un grand lévrier africain qui, quoique la partie postérieure de son corps reposât entièrement à terre, avait, en se dressant sur ses pattes de devant, glissé son long cou de serpent sur la cuisse de son maître, où, tout en paraissant dormir, il ouvrait, à chaque mouvement qu'il faisait ou à chaque parole qui sortait de sa bouche, un œil intelligent et doux. Le reste de l'appartement, dont l'architecture appartenait au dixième siècle, et l'ameublement au douzième, était occupé par un jeune bachelier de dix-neuf à vingt ans qui se tenait respectueusement debout, appuyé contre la cheminée ; par deux pages, qui riaient dans un coin en faisant des niches à une vieille suivante qui s'était endormie en filant sa quenouille ; par un vieillard du même âge à peu près que celui qui paraissait le maître de la maison, et qui était assis de l'autre côté de la table, mais un peu en arrière, pour indiquer son infériorité ; et enfin par la jeune fille aux cheveux noirs, aux lèvres rouges et aux blanches dents qui avait fait cette question, bien naturelle à cette époque où tout le Portugal murmurait contre lui.

« Mais, mon père, d'où vous vient donc ce grand et étrange amour pour le roi don Sanche II? »

Le vieillard regarda son compagnon à cheveux blancs comme pour lui dire : « Elle le demande ! » Puis se retournant vers sa fille :

— C'est que, lui dit-il, je l'ai vu plus petit et plus faible que je ne t'ai vue toi-même, toi qui es ma propre fille ; attendu que j'étais là quand la reine dona Sancha, dont Dieu garde l'âme, accoucha de lui sur la terre de Sicile, où nous avions fait relâche pour lui donner du repos, et que je le vis sortir seul, pauvre et nu, comme dit l'Écriture, du lit de sa mère ; tandis qu'au contraire j'étais en Terre-Sainte, lorsque toi, mon enfant, tu vis le jour ; de sorte que tu avais déjà trois ans lorsque je revins, et que tu étais presque aussi grande et surtout aussi raisonnable que tu l'es aujourd'hui.

— Est-ce que, tout enfant, demanda le jeune écuyer, on l'emmena aussi en Palestine?

— Non, répondit le vieux chevalier ; ce fut moi qui le ramenai en Portugal. Et voilà, si vous voulez le savoir, d'où m'est venu ce grand amour pour lui : c'est de la grande confiance et du grand honneur que m'avait fait le roi son père, car, la veille du jour où nous devions faire tous nos embarquements, au moment où je venais d'entendre la messe, il me fit venir dans sa propre chambre, où il était assis, entouré de sa cour, près de madame la reine qui, étendue sur un fauteuil, les pieds sur une chaise, était encore pâle et souffrante de sa délivrance, car il n'y avait que vingt-cinq jours qu'elle était accouchée, et il me dit :

« — Certes, seigneur don Martinn de Freytas, s'il est un homme au monde envers lequel nous soyons obligés, la reine et moi, c'est bien vous. Je voulus répondre, mais il continua : C'est bien vous, car vous étiez avec moi à la bataille d'Alcaçar-do-Sal, où nous battîmes le roi maure de Jaen, et où vous vous jetâtes entre moi et un Sarrasin qui allait me tuer · si bien que vous reçûtes sur votre casque, et même sur votre figure, le coup qui m'était destiné ; car lorsque, frappé d'interdit par le souverain pontife de Rome, tout le monde m'abandonnait, vous m'êtes resté fidèle ; car enfin, à la première nouvelle que je vous ai fait savoir que mon intention était de me croiser, vous êtes revenu de Romanie me rejoindre à Catane, m'amenant vingt-cinq hommes d'armes, nourris et habillés à vos frais, quand vous ne me deviez que le service de votre personne. Eh bien ! continua-t-il, quoique les services que vous nous avez rendus soient si grands et si nombreux que nous ne savons comment vous en donner jamais récompense, aujourd'hui, telle est notre position, qu'au-dessus de tous les services passés va s'élever celui que nous vous prions à cette heure de nous rendre ; et cela, je me plais à le dire en présence de tous ces chevaliers et seigneurs qui nous écoutent.

« J'allai au seigneur roi, je mis un genou en terre, et, lui ayant rendu grâce du bien qu'il avait dit de moi : — Seigneur, lui dis-je, ordonnez ce qu'il faut que je fasse, et, tant que mon âme tiendra à mon corps, je ne manquerai à rien de ce que vous m'aurez ordonné.

« — J'attendais cela de vous, me répondit-il, et ce que nous désirons, la reine et moi, nous allons vous le dire. Il est bien vrai qu'il nous serait fort nécessaire que vous vinssiez avec nous en ce voyage saint que nous avons entrepris, et que nous y aurions grand besoin de vous ; mais le service que nous vous demandons nous tient tant à cœur, qu'il faut que tout autre cède à celui-là. Vous savez, puisque vous étiez présent à sa naissance, que véritablement Dieu nous a donné notre fils don Sanche de madame notre femme. Nous vous prions donc de le recevoir de nous, de le porter à la reine notre mère, et de le remettre entre ses mains. Vous noliserez des nefs et armerez des galères, ou tout autre bâtiment sur lequel vous penserez qu'on puisse aller en plus grande sûreté ; nous vous donnerons une lettre pour notre trésorier, afin qu'il vous avance tout l'argent dont vous aurez besoin, et qu'il croie en tout ce que vous lui direz de notre part. Nous écrirons de même à madame notre mère et au seigneur roi de Mayorque, qui est notre allié, et

nous vous donnerons une charte de procuration générale pour toutes les parties du monde où le vent
pourrait vous pousser, du ponant au levant, du
midi au nord. Tout ce que promettrez, ferez, ou
direz, pour nous, à cavaliers, à gens de pieds ou
à tous autres, nous le tenons pour bien promis,
bien fait et bien dit, et nous le confirmons. Nous
ne vous en dédirons en rien, et nous en donnerons
comme caution toutes les terres, châteaux et autres
lieux que nous possédons et espérons posséder avec
l'aide de Dieu. Ainsi vous partirez avec notre plein
et entier pouvoir; et, lorsque vous aurez remis notre
fils à madame la reine notre mère, vous irez chez
vous, et reconnaîtrez et arrangerez toutes vos affaires, qui doivent être fort en désordre par votre campagne de Romanie. Puis, quand vous aurez tout terminé, vous reviendrez nous rejoindre avec toutes
les troupes à cheval et à pied que vous pourrez
réunir; et notre allié le roi de Mayorque vous comp-
tera tout l'argent que vous lui demanderez pour
payer les troupes qui vous suivront. Voilà ce que
nous désirons que vous fassiez pour nous.

« Et moi, continua le chevalier après une courte
pause, je fus fort ébahi de la grande charge qu'il
plaçait sur mes épaules, c'est-à-dire le seigneur infant son fils, qui, tout petit qu'il fût, se trouvait déjà
l'héritier d'un royaume. Je demandai en grâce au
seigneur don Alphonse et à la reine de me donner
un collègue qui partageât au moins ma responsabilité. Le roi me répondit qu'il ne me donnerait aucun
collègue, mais que je me tinsse prêt à le garder
comme mon seigneur et mon propre fils; et il
ajouta : — Maintenant, don Martinn de Freytas,
comme nous ne savons pas ce que Dieu peut décider
de nous, faites-moi serment qu'en mon absence ou
après ma mort vous regarderez toujours l'infant
don Sanche comme votre seul roi, et que vous ne
remettrez à d'autres qu'à lui, et en ses propres
mains, les clefs des villes, forteresses ou châteaux
qui vous seraient confiés; enfin, que vous lui de-
meurerez, jusqu'à sa mort ou la vôtre, fidèle et loyal
serviteur, comme vous l'avez été pour moi, à moins
que lui ou moi ne vous relevions de votre serment. »

« Alors je me mis de nouveau à genoux, lui baisai la main, prononçai sur cette épée le serment
qu'il demandait, et je fis le signe de la croix pour
que ce serment fût reçu du ciel.

« Et aussitôt le seigneur roi ordonna à don Luiz
de la Trueba, qui tenait son fils en garde dans le
château de Catane, de me le livrer à moi, et non à
aucun autre, toutes et quantes fois que je jugerais
à propos de le réclamer. Le chevalier me fit serment et hommage, et à compter de cette heure l'infant don Sanche fut en mon pouvoir : et, ce jour-là,
il y avait vingt-cinq jours qu'il était né, et pas davantage.

« Et ceci étant terminé, le seigneur roi s'embar-
qua le même jour, et me laissa à Catane, très-fier et

très-embarrassé de la mission qu'il m'avait donnée. »

Don Martinn de Freytas en était là de son récit
lorsque l'on entendit le son d'un cor qui reten-
tissait vers la porte du Douro, au pied des murailles du château de la Horta. Don Martinn se
retourna aussitôt vers l'écuyer qui gardait son casque,
lui ordonna d'aller demander ce que voulait
celui qui donnait du cor à une pareille heure, et
continua son récit.

« Je ne perdis pas de temps pour accomplir mon
message; je nolisai une nef de Baracas, qui se trouvait au port de Palerme et qui appartenait au seigneur don Juan de Carralhal, qui voulut bien me la
céder. Aussitôt ce premier point arrêté, j'allai trouver le noble don Bérenger de la Sarria, qui avait
pour femme une très-noble dame, qui se nommait
madame Agnès d'Adri, et qui avait vingt-deux enfants.
Je priai ledit don Bérenger, qui était un mien ami,
de me prêter sa femme, afin de confier à ses soins le
seigneur infant don Sanche. Il voulut bien m'accor-
der ma demande, ce dont je fus fort content, d'abord
parce que madame Agnès était fort bonne, fort
pieuse, de très-noble parage, et me paraissait devoir merveilleusement se connaître en fait d'enfants,
en ayant eu, comme je l'ai dit, un aussi beau nombre. Alors je fis choix de six autres dames, dont chacune avait un enfant encore à la mamelle, afin que, si
l'une venait à manquer, les autres pussent la rem-
placer, et je les pris avec leurs enfants, afin que
leur lait ne vînt point à se gâter. Puis, comme le seigneur infant don Sanche avait déjà une nourrice qui
était de Catane et le soignait à merveille, je m'en
procurai encore deux autres en cas d'accident; et,
outre cela, j'embarquai une chèvre. Enfin, toutes
ces mesures prises, je disposai mon propre passage,
j'armai fort bien ma nef, la pourvoyant de tout ce
qui était nécessaire à notre nourriture et à notre défense. J'y plaçai cent vingt hommes d'armes, dont
chacun valait trois hommes ordinaires pour le courage et la noblesse. Je fis ranger tout mon monde
sur le pont, et je sommai don Luiz de la Trueba de
me faire remettre le seigneur infant à la porte de
Catane, où je l'attendais.

« Au bout d'une heure, je le vis venir, accompagné de tout ce qu'il avait pu rassembler de chevaliers portugais, catalans et latins, tous notables citoyens ou seigneurs de race. Quand il fut en ma
présence, il se tourna de leur côté, et, leur montrant
le seigneur infant qu'il portait entre ses bras :
« Messeigneurs, leur dit-il, reconnaissez-vous que
cet enfant soit l'infant don Sanche, fils du roi Alphonse II de Portugal et de dona Sancha, son
épouse? »

« Et tous répondirent :

« — Oui, bien assurément! car nous avons assisté à son baptême, puis nous l'avons vu et connu
presque tous les jours depuis cette époque, et nous

— Messeigneurs, leur dit-il, reconnaissez-vous que cet enfant soit l'infant don Sanche? — PAGE 3.

déclarons comme chose certaine que cet enfant est bien l'infant don Sanche. »

« Alors il me présenta le seigneur infant; mais je ne voulus pas le prendre qu'on ne l'eût déshabillé en la présence de tous, afin de m'assurer qu'on me le remettait sain de corps et en bon état, ce dont je pus m'assurer, ainsi que tout le monde. Mais, comme pendant l'opération le seigneur infant avait toussé trois ou quatre fois, j'eus soin de consigner sur mon reçu qu'on me l'avait remis enrhumé; puis j'apposai mon sceau auprès de ma signature, et je donnai cette charte de décharge à don Luiz de la Trueba. Tout ceci étant terminé, je pris à mon tour le seigneur infant dans mes bras, et, l'emportant hors de la ville, suivi de plus de six mille personnes qui m'accompagnèrent jusqu'au port, je le déposai dans la nef entre les bras de sa nourrice, que ne devaient pas perdre de vue les six dames sur lesquelles veillait à son tour madame Agnès. Et tous le signèrent et le bénirent.

« En ce moment arriva à bord un huissier du seigneur roi de Sicile, qui apportait de la part de son maître deux paires d'habits de drap d'or pour le seigneur infant. Puis incontinent nous mîmes à la

Nous fûmes assaillis par un orage terrible. — PAGE 6.

voile. C'était le premier du mois d'avril de l'an de grâce mil deux cent dix-huit.

« Arrivé à Trapani, je reçus des lettres dans lesquelles on me disait de me bien garder de quatre galères armées qui croisaient dans cette mer, montées par des Sarrasins d'Afrique, et guettant les vaisseaux portugais, génois ou catalans qui naviguent en grand nombre entre Sardaigne et Sicile. Je fis en conséquence renforcer ma nef, j'y mis le meilleur armement et le plus grand nombre d'hommes qu'il me fut possible, et je me remis en mer, confiant dans la sagesse de Dieu, qui veille sur les rois, de sorte que nous arrivâmes sans danger et par le plus beau temps du monde à l'île Saint-Pierre.

« Pendant cette première traversée, le Seigneur permit que ni le seigneur infant ni personne de sa suite ne fût indisposé.

« Nous restâmes vingt-sept jours en station dans l'île; puis, y ayant été rejoints par vingt-quatre bâtiments montés de Catalans et de Génois qui faisaient même route que nous, nous partîmes tous ensemble, par un saint jour de dimanche, après avoir dévotement entendu la messe à terre.

« Après les trois premiers jours de traversée, nous fûmes assaillis par un orage terrible. Mon premier soin fut de monter sur le pon: et de donner tous les ordres nécessaires. Je rappelai au pilote qu'outre nous, qui n'étions que d'humbles pêcheurs, il eût à se rappeler qu'il avait à bord un dépôt royal et précieux. Le pilote répondit qu'il ferait tout son possible pour sauver le seigneur infant, puis nous, puis lui-même. Alors, je redescendis dans la chambre des femmes pour voir comment cela se passait.

« Toutes choses étaient au pire : les unes avaient le mal de mer et étaient couchées, pareilles à des cadavres; les autres avaient perdu la tête de frayeur, et criaient que leur lait allait tourner. Au milieu de tout ce sabbat, je cherchai la nourrice : elle était assise contre un panneau, les bras pendants, les yeux morts, et avait laissé glisser le seigneur infant de ses genoux sur le parquet, où il faisait à lui seul des cris plus perçants que toutes les femmes ensemble.

« Je le pris respectueusement dans mes bras et cherchai quelqu'un à qui le remettre; mais toutes les femmes, y compris madame Agnès, étaient dans un tel état d'atonie ou de terreur, que je ne voulus me fier qu'à moi-même. Comme la tempête continuait, et au lieu de diminuer allait toujours croissant, j'ordonnai à tous les hommes de l'équipage qui n'étaient point occupés à la manœuvre de se mettre en prières; puis je me fis attacher le seigneur infant autour du corps, afin de me noyer ou de me sauver avec lui; et, comme il continuait de pleurer, je commençai à croire que ce n'était pas le mal de mer, mais bien la faim qui le faisait gémir ainsi. Je m'assis donc au pied du grand mât, et, faisant venir la chèvre, j'approchai le seigneur infant, qui, dès qu'il sentit les mamelles, cessa de pleurer, et se mit à teter comme s'il n'avait fait autre chose de sa vie. Ce fut alors que je bénis ardemment le ciel de ne m'en être pas rapporté à madame Agnès, à mes trois nourrices et à mes six dames pour m'accompagner.

« La tempête dura ainsi pendant tout le jour et toute la nuit. Pendant cet intervalle, je ne quittai pas d'une minute le seigneur infant, le berçant entre mes bras, tandis qu'il dormait, et l'approchant de la chèvre aussitôt qu'il poussait le moindre cri. Dieu permit que, pendant tout ce temps, ni le seigneur infant, ni moi, ni la chèvre, n'eussions le mal de mer. Lorsque le jour vint, le temps commença de s'améliorer, et ce fut une grande grâce que nous fit le ciel; car notre nef commençait de faire eau, et sept bâtiments de notre convoi avaient été engloutis.

« Peu à peu chacun se remit : madame Agnès revint la première, puis les trois nourrices, puis les six dames; quant aux nourrissons, comme personne ne s'était occupé d'eux, sur huit on en trouva trois

de morts, et deux ne se trouvèrent ni morts ni vivants. On présuma que les morts avaient été étouffés et que les absents étaient tombés à la mer.

« Quant au seigneur infant, par la grâce de Dieu et les soins que j'en avais eus, il se portait que c'était merveille.

« Je le remis aux mains de madame Agnès, qui ne voulait pas le reprendre, disant qu'elle était indigne; mais j'insistai fort, et elle céda.

« A compter de ce moment, le vent fut favorable, et, quinze jours après, nous abordâmes à Mafra, dans l'Estramadure.

« Dès que nous eûmes mis pied à terre, je fis prévenir madame la reine mère, qui était à Coïmbre, que j'étais débarqué à Mafra avec le seigneur infant, son petit-fils et que je me mettais en route pour aller la rejoindre aussitôt que le seigneur infant aurait pris quelque repos. Je m'occupai aussitôt, comme le temps était pluvieux, à faire faire une litière. C'était une espèce de palanquin recouvert d'un drap enduit de cire, afin qu'il ne fût pas accessible à la pluie, et orné par-dessus ce drap d'une étoffe de velours rouge. J'y fis étendre un matelas sur lequel auraient pu tenir six hommes de taille ordinaire; là nourrice s'y coucha avec ses plus beaux vêtements, et près d'elle le seigneur infant, que je fis revêtir d'un des habits de drap d'or que lui avait donnés le roi de Sicile; puis vingt hommes le portèrent, les uns avec des bâtons, les autres avec des lisières. Au bout de deux jours de marche, nous rencontrâmes, à quatre lieues en avant de Leria, monseigneur Raymond de Sagardia, avec dix chevaucheurs qui nous étaient envoyés par les deux reines, à savoir, la reine douairière de Portugal et la reine de Mayorque, sa fille, et nous continuâmes la route avec eux. Quand nous fûmes près de Pombal, comme il y avait un ravin à passer, les plus notables sortirent de la ville et prirent les bâtons et les lisières des mains des porteurs, et ils firent passer le ravin au seigneur infant, à qui mon invention plaisait tellement, que c'est tout au plus si dans toute la route il pleura plus de trois ou quatre fois par jour.

« A la porte de la ville de Coïmbre, et en avant du pont jeté sur le Mondego, nous trouvâmes, comme à Pombal, les consuls et les prud'hommes de la ville, accompagnés de quatre huissiers, qui venaient nous recevoir. Ils prirent les bâtons à leurs mains et les lisières à leur cou et nous entrâmes à grand honneur dans la ville; puis nous nous dirigeâmes vers le château où se trouvaient madame la reine, aïeule du seigneur infant, et la reine de Mayorque, sa tante. Toutes deux attendaient sur la plus haute tour, et, dès qu'elles virent que nous montions vers le château, elles descendirent jusqu'à la porte. Alors, comme elles avaient été obligées de s'asseoir toutes deux sur un banc de pierre, tant elles étaient joyeuses, je pris entre mes bras le seigneur infant, et, plein d'une véritable joie d'être venu si heureusement à bout d'une si pénible entreprise, je le portai devant les reines. — Que Dieu vous accorde autant de joie, mes enfants, dit le vieux chevalier interrompant son récit et étendant les mains comme pour bénir ceux qui l'entouraient, qu'en eurent ces nobles dames quand elles virent leur petit-fils et leur neveu si bien portant et si gracieux, avec sa petite figure riante et belle, vêtu d'un manteau à la catalane et d'un paletot de drap d'or. — Alors, continua le vieillard, dont les yeux se mouillaient de larmes et dont la voix tremblait à ce souvenir, je m'agenouillai, je baisai la main des reines, et je fis baiser par le seigneur infant la main de son aïeule. Elle voulut le prendre dans ses bras; mais alors je fis un pas en arrière et je lui dis : « Madame, sauf votre bonne grâce et merci, ne me sachez pas mauvais gré; mais, tant que je n'aurai pas un reçu en bonne forme du seigneur infant, comme j'en ai donné un moi-même, vous ne le toucherez pas, quand vous seriez la vierge Marie en personne. » La reine se mit à rire à ces paroles et me dit qu'elle trouvait bon que je fisse ainsi. Alors, je demandai : « Madame, y a-t-il ici un lieutenant du seigneur roi? » La reine me répondit : « Oui, seigneur, » et elle le fit avancer. Je demandai ensuite si se trouvaient présents au château le bailli, le viguier et les consuls de la ville de Coïmbre. Ils répondirent : « Nous voici. » Car tous ceux que j'avais nommés étaient attelés à la litière. Je demandai encore un notaire public, et il s'y trouva comme les autres, tant tous ceux qui avaient quelque nom ou quelque charge s'étaient empressés de venir au-devant de nous. Il y avait de plus, et outre ceux que je viens de nommer, un grand nombre de chevaliers et d'hommes notables de Coïmbre. Lorsque tous furent présents, je fis venir madame Agnès, puis les deux nourrices, puis les six dames pour accompagner et, en présence des reines, je leur demandai trois fois : « Cet enfant que je tiens entre mes bras est-il bien le seigneur infant don Sanche, fils de don Alphonse II, roi de Portugal, et de dona Sancha, son épouse? » Et tous répondirent : « Oui! » Et, de cette première déclaration, je fis dresser par le notaire une charte publique; après quoi, je dis à madame la reine, aïeule du seigneur infant : « Madame, croyez-vous que cet enfant que je tiens dans mes bras soit le seigneur infant don Sanche, fils de don Alphonse II, roi de Portugal? » Je lui fis trois fois la même demande, et trois fois elle me répondit : « Oui; » et, de cette parole, je fis dresser aussitôt une seconde charte par le notaire. Puis, j'ajoutai encore : « Madame, en votre nom, au nom du roi don Alphonse et de la reine dona Sancha, déclarez-vous ici me tenir pour bon et loyal, et pour entièrement quitte et déchargé du dépôt royal qui m'a été remis en la personne du seigneur infant? » Et elle me répondit : « Oh! oui, seigneur; et Dieu

m'est témoin que je ne crois pas qu'il existe un homme, je ne dirai pas même en Portugal, ni en Castille, ni dans toutes les Espagnes, mais dans le monde entier, plus fidèle et plus loyal que vous n'êtes, et que je le reconnais à la face de tous. » Alors, je me retournai vers les assistants et leur demandai s'ils avaient entendu les paroles que la bonne reine venait de me dire et s'ils en feraient serment à l'occasion; et tous crièrent : « Oui! oui! » Donc, me croyant quitte et déchargé, je livrai le seigneur infant à la reine mère, qui le baisa plus de dix fois, tant elle était aise d'avoir un petit-fils.

« Quant à moi, continua le vieillard, j'allai rejoindre en Palestine monseigneur Alphonse II, avec deux cents hommes de pied et cinquante chevaux, levés, non point avec l'argent du roi de Mayorque, mais sur mes propres terres.

« Et maintenant, acheva le vieillard, vous savez tous pourquoi j'ai en si grand amour le roi don Sanche : c'est qu'il m'a coûté si grande peine et causé si grande terreur, que je m'y suis attaché comme à mon propre enfant, quoiqu'il ne m'ait pas toujours regardé comme son père. »

En ce moment la porte s'ouvrit, et un héraut couvert de poussière parut sur le seuil. C'était celui qui avait sonné du cor à la porte du château vers le milieu du récit de don Martinn de Freytas. En l'apercevant, le vieillard se leva pour le recevoir, et lui fit signe d'entrer; mais le messager demeura debout et immobile à la porte, et, faisant un geste de la main pour commander le silence :

— Vous, seigneur Martinn de Freytas, gouverneur du château de Horta, dit-il, et vous tous chevaliers, écuyers ou citoyens, écoutez :

Le roi don Sanche II ayant été jugé indigne de la couronne, qu'il déshonorait, il a plu à Dieu, par l'entremise des nobles confédérés, de le condamner à la déposition qu'il a méritée, et d'élire son frère, monseigneur Alphonse III, en sa place.

En conséquence, les nobles confédérés m'envoient à vous, seigneur don Martinn de Freytas, et à tous gouverneurs de château, places et forteresses, pour vous prévenir qu'ils vous relèvent du serment de fidélité que vous avez fait entre les mains du seigneur don Sanche, autrefois roi de Portugal.

— Ce que vous dites là, seigneur héraut, peut regarder d'autres, mais non pas moi, car j'ai un serment particulier qui me lie, et ce n'est qu'aux mains mêmes du seigneur don Sanche, que je tiens toujours pour mon roi, que je puis remettre les clefs du château de la Horta.

Le héraut continua sa route, et derrière lui don Martinn de Freytas fit fermer les portes et doubler les sentinelles.

Don Hernand d'Alméiaa.

II

Voilà ce qui s'était passé à Lisbonne entre don Sanche II et les grands de son royaume.

Les nobles étaient assemblés dans la salle du conseil et attendaient le roi Sanche II pour délibérer avec lui des affaires du royaume. Soudain la porte s'ouvrit, et, au lieu du roi, l'on vit paraître don Hernand d'Alméida, son favori, vêtu d'un habit de cheval, un cor au côté et un fouet à la main; il venait annoncer que le seigneur roi ne pouvait venir présider le conseil, attendu qu'il partait le lendemain matin pour chasser dans ses forêts de Sarzedar et de Castel Branco; et que, tout entier à ces préparatifs importants, il ne pourrait s'occuper des affaires de l'État.

Le roi fronça le sourcil, car il avait dit qu'il ne voulait recevoir personne. — PAGE 10

Cette mission, dont le favori s'acquitta avec sa morgue accoutumée, fut suivie aussitôt son départ d'un murmure terrible dans toute l'assemblée. En effet, don Sanche ne pouvait choisir un messager plus odieux pour un message plus insolent. Don Hernand, qu'il avait fait comte d'Alméida, sans être d'une naissance tout à fait obscure, était du moins de noblesse si nouvelle, qu'à côté des vieux noms portugais auxquels on avait voulu l'égaler, son nom tout moderne faisait tache. C'était, disait-on, le frère de lait d'Alphonse Henriquez, premier roi de Portugal et aïeul de don Sanche, qui l'avait amené avec lui de la Bourgogne où il était né, lorsqu'en 1228 il dépouilla sa mère, Thérèse de Castille, de la régence du royaume, et se fit nommer comte et bientôt roi de Portugal. Depuis ce temps, le fils et le petit-fils de Guimarens avaient servi le fils et le petit-fils d'Alphonse Henriquez, avec fidélité sans doute, mais non point avec assez d'éclat pour que don Sanche fût autorisé à l'élever ainsi à la hauteur des premières maisons de l'Estramadure en le nommant comte d'Alméida. Il est vrai que cette faveur avait une cause, mais la cause elle-même paraissait à ces nobles seigneurs odieuse et infâme. Le roi était depuis trois années amoureux de Maria, sœur de don Hernand, et l'on assurait que l'élévation subite du favori avait été mesurée à la complaisance qu'il avait mise à favoriser les amours du roi avec sa sœur; et, quoique celle-ci vécût retirée loin de la cour et en dehors réellement de toute intrigue, comme c'était depuis trois ans que don Sanche avait surtout abandonné le soin des affaires de son royaume, ou, chaque fois qu'il s'en était mêlé, l'avait fait au grand mécontentement de toute la noblesse, celle-ci avait enveloppé dans la même haine l'amour pur de la sœur et le favoritisme intéressé du frère; de sorte que la bouche qui s'ouvrait pour maudire l'un se refermait rarement sans maudire en même temps l'autre.

Et cependant Maria était pure de toute tache et innocente de tout mal. Dans la retraite où elle avait été élevée par sa mère et où elle continuait de demeurer près de sa tombe, elle avait vu don Sanche sans savoir que c'était le roi; et comme celui-ci avait cru remarquer qu'il avait, par sa jeunesse, son air noble et sa courtoisie, fait quelque impression sur l'esprit de la belle recluse, il avait exigé de son frère, don Hernand, qu'elle continuât d'ignorer sa naissance et son rang. Maria l'avait donc toujours envisagé, sinon comme son égal, car, aussi humble que son frère était orgueilleux, elle n'avait point oublié comme lui son extraction obscure, mais comme un seigneur dont la noblesse n'était point assez haute pour mettre entre eux une barrière infranchissable. Or, dans cette croyance, elle l'avait aimé, et ce ne fut que plus tard que don Sanche lui apprit qu'elle aimait un roi.

Alors la douleur de la pauvre Maria n'avait plus eu de bornes : à ses propres yeux, elle n'était plus qu'une fille perdue. Dans tous ses souvenirs, elle voyait les maîtresses des rois vouées à l'exécration des peuples, qui leur attribuaient toujours les fautes qui venaient d'eux, même les malheurs qui venaient du ciel. Aussi, lorsque pour la distraire de sa tristesse le roi don Sanche lui avait proposé de l'emmener de Santarem à Lisbonne, et là de lui donner des serviteurs, des pages et un palais, avait-elle constamment refusé ses offres, et préféré à ce brillant déshonneur la solitude, où elle pouvait, sinon aimer sans remords, du moins pleurer sans témoins. Mais, si bien voilée de son obscurité que le fût Maria, elle n'avait pu échapper aux regards des mécontents, qui, depuis trois ans, ayant vu s'accroître la fortune et l'influence de don Hernand, avaient recherché la cause de cette faveur étrange, et pensaient l'avoir trouvée dans l'amour de sa sœur. Dès lors, toutes les fautes, toutes les faiblesses, toutes les insultes du roi avaient été attribuées à l'influence désastreuse de Maria, et, comme don Sanche, naturellement faible et paresseux, avait abandonné à don Hernand la conduite presque entière du royaume, on voyait l'influence de la sœur dans l'impuissance du frère, et on maudissait la source où elle était puisée plus encore que le pouvoir qui en découlait.

On ne sera donc point étonné de l'effet que produisit sur la première noblesse du royaume l'apparition de don Hernand d'Alméida sur le seuil de la porte par laquelle on s'attendait à voir entrer le roi. Or, comme le message dont il était chargé n'était point de nature à diminuer les sentiments de haine que chacun lui portait déjà, le mécontentement général éclata aussitôt qu'il eut disparu; mais toute cette tempête de paroles et de menaces s'apaisa comme elle s'était élevée lorsque don Manrique de Carjaval étendit la main et réclama le silence.

C'est que don Manrique de Carjaval était un de ces hommes qui commandent le respect à tous. Noble de race, brave en guerre, sage au conseil, il eût été l'âme du royaume sous tout autre roi que le roi don Sanche. Mais tel est le malheur des gouvernements faibles ou cauteleux, que tout ce qui est fort ou loyal leur devient ennemi. Don Manrique de Carjaval étendit donc la main et dit :

« Messeigneurs, le roi don Sanche, que Dieu conserve, a rompu notre conseil de jour en son palais. Je vous invite tous, tant que vous êtes, à un conseil de nuit en ma maison. Là, nous élirons l'un de nous pour nous présider, et nous verrons à prendre une décision sur ce qu'il faut faire pour l'honneur de la noblesse et le bien du royaume. En attendant, pas de cris qui puissent nous trahir, pas de menaces qui puissent mettre nos ennemis sur leurs gardes. Soyons calmes, et nous serons justes; soyons unis, et nous serons forts. »

Alors toute l'assemblée s'était dispersée avec dignité et en silence; et le roi, qui, caché derrière un rideau avec don Hernand d'Alméida, les regardait s'éloigner, crut voir encore des serviteurs humbles et soumis là où il n'y avait déjà plus que des rebelles et des conjurés.

La nuit se passa tranquille en apparence, rien ne vint troubler le sommeil du roi, aucun songe ne lui apporta l'écho des paroles terribles que l'on disait contre lui en ce conseil suprême et nocturne qui se tenait en la maison de don Manrique de Carjaval; et cependant tout fut arrêté, résolu et décidé comme si, depuis le commencement des âges, la sentence eût été écrite sur le livre éternel par la plume de fer du destin.

Le matin, au moment où don Sanche sortait de sa chambre, botté, éperonné et tout prêt à monter à cheval, il rencontra monseigneur de Leria, qui était archevêque d'Evora. Le roi fronça le sourcil, car il avait dit qu'il ne voulait recevoir personne.

— Sire, lui dit l'archevêque, que votre colère tombe sur moi seul; car je vous ai attendu ici malgré tout le monde, et pages et serviteurs ont fait ce qu'ils ont pu pour que je me retirasse. Mais j'avais à parler à Votre Altesse de la part des nobles de votre royaume.

— Et que désirent-ils? demanda le roi.

— Ils désirent savoir si votre bon plaisir ne serait pas, au lieu d'aller aujourd'hui à la chasse, de présider le conseil; les affaires dont il devait être question sont urgentes et ne souffrent point de retard.

— Monseigneur d'Evora, répondit le roi, mêlez-vous de toucher les revenus de votre archevêché, qui, Dieu merci, est l'un des plus riches, non-seulement de l'Alentejo, mais encore du royaume, et laissez-moi faire, à moi, ma besogne de roi.

—Et c'est justement parce que vous ne la faites pas, sire, que je suis député devers vous pour vous dire que de toute cette faiblesse et de tout cet abandon il vous arrivera malheur. La besogne d'un roi, sire, est aux rudes affaires de la politique et de la guerre, et non aux plaisirs de l'amour et aux amusements de la chasse.

— Et, répondit le roi, si je ne me rends pas aux conseils que vous voulez bien me donner au nom de ma noblesse, puis-je savoir, monseigneur, quel est ce malheur qui m'arrivera?

— Ce malheur, sire, c'est que quelque soir, en revenant de visiter votre maîtresse ou de courir le daim, vous trouverez les portes de Lisbonne ouvertes pour tout le monde, mais fermées pour vous.

— Alors, monseigneur, reprit en riant avec mépris don Sanche, j'irai à Coïmbre : le Portugal est riche en villes royales, et c'est une couronne qui a plus d'un fleuron.

— Coïmbre sera fermée comme Lisbonne, sire.

— Alors il me restera Setuval.

— Setuval sera fermée comme Coïmbre.

— Eh bien! dites à ma noblesse, reprit le roi, que, lorsque mon bon plaisir eût été de présider mon conseil aujourd'hui, je le remettrais à huitaine, tant je serais curieux de voir pareille chose.

— Vous le verrez, sire, répondit l'archevêque d'Evora.

Puis, s'inclinant devant le roi, il sortit avec le même calme et la même dignité qu'il avait conservés dans cette dernière démarche tentée près de don Sanche, et dont il venait de reconnaître l'inutilité.

De son côté, le roi monta à cheval avec son favori, traversa toute la ville sans s'apercevoir d'aucun changement, puis se dirigea sur Santarem, où demeurait sa maîtresse.

Ce jour-là don Sanche trouva Maria plus triste et cependant plus affectueuse encore que d'habitude. Le roi s'aperçut tout en entrant de cette tristesse, et, s'arrêtant devant la jeune fille assise sur un divan mauresque :

— Maria, lui dit-il, quand les nuages voilent les étoiles, le roi du ciel souffle, et les nuages se dispersent, et les étoiles brillent. Ne pourrai-je donc jamais en faire autant pour toi, moi qui suis un roi de la terre? Quelqu'un a-t-il osé t'insulter, Maria? nomme-le-moi; fût-ce mon frère Alphonse, par le ciel! il me rendra compte de cette offense.

— Non, cher seigneur, répondit Maria en secouant la tête et en faisant tomber deux perles qui tremblaient aux cils de ses yeux, non, personne ne m'a insultée, et vous ne devez punir que moi-même, qui suis une insensée de ne point me trouver heureuse quand tant de femmes seraient fières d'être à ma place.

— N'essaye pas de me tromper, Maria, dit don Sanche, je sais que ton âme d'ange te porte au pardon. Mais le pardon enhardit les traîtres, car c'est être traître à son roi que de ne point aimer ce qu'il aime. C'est ta faute aussi, Maria ; si tu étais venue à la cour, au lieu de rester dans cette solitude, ils t'eussent vue de plus près, ils t'eussent connue, et alors ils t'eussent adorée comme moi. Mais il est encore temps, mon doux soleil, viens, et, dès que tu luiras, on sentira tes rayons.

— Oh! bien loin de là, monseigneur, s'écria Maria en joignant les mains d'un air suppliant ; si j'avais une grâce à vous demander, ce serait, au contraire, de me permettre de me retirer dans un couvent, et de ne pas demeurer plus longtemps ainsi entre vous et votre peuple, car il nous en arrivera malheur à tous les deux, sire.

— Tu vois bien que tu me trompais, Maria, et que quelque misérable t'aura donné ces avertissements. Au nom du ciel, Maria, nomme-moi celui qui a osé te menacer!

— La menace, si s'en était une, monseigneur, viendrait de trop haut pour que vous pussiez atteindre celui qui l'aurait faite... Mais tranquillisez-vous, sire, ce n'est point une menace, c'est un rêve.

— Un rêve, Maria! Je regrette alors de ne pas avoir amené avec moi le rabbin Ismaël : il explique les songes comme Joseph, et il t'eût dit ce que le tien signifiait.

— Hélas! monseigneur, répondit en soupirant Maria, il était si clair, qu'il n'avait point besoin d'interprète.

— Et il t'annonçait des malheurs? C'était un songe bien malavisé, et qui ne se doutait point que j'étais là pour le faire mentir. Viens avec nous, ma belle Maria, et le plaisir dissipera cette vision aussi rapidement que le soleil fond un nuage.

— Et où allez-vous donc, monseigneur? demanda Maria avec inquiétude

— A la chasse.

Maria pâlit, puis d'une voix tremblante :

— Seul? lui dit-elle.

— Avec ton frère.

—Oh! mon Dieu! mon Dieu! s'écria la jeune fille, plus de doute, plus de doute, et mon rêve était un pressentiment!

Maria.

— Encore ton rêve! murmura don Sanche avec un léger mouvement d'impatience. Voyons, Maria, dis-moi ce rêve. N'ai-je point droit à tes pensées, à tes pensées de la nuit comme à celles du jour? Parle, je t'écoute.

— Oh! mon cher seigneur, dit Maria en se laissant glisser aux pieds de don Sanche, voilà où je reconnais cette bonté que tout le monde ignore, parce qu'elle reste au fond de votre cœur. Au lieu de rire de ma faiblesse, vous voulez la guérir. Eh bien! c'est peut-être Dieu qui vous donne cette compassion pour une crainte qu'un autre traiterait de folie.

N'est-ce pas que vous ne me raillerez pas de ma terreur?

— Non, sois tranquille; parle.

— Eh bien! monseigneur, vous étiez venu, dans mon rêve, comme vous voilà en réalité. Dans mon rêve, vous m'avez proposé, comme vous venez de le faire, de m'emmener à la chasse, et j'avais accepté. J'étais partie avec vous, et je chevauchais à vos côtés toute fière de votre bonne grâce et de votre adresse, et me disant en moi-même que, si vous n'eussiez pas été roi de naissance, quelque peuple vous eût élu.

Je voulais crier instinctivement, je voulais arrêter mon cheval.

— Et toi aussi, Maria, tu me flattes? dit en souriant le roi.

— Non, mon bien-aimé seigneur, je vous dis la vérité toujours, ou, si je ne vous dis pas la vérité, je vous dis au moins ce que je pense. Vous chevauchiez donc ainsi près de moi, lorsque nous entrâmes dans une sombre forêt où vos chiens ne tardèrent pas à lancer un daim. Chacun le poursuivit alors avec de grands cris de joie, et moi je le poursuivis ainsi que les autres, mais triste et comme emportée dans un tourbillon. Je voulais crier instinctivement, je voulais arrêter mon cheval, je voulais, sans savoir pourquoi, vous dire de ne point poursuivre ainsi ce pauvre animal; mais j'étais sans voix et sans force, et ma poitrine se serait plutôt brisée que de laisser échapper un son. Enfin, après une course dont je ne pus mesurer la longueur et dans laquelle nos chevaux, comme s'ils eussent eu des ailes, franchissaient montagnes, rivières et précipices, le malheureux daim commença de se lasser, et, chose étrange, tout en suivant la chasse, qui était encore trop éloignée pour le voir, je le voyais, moi, haletant, se traînant à peine, n'avançant plus que par élans désespérés chaque fois qu'il entendait plus près de lui les aboiements des chiens ou les fanfares du cor. Tout à coup une flèche partit d'un buisson sans que je visse quelle main l'avait lancée, et le daim, frappé à l'épaule, fit encore quelques pas, puis tomba sur ses genoux, puis se roula dans son sang ; et, à mesure qu'il avançait vers son agonie, — vous avez dû faire quelquefois de ces rêves, n'est-ce pas, monseigneur? où le vrai et le faux, le fantastique et le positif, sont tellement mêlés ensemble, qu'on ne sait plus distinguer la réalité de l'illusion, — ses membres, qui se roidissaient, cessaient confusément d'être ceux d'un animal et prenaient la ressemblance de ceux d'un homme. Enfin, après quelques minutes de cette métamorphose, je jetai un cri : je venais de reconnaître mon frère. Oui, monseigneur, mon frère, percé d'une flèche au-dessous du bras, et qui dans une dernière convulsion, rassembla toutes ses forces pour se tourner de mon côté et me dire :

« Maria, Maria, prends garde à la chasse! » Puis aussitôt il expira.

— Folle que tu es! dit don Sanche, ne reconnais-tu pas, dans ce rêve insensé, les incohérentes visions de la nuit?

— Oh! non, non! s'écria Maria. Non, croyez-moi bien, monseigneur, j'ai fait d'autres rêves dans ma vie, mais aucun ne m'a laissé une impression pareille. Oh! monseigneur, ne méprisez pas cet avertissement. Après tout autre rêve, peu à peu j'ai senti s'effacer, si je puis le dire ainsi, le cadre dans lequel il était enfermé; montagnes, forêts, paysages, une fois mes yeux ouverts, disparaissaient à la clarté du jour comme une vapeur, tandis qu'aujourd'hui je vois tout encore, comme si je n'étais pas éveillée; le cadavre de mon frère est couché au pied d'un grand rocher couronné de sapins, près d'une fontaine où se réunissent les eaux d'une cascade; il y a en face de lui une ruine qui est un ancien ermitage ruiné par les Maures et que surmonte une croix brisée. Tenez, monseigneur, que j'aie les yeux ouverts ou fermés, tout cela est devant moi sans cesse et plein de réalité.

— Il est du moins heureux que ce rêve, en menaçant ton frère, ait respecté ma belle Maria; car, si imposteur que je le croie, je ne serai pas, je l'avoue, sans inquiétude en face d'une telle conviction.

— Oh! ce n'est pas tout, monseigneur, reprit Maria, et toute la famille est enveloppée dans la proscription. Je n'en restai point là, et je m'enfonçai plus avant encore dans mon rêve ensanglanté. La chasse continua, car moi seule semblais être accessible à cette impitoyable vision. Toujours sans voix, toujours entraînée par une force supérieure, je repris ma course à travers la forêt, et presque aussitôt les chiens lancèrent une biche blanche qui descendit la vallée de toute la rapidité de sa course, et alors la même chose se renouvela. Comme si j'eusse été douée d'une double vue, je la suivis à travers les mille détours qu'elle faisait pour tromper les chiens; seulement, cette fois, c'était moi qui éprouvais toutes ses terreurs, c'était moi qui tressaillais à chaque aboiement des chiens, à chaque son du cor. Enfin nous la rejoignîmes, et une flèche partit qui alla la percer au flanc. A l'instant même je ressentis au côté une vive douleur; et, de même que le sang coula sur sa blanche fourrure, je vis le sang teindre ma robe. Alors une seconde flèche partit et alla l'atteindre au côté opposé; et au côté opposé, qui était celui du cœur, je sentis une douleur vive, aiguë, mortelle. Le sang jaillit de cette seconde blessure comme de la première. La biche tomba pleurant et bramant, et alors un homme s'approcha d'elle un couteau à la main : cet homme me causait une terreur aussi grande que s'il fût venu à moi. Cet homme s'approcha d'elle, et, malgré ses plaintes, ses gémissements, sans faire attention à moi qui essayais par mes gestes de suppléer à mes paroles, monseigneur, avec ce couteau il lui ouvrit la gorge, et sur mon âme, oui, monseigneur, je vous le jure, je le sentis entrer tranchant et froid, et je jetai enfin un grand cri qui me réveilla. Je fus longtemps à croire que je n'étais pas blessée, la main sur mon cou, cherchant des yeux à mes deux côtés ces plaies que j'avais reçues, et prenant pour du sang la sueur mortelle qui me courait par tout le corps. Oh! voyez-vous, monseigneur, continua Maria en portant sa main aux endroits indiqués, c'était là, là et là; et rien qu'à en parler je souffre et je me sens prête à mourir. Ayez donc pitié de moi, je vous en supplie, monseigneur, et n'allez point à cette chasse; car je suis certaine que si j'avais continué mon rêve, après mon frère, après moi, c'était vous, monseigneur, que cette menace allait atteindre.

Don Sanche sourit à ce récit. Comme tous les caractères faibles, il affectait le doute afin de paraître fort; puis, prenant sa maîtresse entre ses bras :

— Maria, lui répondit-il, j'ai toujours entendu dire qu'en marchant droit à un fantôme on le faisait évanouir. Je ferai ainsi de ton rêve; nous marcherons droit à lui, et il disparaîtra.

— Oh! non, non, monseigneur, à moins que vous n'ordonniez, car je suis votre servante, et j'obéirai à vos ordres. Non, je n'irai point à cette chasse, et, si vous m'en croyez, monseigneur, vous n'irez pas non plus.

— Tu feras selon ton plaisir, Maria, et non point selon ma volonté. Tu crois que quelque danger te menace à me suivre, reste ici, ma bien-aimée, je veux t'épargner jusqu'à l'ombre de la crainte. A mon retour je t'y retrouverai, et tu auras tout oublié, excepté notre amour. Adieu, ou plutôt au revoir.

Maria resta un instant pendue au cou de don Sanche, renversée en arrière, les yeux fermés et la bouche entr'ouverte, comme si elle était évanouie;

mais au bout d'un moment, sa poitrine se gonfla, ses larmes jaillirent, et elle éclata en de tels sanglots, que don Sanche sentit sa résolution chanceler et demeura un instant incertain, commençant à douter qu'une telle douleur puisse être l'effet d'un songe, et croyant qu'elle avait appris quelques nouvelles qu'elle ne voulait pas lui dire :

— Maria, lui dit-il, il est impossible qu'un rêve te cause de pareilles angoisses ; promets-moi de me dire ce que tu as réellement, et je resterai.

— Non, non, dit Maria, allez à la chasse, monseigneur, car je n'ai rien autre chose que ce que je vous ai dit ; mais revenez vite, car je sens que je n'aurai quelque tranquillité d'esprit qu'en vous revoyant.

— Tes désirs sont des ordres, répondit don San-che ; au lieu d'aller à Castel-Branco, je n'irai qu'à Sarzedar ; au lieu d'être huit jours, je n'en serai que trois. Adieu donc, et à bientôt.

Maria lui dit adieu de la tête, car elle n'osait parler, tant sa voix était pleine de sanglots. Elle le suivit des yeux tant qu'elle put l'apercevoir à travers les portes de l'appartement ; puis, lorsqu'il eut disparu, elle courut à la fenêtre afin de le saluer encore une dernière fois. Enfin don Sanche disparut à l'angle de la rue, et cependant Maria resta encore longtemps immobile au même endroit et les yeux fixés sur la même place, comme si elle se fut attendue à le voir reparaître.

Pendant ce temps il se passait à Lisbonne des choses qui justifiaient les pressentiments de Maria.

⋘·❁·⋙

III

Les nobles avaient répondu avec empressement à l'appel de don Manrique de Carvajal, et, comme c'était un seigneur riche et puissant, personne ne s'était inquiété de voir entrer chez lui une si nombreuse assemblée. Mais le lendemain matin l'étonnement fut grand lorsqu'on vit des ouvriers construire un vaste échafaud dans une prairie qui s'étend entre Lisbonne et le petit golfe qui s'avance dans les terres au-dessus de la ville Comme tout le monde ignorait dans quel but cet échafaud était dressé, tous ceux qui passaient s'arrêtaient devant lui. D'un autre côté, les curieux de la ville ayant appris le travail étrange qui se faisait à la porte accoururent avec empressement, si bien que dès l'heure de midi il y avait déjà une foule considérable, attendant l'issue de cette construction.

A dix heures, la charpente étant achevée, on étendit sur les marches et sur la plate-forme de cet échafaud un tapis magnifique sur lequel on éleva un trône surmonté des armes de Portugal, en tout semblable à celui du roi. Bientôt on plaça sur ce trône une statue représentant le roi don Sanche : elle avait la couronne en tête, sceptre en main et l'épée de justice au côté ; elle était revêtue de la robe royale, sur laquelle brillaient les insignes de la royauté ; puis une forte troupe d'écuyers et de gardes s'approcha. Les écuyers, qui portaient chacun les pennons de leurs maîtres, montèrent les marches et allèrent se placer derrière le trône, abaissant leurs bannières sous la bannière de Portugal. Les soldats se rangèrent en cercle autour de l'échafaud, et chacun attendit plus curieux et plus étonné que jamais.

A midi toute la noblesse de Lisbonne, qui venait d'entendre dévotement la messe, sortit de l'église, conduite par don Manrique de Carvajal. Elle conduisait au milieu d'elle le seigneur don Alphonse, frère puîné du roi don Sanche, que l'on croyait en Catalogne, et qui, sur un message qu'il avait reçu huit jours auparavant, était arrivé secrètement à Lisbonne. Elle se dirigea vers la prairie, précédée d'une musique guerrière, comme si elle eût marché à une bataille ou à une fête, et suivie d'une foule plus grande encore que celle qui attendait. En voyant cette noble assemblée, les soldats s'ouvrirent. Don Manrique de Carvajal et l'archevêque d'Evora se placèrent de chaque côté du trône ; les autres seigneurs se placèrent sur les degrés, à des distances qui indiquaient leurs rangs. Un crieur public monta sur la dernière marche, et une fanfare bruyante retentit pour commander l'attention. Tous les nobles tirèrent leurs épées, et le crieur public fit entendre ces mots :

« Vous tous Portugais, grands *ricos hombres* (1), prélats, chevaliers, écuyers et citoyens, oyez! oyez! oyez!

« Le roi don Sanche de Portugal, mentant à la

(1) Voir don Telesforo de Trucha, à qui tous les détails suivants sont empruntés.

Que le roi don Sanche perde donc la couronne!

race dont il est sorti et oubliant les devoirs qui lui sont imposés, s'étant rendu indigne de la couronne qu'il déshonore, il plaît à Dieu, par l'entremise des nobles confédérés, réunis pour la prospérité du royaume, de le condamner à la déposition qu'il a méritée.

« Il a mérité cette déposition surtout pour quatre motifs, et ces quatre motifs les voici :

« Premièrement. Le roi don Sanche est indigne de la couronne, puisqu'il ne peut porter la couronne lui-même, et que c'est, non pas lui, mais le funeste don Hernand d'Alméida qui gouverne la nation avec une insolence insupportable pour des esprits aussi fiers que les Portugais. En conséquence, puisque le roi ne peut porter sa couronne, il est temps qu'elle soit placée sur une tête plus capable et plus digne de la porter. Que le roi don Sanche perde donc la couronne! »

Après ces paroles, le crieur public s'arrêta, et un silence profond s'étendit sur l'assemblée ; on eût dit que toute cette multitude n'avait que des yeux et pas de souffle, car tous les regards brillaient comme des flammes, et pas une haleine ne se faisait entendre au milieu de cette stupeur générale. Mon-

Le nouveau roi, monté sur un magnifique cheval blanc, rentra dans Lisbonne. — PAGE 18.

seigneur d'Evora, archevêque de Leria, s'approcha lentement et solennellement de la statue du roi, et lui ôta la couronne de dessus la tête. A cette vue, la multitude éclata en applaudissements si frénétiques, que de ce moment les nobles jugèrent que leur cause était gagnée devant le peuple. Pour ne point laisser refroidir les esprits, ils firent signe au crieur public de continuer, et le crieur continua :

« Secondement. Le roi don Sanche de Portugal est indigne de porter l'épée de justice, puisqu'il oublie de s'en servir pour la protection de ses sujets. Ce n'est point son esprit, mais l'esprit d'une courtisane qui dirige sa volonté ; ce n'est point sa bouche, mais la bouche d'un courtisan qui dicte les décrets ; ce n'est point sa main, mais la main d'un courtisan qui signe les actes ; et cela au préjudice du bien et de l'intérêt commun. Il faut en conséquence que l'épée de justice ne soit pas déshonorée plus longtemps par des mains indignes de la porter. Que don Sanche de Portugal perde donc l'épée de justice ! »

Le crieur public fit de nouveau silence. Alors don Manrique de Carvajal s'approcha de la statue et lui arracha du côté l'épée de justice. De nouvelles acclamations retentirent plus furieuses encore que les premières. Et le crieur passa à la charge suivante :

« Troisièmement. Le roi don Sanche de Portugal est indigne de porter le sceptre. Pour le porter dignement, un roi doit présider ses conseils, conduire ses armées, et non point passer sa vie en chasses, en bals et en fêtes ; pour porter dignement le sceptre, un prince doit être ferme et juste. Don Sanche, au contraire, est faible, indolent, prodigue, dissipateur des revenus de l'État. Que don Sanche de Portugal perde donc le sceptre ! »

Alors le comte de Rodrigo s'approcha de la statue et lui enleva le sceptre des mains ; puis le crieur passa à la quatrième charge.

« Quatrièmement. Le roi don Sanche de Portugal est indigne d'être assis sur le trône, car, outre qu'il s'est rendu coupable de tous les actes de trahison que nous avons dit contre l'honneur de la nation portugaise, il a encore poursuivi injustement de sa haine son frère don Alphonse, seul et véritable héritier de la couronne, l'ayant exilé sans motif, sans doute dans l'espoir de lui substituer quelque enfant illégitime ; mais Dieu ne permettra pas tant de honte et de déshonneur, et les nobles ligués les préviendront en décernant le trône à celui qui le mérite par sa naissance, par son courage et par sa sagesse. Que don Sanche de Portugal soit donc chassé du trône ! »

Aussitôt don Diego de Salvaterra s'approcha du trône, saisit la statue et la fit tomber la tête la première : en même temps les confédérés enlevèrent don Alphonse sur leurs bras, et, le plaçant sur le trône vide, le proclamèrent roi à la place de son frère. Cette proclamation fut accueillie avec de grands cris de joie par le peuple, qui croit toujours gagner quelque chose à changer de souverain. En un instant, don Alphonse III fut revêtu des insignes de la royauté, et l'évêque d'Évora, s'avançant le premier, lui rendit hommage en lui baisant la main. Don Manrique de Carvajal vint après ; il fut suivi du comte de Rodrigo et de don Diego de Salvaterra ; puis après ces quatre délégués de la ligue, vinrent tous les nobles qui la composaient. Enfin le nouveau roi, monté sur un magnifique cheval blanc, couvert du harnais royal, et escorté de la noblesse et suivi du peuple, rentra dans la ville de Lisbonne et se dirigea vers la cathédrale, où l'évêque de Coïmbre chanta un *Te Deum*. Le reste de la journée se passa en fêtes et en réjouissances.

Pendant ce temps, don Sanche s'avançait vers la forêt de Sarzedar, accompagné de don Hernand d'Alméïda et de quelques-uns de ses plus familiers serviteurs, car depuis quelque temps aucun noble n'allait plus là où allait don Hernand. Mais le roi don Sanche était tellement aveuglé par l'amour qu'il avait pour la sœur et par l'amitié qu'il portait au frère, qu'il avait laissé s'éloigner de lui la vieille noblesse sans rien faire pour la retenir ; dans cette chasse fatale il n'était donc accompagné que de son favori et de ses piqueurs.

Des ordres avaient été donnés d'avance, et, en arrivant au rendez-vous, don Sanche apprit qu'un daim magnifique avait été détourné pendant la nuit. A peine prit-il le temps de déjeuner, tant était grande son ardeur pour la chasse. Les relais de chevaux et de chiens furent disposés ; puis le piqueur entra avec son limier dans l'enceinte, et au bout d'un instant on entendit le son d'un cor qui annonçait que le daim était lancé ; en même temps on le vit comme une ombre traverser d'un bond et sans toucher la terre l'allée où attendaient le roi et don Hernand. Les chiens furent aussitôt découplés sur lui, don Sanche et son favori s'élancèrent sur la voie des chiens, et la chasse commença.

Dès les premiers pas qu'il fit, le cheval de don Hernand sembla animé d'une vitesse surnaturelle, et, quoique le roi montât un coursier du plus pur sang maure, le cheval andalous de don Hernand essaya plusieurs fois de le dépasser. Il s'établit une lutte entre la monture et le cavalier dans laquelle on ne pouvait deviner quel serait le vainqueur, lorsque le roi, voyant que les écarts du cheval et du cavalier dérangeaient la chasse, cria à son favori de laisser aller. A peine, pour obéir, celui-ci eut-il lâché la bride, que son coursier l'emporta avec la rapidité d'une vision. Le roi s'élança derrière lui de toute la vitesse de sa monture, et pendant longtemps il le suivit, perdant peu à peu sur lui, mais continuant à le distinguer encore à travers les arbres. Enfin don Hernand dépassa les chiens eux-mêmes et disparut dans un taillis épais. Bientôt on entendit le bruit de son cor, qui sonnait la vue ; il allait d'une vitesse égale au daim. Au bout de dix minutes, son cor se fit entendre une seconde fois ; mais, quelques efforts qu'eût fait la chasse pour le suivre, le roi vit qu'il avait encore gagné sur elle : cette course dura deux heures ainsi, le son du cor s'affaiblissant chaque fois. Enfin il s'arrêta tout à coup et tout à fait au milieu d'une fanfare. Le roi ne comprenait rien à cette interruption, et commençant à être inquiet, redoubla de vitesse et se sépara à son tour de ses gardes. Son cheval, comme s'il eût été guidé par une main invisible, semblait suivre une trace. Le paysage devenait de plus en plus sauvage et désert. Le roi n'en continua pas moins sa route ; peu à peu il lui sembla entrer dans un passage qui ne lui était pas étranger et qu'il était cependant certain de ne pas avoir vu. Il reconnut un ermitage en ruine, surmonté d'une croix brisée. Il chercha en face, car il lui semblait qu'il devait y avoir un grand rocher tout hérissé de noirs sapins ; les sapins et le rocher étaient en face de l'ermitage. Ses yeux se portèrent aussitôt au fond, et il chercha une fontaine et une cascade qui devaient s'y trouver ; la fontaine et la cascade étaient au fond. Alors ses yeux se portèrent avec une angoisse inexprimable sur le gazon. Sur le gazon était un homme étendu dans les dernières convulsions de l'agonie. Il se jeta à bas de son cheval, courut à cet homme et jeta un cri. Cet homme c'était don Hernand; son cheval l'avait précipité du haut en bas du rocher et lui avait brisé le front contre une pierre. Alors le roi se rappela d'où lui venait le souvenir de ce paysage; c'était celui que Maria avait vu en rêve et lui avait si fidèlement même décrit. Le cadavre était couché au pied d'un rocher couvert de sapins et avait devant lui un petit ermitage en ruine, avec sa croix brisée; était au fond un vaste bassin naturel où se réunissaient les eaux d'une cascade.

Le roi voulut secourir don Hernand; mais il était trop tard; don Hernand était mort. Il porta alors son cor à ses lèvres pour appeler à lui toute sa suite, et sonna à pleine poitrine. Au bout d'un instant, on vit apparaître quelques chiens égarés, et ayant perdu la voie; puis derrière eux on entendit la voix des piqueurs. Enfin quelques-uns parurent pleins d'inquiétude et de terreur; lorsqu'ils arrivèrent, le roi avait transporté le cadavre de don Hernand près de la fontaine, et, ne pouvant pas le croire entièrement expiré, essayait de le faire revenir, en lui jetant de l'eau sur le visage. Quant au reste de la chasse, il s'était dirigé d'un autre côté, emporté à la poursuite d'une biche blanche qui avait fait prendre le change aux chiens, quelque peine qu'eussent prise les piqueurs pour les rompre et les distraire de cette nouvelle voie.

A cette nouvelle, en apparence si indifférente dans la circonstance où l'on se trouvait, don Sanche tressaillit comme frappé d'une nouvelle terreur. Il laissa tomber le cadavre de don Hernand, qu'il soulevait sur son genou, redemanda une seconde fois les mêmes détails, pâlissant à mesure qu'on les lui donnait; enfin, quand le capitaine eut fini de parler, il écouta un instant d'où venait la voix des chiens que l'on entendait dans l'éloignement, et, laissant le corps de son favori aux mains des piqueurs, il s'élança sur son cheval, et le poussa comme un insensé vers le côté d'où partait le bruit.

Don Sanche venait de se rappeler la seconde partie du rêve de Maria, qui avait rapport à elle-même.

Le cheval de don Sanche semblait avoir des ailes, et cependant il lui déchirait les flancs de ses éperons. C'est qu'il lui semblait, après la réalité affreuse qu'avait prise la première partie du songe de Maria, que c'était sa maîtresse elle-même qui était en danger. Il voulait donc arriver à temps pour rompre les chiens et interrompre la chasse maudite; mais, quelle que fût la vélocité de l'enfant du désert, qui l'emportait comme un tourbillon, il ne se rapprochait que peu à peu des chiens, qui, de temps en temps, par de longs aboiements, prou-

vaient qu'ils revoyaient l'animal qu'ils poursuivaient. Enfin, après trois heures de cette poursuite incessante, il se rapprocha au point d'entendre distinctement le bruit du cor, qui, de minute en minute, sonnait la vue, ce qui prouvait que l'animal se fatiguait et allait incessamment être rejoint par les chasseurs; enfin le terrible hallali vint à son tour. Don Sanche précipita son cheval, et arriva au moment où la biche, percée de plusieurs flèches, dont la dernière traversait le cœur, venait d'expirer.

Il est impossible de décrire l'impression que cette vue produisit sur le roi. La vie fantastique était tellement mêlée pour lui depuis le matin à la vie réelle, que ce ne fut qu'en tremblant qu'il jeta les yeux sur la malheureuse bête étendue dans son sang; il lui semblait qu'il allait voir la biche prendre une forme humaine et se lever devant lui comme une apparition. Le regard mourant qu'elle tourna vers lui augmenta encore son trouble, tant il était plein de détresse et de douleur. Dès lors il n'eut plus de doute, et, certain que Maria courait quelque danger, il prit un nouveau cheval, ordonna à une partie de sa suite d'aller rejoindre le corps de don Hernand, et, suivi de l'autre, il s'élança en hâte sur la route de Santarem.

A peine avait-il fait quelques lieues, que, ne pouvant résister à son impatience, et voyant que le reste des chasseurs, moins bien montés que lui, ne pourrait le suivre, il mit son cheval au galop, fixant Santarem pour lieu du rendez-vous. A son tour un pressentiment terrible le poussait en avant, et il se reprochait amèrement de n'avoir point cédé aux instances de Maria. De temps en temps des alternatives d'espérance le reprenaient, pendant lesquelles il respirait comme on fait lorsque l'on sort d'un rêve terrible; puis, bientôt encore, comme un dormeur qui retombe dans le même songe, il se laissait reprendre à ses terreurs, et enfonçait de nouveau ses éperons dans le ventre de son cheval, qui l'emportait de nouveau avec la vitesse du vent.

La nuit vint. Don Sanche ne ralentit point pour cela sa course, qui prit, au contraire, de l'obscurité même, un caractère plus sombre et plus fantastique. Dans l'espèce de vertige auquel il était en proie, il lui semblait voir dans les arbres qui bordaient la route autant de fantômes sortant de terre et le suivant aux deux côtés du chemin; enfin, aux premiers rayons de la lune, il aperçut les clochers de Santarem. Il avait fait, en moins de six heures, le chemin, qui la veille, lui avait pris toute une journée.

Arrivé à la maison de Maria, don Sanche sauta à bas de son cheval, et, le laissant aller à sa volonté, s'avança vers une petite porte par laquelle il avait l'habitude d'entrer lorsqu'il venait de nuit. Arrivé à cette porte, il s'arrêta un instant pour respirer, écoutant avec anxiété s'il n'entendrait pas quelque bruit qui justifiât ses craintes : tout était calme et silencieux. Don Sanche reprit quelque assurance.

En entrant dans le jardin, don Sanche jeta machinalement les yeux vers un berceau de jasmins et de grenadiers, retraite favorite de Maria; il lui sembla alors la voir assise sous ce berceau, comme mille fois il l'avait vue, et se détourna de son chemin pour aller à elle ; mais, à mesure qu'il avançait, la vision devenait moins distincte. Arrivé au berceau, ce qu'il avait pris pour un corps se dissipa comme un brouillard, il crut entendre une plainte qui le fit frissonner par tout le corps; mais, regardant autour de lui et n'apercevant rien qu'une légère vapeur sans forme qui flottait en rasant la terre, comme les plis d'une robe, il monta l'escalier du perron; la vapeur montait devant lui, et semblait lui montrer le chemin. A la porte, elle s'arrêta, comme si elle ne pouvait passer, et don Sanche entendit une nouvelle plainte. Il s'élança aussitôt vers la porte, et crut sentir sur sa figure l'impression d'une chevelure mouillée de rosée, mais cette impression fut si rapide, qu'il ne put croire à sa réalité. La porte s'ouvrit et la vapeur glissa sur les dalles, passant par les portes entr'ouvertes, et s'acheminant vers la chambre de Maria. Don Sanche suivit ce guide étrange, ses genoux tremblants et la sueur sur le front. Arrivé à l'entrée de la chambre, il s'arrêta sur le seuil. La vapeur se glissa entre les rideaux du lit, qui étaient fermés, et disparut Don Sanche demeura immobile, sans souffle, promenant ses regards d'un bout à l'autre de l'appartement, éclairé à peine par une lampe qui brûlait aux pieds d'une madone ; puis, voyant que tout y était tranquille, et chaque chose à sa place, il s'avança doucement vers le lit, retenant sa respiration et écoutant s'il n'entendrait pas le souffle jeune et léger de Maria. Aucune haleine ne flottait dans la nuit. Don Sanche tira les rideaux d'une main tremblante. Maria était couchée. Il se baissa vers elle; aucun souffle ne monta vers lui. Il posa ses lèvres sur les lèvres de Maria; elles étaient glacées. Il arracha le drap qui la recouvrait; le lit était plein de sang. Don Sancho jeta un cri, s'élança vers la madone, et à la lueur de la lampe, il vit qu'elle avait reçu pendant son sommeil une blessure au cœur. Les deux parties du rêve étaient accomplies.

Don Sanche appela au secours. Les femmes de Maria accoururent; mais tout fut inutile : elle était morte, morte assassinée par un assassin si expert, qu'il n'avait donné qu'un coup, et qu'elle n'avait pas jeté un cri, puisque les femmes qui étaient couchées dans la chambre voisine n'avaient rien entendu.

Le roi passa la nuit tout entière au chevet du lit de sa maîtresse, roulant dans sa tête des projets de vengeance d'autant plus terribles, que, quoiqu'il ignorât quel était l'assassin, il croyait se douter d'où le coup partait. Au point du jour, sa suite arriva rapportant le cadavre de don Hernand. Don Sanche les fit coucher tous deux chacun sur un lit de parade, et, se mettant à la tête de sa petite troupe, marcha sur Lisbonne.

En arrivant aux portes de la ville, il les trouva fermées. Il fit le tour de la ville : partout des pierres, du fer et du bois. Il sonna du cor ; nul ne répondit : on eût dit une cité morte ou enchantée.

Don Sanche étant presque seul, et ne pouvant rien faire, résolut d'aller à Coïmbre et de revenir avec la garnison de la forteresse. Il se mit donc en marche vers Coïmbre, et y arriva le lendemain matin. Les portes de Coïmbre étaient fermées comme celles de Lisbonne.

Don Sanche n'avait plus d'espoir qu'en Setuval ; il traversa le Zercre, le Tage et le Zatas, et au bout de trois jours arriva devant Setuval. Setuval était fermée comme Coïmbre et Lisbonne.

La prédiction de l'évêque d'Evora était accomplie, et don Sanche voyait ce qu'il avait désiré voir.

Pendant ces différents voyages, sa suite avait graduellement diminué : à Coïmbre il n'avait plus avec lui que dix hommes ; à Setuval il n'en avait plus que trois ; aux frontières d'Espagne il était seul.

Don Sanche, abandonné de tout le monde, se retira à Tolède, où le roi de Castille lui donna un asile.

Il ne lui était resté de fidèle dans tout son royaume que don Martinn de Freytas, gouverneur de la citadelle de la Horta; malheureusement don Sanche l'avait oublié depuis longtemps.

Et cependant don Martinn de Freytas avait fait fermer les portes et doubler les sentinelles.

L'assaut fut donné, terrible, acharné, sanglant. — Page 22.

IV

Quand le roi Alphonse III eut appris que tout le Portugal s'était soumis à son autorité, excepté la forteresse de la Horta, il envoya contre elle don Manrique de Carvajal avec quatre mille hommes.

Don Martinn, de son côté, avait pris toutes ses précautions pour n'être point atteint au dépourvu : il avait réuni tous ses vassaux, fait entrer dans la forteresse tout ce qu'elle pouvait contenir de vivres, et rassembler sur les remparts toutes les machines et engins en usage à cette époque : il en résultait qu'il avait deux cents hommes de garnison, des vivres pour six mois et des munitions pour dix assauts.

Un matin on annonça à don Martinn de Freytas

que l'on apercevait les bannières de don Manrique de Carvajal qui se déroulaient dans la plaine. Don Martinn ordonna à toutes les trompettes de sonner leurs fanfares les plus vives en signe de joie. Elles firent si grand bruit, que don Manrique de Carvajal les entendit de l'autre côté du Montdego, et dit en se retournant vers le comte de Rodrigo qui commandait sous lui : — Il paraît qu'il y a fête au château de la Horta.

Le soir, don Manrique s'arrêta à trois portées de traits des murs de la forteresse, et envoya un héraut pour ordonner à don Martinn de Freytas de reconnaître don Alphonse III pour roi de Portugal, et de lui remettre la clef de la citadelle. Don Martinn de Freytas répondit qu'il ne connaissait point Alphonse III, et qu'il ne remettrait les clefs qu'à don Sanche.

Dans la nuit, don Manrique établit son camp autour de la Horta, et le lendemain envoya une seconde fois le héraut faire la même sommation : le héraut revint avec la même réponse.

La journée se passa dans une observation mutuelle. Le lendemain, au point du jour, le héraut retourna à la forteresse pour la troisième fois. Don Martinn répondit comme il avait fait les deux premières.

Don Manrique de Carvajal se prépara à donner l'assaut, et dont Martinn de Freytas à le soutenir ; tous deux se connaissaient pour sages et vaillants capitaines ; aussi ni l'un ni l'autre ne négligea-t-il rien de son côté.

L'assaut fut donné, terrible, acharné, sanglant. Après douze heures de combat corps à corps, après avoir étreint les tours de ses six mille bras, après avoir trois fois porté la main sur les créneaux des remparts, don Manrique de Carvajal fut forcé de se retirer entraînant deux cents hommes dans les fossés de la forteresse.

Quatre autres assauts se succédèrent aussi inutiles, aussi meurtriers. Don Manrique de Carvajal, après avoir perdu mille de ses meilleurs soldats, résolut d'essayer de réduire par la famine la citadelle qu'il ne pouvait prendre par la force ; il convertit ce siège en blocus.

De ce moment rien n'arriva plus jusqu'à la citadelle. Don Manrique ferma jusqu'aux passages les plus secrets, et le château de la Horta fut séparé du reste du monde par une ligne infranchissable. Pendant les quatre premiers mois, don Martinn de Freytas subit ce blocus sans paraître en éprouver une grande inquiétude ; mais, voyant que son ennemi ne s'apprêtait point à lever le siège, et qu'il ne lui restait plus que pour deux mois de provisions, il mit tout son monde à la demi-ration. Grâce à cette mesure, des deux mois qui lui restaient il en faisait quatre.

Don Manrique tint bon. Au bout de deux autres mois don Martinn fut encore obligé de réduire les

distributions de moitié : cette fois il n'y avait pas moyen de prolonger la défense par une réduction nouvelle, chaque homme recevait juste ce qu'il lui fallait strictement pour ne pas mourir de faim.

Les provisions s'épuisèrent ; la forteresse ne renfermait de vivres que pour six mois, et elle en avait tenu dix. On mangea les chevaux, puis les chiens, puis les chats, puis les rats et les souris, puis enfin on commença à faire bouillir le cuir des harnais pour voir s'il n'y aurait pas moyen de mordre dedans.

Don Manrique ne bougeait pas de place. On voyait du haut de la citadelle arriver dans son camp des troupeaux de bœufs et de moutons : la vie des assiégeants se passait en festins, et, quand la nuit était calme, les sentinelles entendaient les refrains de leurs chansons à boire.

Il en était tout le contraire des assiégés ; la détresse augmentait chaque jour : faibles, hâves et décharnés, à peine s'ils pouvaient soutenir le poids de leurs armes. Ce n'étaient plus des hommes, c'étaient des fantômes ; et, s'il était venu à don Manrique l'idée de livrer un sixième assaut, certes il aurait eu bon marché des malheureux partisans de don Sanche. Il aimait mieux les laisser mourir de faim ; c'était plus long, mais plus sûr.

Don Martinn de Freytas était au désespoir, car il ne se faisait pas illusion sur la possibilité de tenir plus longtemps, et il voyait qu'un moment ou l'autre il lui faudrait céder. Sa résistance était à l'agonie ; c'était une question de temps : déjà il ne comptait plus que par jours, et bientôt il ne compterait plus que par heures.

Ce moment arriva. Après avoir mangé jusqu'aux feuilles des arbres, la garnison, un beau matin, n'eut plus rien à manger du tout ; elle jeûna un jour tout entier, n'osant pas se plaindre, car don Martinn de Freytas jeûnait depuis deux.

La nuit se passa encore tant bien que mal, chacun fit de son mieux pour dormir ; quelques-uns y réussirent et rêvèrent qu'ils étaient à même un splendide repas : ceux-là se réveillèrent plus affamés encore que ceux qui n'avaient pas dormi.

Le jour vint. Don Martinn n'espérait plus qu'en un miracle, car c'était un vieux chevalier, véritablement croyant et religieux. Il alla à la chapelle pour prier Dieu de le faire ; il le pria de se souvenir qu'il avait été deux fois en terre sainte, et avait pourfendu maint infidèle sans avoir jamais rien demandé pour cela. Mais la circonstance était si grave, qu'il ne pouvait plus faire autrement que de rappeler ses services, puisqu'on avait l'air de les oublier.

Sa prière faite, il sortit plein de foi. Ses yeux se portèrent autour de lui, et il vit un aigle pêcheur qui descendait du ciel comme un éclair et s'abattait sur le fleuve. Un instant l'oiseau sembla lutter à la surface de l'eau, puis bientôt il reprit son vol en emportant entre ses serres une superbe truite.

L'aigle prit son vol vers le château de la Horta; et, comme il passait au-dessus de la citadelle, il laissa tomber sa truite aux pieds de don Martinn de Freytas.

Don Martinn ne douta point que le miracle demandé ne fût accompli. Il ramassa la truite, la fit assaisonner du mieux qu'il put; puis, la posant sur un magnifique plat d'argent, il la fit porter à don Manrique de Carvajal avec une lettre, dans laquelle il lui disait que, peiné des privations qu'il devait souffrir, depuis ce long siège, durant lequel il ne lui voyait manger que du bœuf et du mouton, il le priait d'accepter une truite de son réservoir pour changer son ordinaire.

Don Manrique pensa que des gens qui envoyaient de pareils cadeaux à leurs ennemis devaient vivre dans l'abondance, et que c'était perdre son temps que d'essayer de les prendre par famine. En conséquence, le même jour il leva le siège, déclarant seulement rebelle au nouveau roi quiconque aurait des relations avec don Martinn ou aucun des hommes de sa suite. Cette déclaration fut proclamée à son de trompe dans les villes et dans les villages environnants.

Le lendemain, tous les assiégeants avaient disparu. Il était temps! un jour de plus, tous les assiégeants étaient morts.

Don Martinn de Freytas n'avait fait que changer de blocus; seulement celui-ci était plus étendu. Les villages environnants, effrayés par la menace de don Manrique de Carvajal, traitaient don Martinn de Freytas et sa petite troupe comme des parias. Ceux-ci étaient obligés de pêcher et de chasser pour vivre; car personne ne voulait leur vendre ni viande ni poissons. Quant aux jeunes filles, lorsqu'elles apercevaient par hasard un page ou un écuyer d'un côté, elles fuyaient de l'autre.

Au bout d'un an d'isolement au milieu de cette espèce de cordon sanitaire; cette brave garnison, qui avait supporté six jours d'assaut et dix mois de faim, ne pouvant supporter l'ennui, se trouva réduite par la désertion à une vingtaine d'hommes. Ceux qui étaient restés étaient les écuyers et les pages, tous jeunes gens de grande et haute famille qui tenaient à lâcheté d'abandonner leur capitaine; cependant leur tour vint d'être découragés comme les autres, et ils envoyèrent l'un d'entre eux à don Martinn de Freytas.

— Monseigneur, dit le député, je viens, au nom de mes camarades, vous supplier humblement de prendre en considération leur misère.

— De quoi se plaignent-ils? demanda don Martinn.

— Ils se plaignent, monseigneur, d'être obligés comme des manants de chasser et de pêcher pour vivre; ils se plaignent de rester dans l'obscurité et

l'oubli, tandis que beaucoup, qui ne les valent ni en race ni en courage, sont comblés d'honneurs à la cour.

— Allez dire à ceux qui vous envoient, répondit don Martinn de Freytas, que la chasse et la pêche sont des plaisirs de roi et non de vilain, et la preuve est que notre roi don Sanche, que Dieu conserve, a perdu son trône pour avoir trop chassé. Ajoutez que, loin d'être dans l'obscurité et dans l'oubli, le nom du dernier de nos pages est, à cette heure, plus connu dans tout le Portugal que celui du premier seigneur de la cour du roi don Alphonse, et qu'à défaut des honneurs qui entourent les courtisans, ils ont l'honneur qui immortalise les fidèles.

Le député retourna vers ceux qui l'avaient envoyé, et leur rapporta textuellement la réponse de don Martinn de Freytas.

Ils prirent patience.

Un an s'écoula encore. Au bout de cette année, un envoyé du roi don Alphonse se présenta devant la citadelle de la Horta; il venait annoncer de la part du roi don Alphonse à don Martinn de Freytas qu'il pouvait présentement lui remettre les clefs de la citadelle, le roi don Sanche étant mort à Tolède.

— Envoyez-moi un sauf-conduit, répondit don Martinn de Freytas.

Quinze jours après, le messager revint avec le passe-port demandé.

Don Martinn laissa la garde du château à son vieil écuyer, qui était un autre lui-même, se revêtit de sa plus forte cuirasse, ceignit sa plus forte épée, prit en main sa meilleure lance, monta sur son cheval de bataille, et chemina tant par voies et par chemins, qu'il arriva à Tolède. A peine arrivé, il alla trouver le bailli :

— Est-il vrai, lui dit-il, que le roi don Sanche soit mort?

— Oui, répondit celui-ci.

— Où est-il enterré? demanda don Martinn.

— Dans l'église des frères mineurs.

— Merci.

Don Martinn se rendit dans l'église des frères mineurs.

— Est-il vrai, dit-il au sacristain, que le roi don Sanche soit enterré dans cette église?

— Oui, répondit celui-ci.

— Où est son tombeau? demanda don Martinn.

— Le voici.

— Levez la pierre.

Le sacristain leva la pierre, et don Martinn reconnut le roi.

Il se mit à genoux, fit une prière pour le salut de son âme, puis, se relevant et tirant une clef de sa poche, il la lui remit dans la main.

« Monseigneur et cher sire, lui dit-il, voici la clef de ton château de la Horta que je t'ai fidèlement gardé pendant ta vie, et que je te rends fidèlement après ta mort; j'ai tenu mon serment, dors en paix.»

Puis il fit refermer la tombe, et partit pour Lisbonne, où il se fit annoncer au roi Alphonse III.

Le roi Alphonse III, curieux de voir un homme aussi extraordinaire, le fit aussitôt entrer au milieu de son conseil, qu'il présidait en ce moment.

— Sire, lui dit don Martinn de Freytas, vous pouvez envoyer maintenant quatre femmes de la reine avec leurs quenouilles, et elles prendront le château de la Horta, que don Manrique de Carvajal n'a pas pu prendre avec quatre mille lances.

— Jure-moi fidélité comme tu l'as juré à mon frère don Sanche, répondit le roi, et je t'en laisse non-seulement le gouvernement, mais je t'en donne la propriété, ainsi que celle de toutes les terres qui l'entourent.

— Merci, sire, répondit don Martin de Freytas en secouant la tête et en poussant un soupir. Je n'ai fait qu'un serment, et il m'a coûté trop cher.

Six ans après, don Martinn de Freytas mourut moine et en odeur de sainteté dans le couvent des franciscains de Setuval.

FIN.

— Monseigneur et cher sire, voici la clef de ton château de la Horta que je t'ai fidèlement gardé pendant ta vie.